矢志前行

上海高等教育文库·领导篇

矢志前行

我的教育人生

王行愚 著

内容提要

本书讲述了原华东理工大学校长王行愚从一个受教育者逐渐成为教育工作者的人生经历，反映了一个大学校长的教育理念和实践。本书从一个侧面反映五十多年来我国高等教育事业的发展和巨大变化，也展现了随着时代的变迁，新中国成立前后出生的一代人从童年、青年、中年逐渐走向老年的跌宕起伏的生存处境、精神状态及心路历程。

本书可供高校管理工作者和高等教育研究人员参考以了解中国高校发展历程，普通读者也可以从中获取强大的"正能量"，传承前辈们的优良风骨，继续前行。

图书在版编目(CIP)数据

矢志前行：我的教育人生/王行愚著. —上海：上海交通大学出版社，2013

(上海高等教育文库.领导篇)

ISBN 978-7-313-10539-4

Ⅰ.矢... Ⅱ.王... Ⅲ.高等教育—上海市—文集 Ⅳ.G649.2-53

中国版本图书馆 CIP 数据核字(2013)第 257752 号

矢志前行

——我的教育人生

著　　者：王行愚

出版发行：上海交通大学出版社　　地　　址：上海市番禺路 951 号

邮政编码：200030　　电　　话：021-64071208

出 版 人：韩建民

印　　制：浙江云广印业有限公司　　经　　销：全国新华书店

开　　本：710mm×1000mm　1/16　　印　　张：19　　插　　页：8

字　　数：283 千字

版　　次：2014 年 1 月第 1 版　　印　　次：2014 年 1 月第 1 次印刷

书　　号：ISBN 978-7-313-10539-4/G

定　　价：58.00 元

1997年10月25日，国家教委与上海市人民政府举行共建华东理工大学签字仪式。全国人大成思危副委员长（左4）、国家教委周远清副主任（左5）、上海市委龚学平副书记（右5）、上海市周幕尧副市长（右4）等出席

1995年12月4日国家教委张天宝副主任（前排左2）和中国石化总公司李毅中总经理（前排右2）正式签署了共建共管华东理工大学的协议

2004年6月28日时任上海市副市长严隽琪（左2）和市府副秘书长姜樑（左1）为研究生院正式成立揭牌

1996年1月随国家教委组团参加邵逸夫赠款仪式，我校获邵逸夫捐赠。在赠款仪式上与邵逸夫先生(中) 等合影

2001年6月在“211工程”“九五”建设项目验收会上作汇报

自1998年起，历任上海市十一届和十二届人大代表。图为在十一届人大代表大会第五次会议时徐汇代表组部分代表合影

1995年与我校名誉教授、中科院院士、上海交大张钟俊教授合影

2008年11月与我校名誉教授清华大学李衍达院士(右)在奉贤新校区留影

1995年与我校名誉教授，印度国家工程院院士G. P. Rao夫妇(右1、右2)和天津大学刘豹教授(左2)在一起

2001年与我校客座教授，原上海警备区副司令员相守荣少将在安徽太平湖合影

1984年与作者的博士导师蒋慰孙教授和同学合影。左起华向明、王行愚、蒋慰孙、胡仰曾、黄道

1985年第一次出国参加在英国约克举行的国际自动控制联合会（IFAC）系统辨识会议时与张钟俊院士(前排右4)、刘豹教授(前排右5)、袁震东教授(前排右1,我的研究生导师)等部分参会代表合影（作者在后排右3）

1996年与原教育部副部长、时任同济大学校长吴启迪(左3)等访问波兰、捷克和俄罗斯等国高校，图为在华沙访问时的照片

1999年5月访问日本东北大学时，在江泽民主席所题诗和复旦大学苏步青老校长的诗(左)前留影

2006年在美国加州大学洛杉矶分校校园

1991年在国家教育行政学院学习时与小组同学合影

1997年向外国留学生授博士学位

2012年与牛玉刚教授等部分教研组同事在一起(左起邹媛媛、王行愚、牛玉刚、王蓓、金晶)

2012年在实验室与青年教师和研究生一起开展“脑控”的研究工作

2004 年 3 月在参加作者的博士生韩秀玲论文答辩会后与上海控制科学及工程界教授合影（左起何国森、黄道、袁震东、王行愚、韩秀玲、席裕庚、肖蕴诗、顾幸生）

2007年作学术报告后与学生交流

2002年在华东理工大学举办首届“校长杯”乒乓球比赛,图为参加比赛时的留影

2003年在华东理工大学与国际乒联终身名誉主席、中国乒协主席徐寅生(右)、香港乒乓球总会会长余润兴(中)会面

2000年参加母校复旦附中五十周年校庆，在庆祝大会上发言

1967年毕业前在复旦大学校门前留影(左为在复旦时的同学、好友荣焕宗)

2009年复旦附中校友举行了"50年后又相会"的活动,当年的同班同学33人参加,图为与附中的现任领导、老领导和老教师等合影留念

2008年返回母校复旦大学时与妻子在复旦登辉堂前合影

1978年和姐姐、姐夫都考取研究生，弟弟也考取大学。图为我和母亲、弟弟及姐姐一家的合影

1996年与妻子（左2）、儿子（左1）和女儿（右1）在上海丁香花园合影

2000年在海边打太极拳

总　序

永远的功绩

教育犹如奔腾的长河，前浪不止见后浪，奔腾向前；教育犹如无际的大海，宽阔无垠而深邃，厚积薄发；教育又如连绵的山脉，高峰之外是峻岭，层层攀升……上海的高等教育承先人之传，又在近百年间发展、提升。如今，一个崭新的、前所未有的新局面已呈现在我们的眼前。

老一辈人都知道，以前上海能进入高等学府深造的人，堪称凤毛麟角。而到了2005年上海已拥有63所普通高等院校，52万青年才俊借此深造成才；以前我国自行培养的研究生寥若晨星，如今上海在校研究生已超过8万人；以前上海企事业单位中高中毕业生是少之又少，如今在各行各业，学士、硕士、博士毕业生挑起了上海飞速发展的重担……

30年不过弹指一挥间，其间有难以计数的家庭因为教育而改变了命运；有难以计数的学生得以在知识的宫殿里增知成才；又有难以计数的青年学人引领着时代的创新潮流……上海的高等教育撑起了一方发展的万年基石，莘莘学子以骄人的业绩开辟了一个又一个崭新天地。因为高等教育，上海变得更强了。在这辉煌的30年中，各界志士仁人、万千辛勤园丁思考、探索、创新、追求、奉献，付出了许多许多。

为了总结30年来上海高等教育改革发展所取得

的丰功伟业，为了讴歌广大教育工作者辛勤耕耘、开拓进取和无私奉献的精神，上海高等教育学会在各级领导的关心、支持下，集结业内有识之士编辑了《上海高等教育文库》。本文库分成两大部分：一是《上海高等教育文库·改革发展篇》，二是《上海高等教育文库·领导篇》。

在《上海高等教育文库·改革发展篇》中，我们记录了上海高等教育在办学体制改革、管理体制改革、经费投入体制改革、招生和就业制度改革、内部管理体制改革，以及高校后勤社会化改革等方面勇于探索，善于创新，坚持发展的历程。这里虽然谈不上枪林弹雨、隆隆炮声，却也有惊心动魄、战旗猎猎。正是不断的改革与创新，把“不可能”变成了现实，上海高等教育才攀上了新的高峰；正是不断的改革和创新，上海的济济人才才得以显山露水开始新的人生。

《上海高等教育文库·领导篇》，则展示了一大批高校原书记、校长的风采。这批改革开放的时代弄潮儿，曾站在高校改革、开放的风口浪尖上，不畏困难，勇于改革，坚持创新，在艰难中改天换地；他们从小学到大学不断成长，并从一名普通青年教师到大学领路人的历程也耐人寻味；他们都曾备尝常人难以理解的磨难，他们也尽情享受过成功的喜悦。他们以自己深邃的思想、渊博的学识、高尚的情操和作为一个团队领军人物的气度、风范，写就了一段美丽的人生！

虽然一部《上海高等教育文库》难以书尽改革开放 30 年来上海高等教育改革的全部，纵然穷尽浓墨重彩也难以涵盖 30 年来上海高等教育改革之精华，我们依然愿意作出这挂一漏万的努力，用图书的形式保留住上海高等教育的传家之宝，为的是让当事人记下这段历史，让后来者铭记这段历史。

愿《上海高等教育文库》年年添新作，愿上海高等教育之树常青！怀着敬慕和激动之心，写此以为总序。

上海市高等教育学会会长

张伟江

2008 年 8 月 8 日

前言

蛇年六月，初夏时节，本书的写作进入了“收官”阶段。从开始酝酿写书至今，已有数年之久。与写科学论文和专著不同，这是一本以“教育”为主题，与个人经历、工作、思想和理念等有关的著作，对我而言尚属首次。

我出生于抗日战争年代，伴随着新中国的成立，经历了从小学、中学到大学和研究生的学习阶段，知晓或经历了建国以来的历次政治运动，亲身经历了“文化大革命”、粉碎“四人帮”以及“恢复研究生招生”等重大事件，亲眼目睹和感受了改革开放前后中国发生的翻天覆地的巨变，经历了高等教育大改革、大发展和大变化的时代。这些经历和背景在部分同辈人中具有共性。

事实上，每个人都是伴随着时代的节律成长和发展，无论功过得失、是非成败，都是从一个侧面折射出历史的身影，从一个角度诠释了人生的意义和生命的价值。所谓从“一滴水中看世界，半瓣花里说人情”，从平凡中见真缔，从无为中见有为。

人生好比驾一叶小舟在曲折的历史长河中航行，其航行的速度和里程并非最为重要，航行的终点人皆相同，并无任何悬念之处。人生的意义和魅力体现于航行途中所经历的高山平原、激流险滩、歧路迷宫、人文景观和秀美风光。其中既有风和日丽，也有严寒冰雪，既有山穷水尽，也有柳暗花明。

基于上述观点和思路，本书讲述了一个受教育者逐渐成为教育工作者所度过的人生经历，反映了一个高等教育工作者的教育理念和实践。从一个侧面反映出所处时代的风云变幻，特别是五十多年来高等教育事业的发展和巨大变化，也从一个侧面展现了随着时代的变迁，我们这一代人从童年、青年、中年逐渐走向老年的跌宕起伏的生存处境、精神状态及心路历程。

回眸人生的经历，我曾有过一段天真无暇的童年时光；经历了间隔十年的、两次不同的学习阶段；就读过三所不同的大学；度过了三个特殊的十年："十年动乱"、十年工厂岁月和十年校长生涯。

回眸工作的足迹，我曾有过一段辗转上海—东北—四川—上海的经历。这一段的工作变动，历时十年，其三地间的铁路行程近一万公里。从南到北，从东到西，饱览了祖国山河，也遍尝了人间滋味。

回眸成长的过程，我将"理想、奋斗、求实"作为成才之路的三个基本要素。理想乃生命之动力，奋斗乃成才的必由之路，求实乃成功之母。在成才的道路上，我深感人文精神和科学精神之重要，只有将两者结合起来，才能造就真正意义上的、健全的人才。

一位哲人曾经说过："未经思索的人生不值得一过"。思索是人类特有的功能。人的一生就是在不断求索、实践和思考中度过。人生的意义不在于占有了什么，而在于从中体悟了什么。人生最大的享受不在于物质，而在于心灵的愉悦。在生命的短暂与存在的永恒之间锻造自我的情感和心灵，拥有真正的价值和真实的幸福。本书在写作中力求将回眸与思考相结合，在现实和回忆中思考教育、思考人生。

本书共分为三篇和一个附录。第一篇是"我的教育人生"。该篇共分十节，前八节顺着时间的先后，通过对人生经历中若干重要片段的描写，回眸了成长、求学和工作的历程，其中也穿插了对一些问题的思考及感悟。第九节“书生本色”阐述了读书、教书、育人和学术研究的一些体会和思考。第十节“感悟思考”是对人生和教育的一些思索和心得。第二篇是“教育理念和思考”。该篇选录了我在报刊杂志和一些会议上发表或交流的部分文章，主要涉及教育思想、办学理念、治校方略以及对一些问题的思考。这些文章主要是我在担任校长工作期间发表的。第三篇是“讲话选编”。该篇主要精选了在担任校长期间，我在各种重要会议和场合上的部分讲活，按照时间顺序编排。这些讲话反映了那一段工作实践的历史痕迹。附录选编了四篇见诸于报刊的记者访谈录。

本书的写作过程，使我深切感受到一个人的成长离不开家庭和学校的教育、离不开工作实践的锻炼、离不开许多领导和良师益友的指导和帮助、也离不开共同奋斗的同仁们。我要感谢父母的养育教诲之恩，感谢妻子和亲人们的支持和帮助；感谢我曾先后就读过的华东师范大学附小、上海市和平中学、复旦大学工农预科（现复旦附中）、复旦大学、华东师范大学和华东化工学院（现华东理工大学）等学校的教育和培养，感谢学校师长们的教导和同学们的帮助；我也要感谢我工作过的铁道部齐齐哈尔车辆工厂、铁道部眉山车辆工厂和华东理工大学等单位的领导和同事们给予的支持和帮助。

本书的写作得到了丛书发起者上海市高等教育学会领导张伟江先生和杨德广先生的热情支持和鼓励，向他们表示衷心的感谢！上海交通大学出版社刘佩英副总编、张雯婷编辑等为本书的编辑出版付出了辛劳；华东理工大学档案馆的陆宪良馆长为本书的写作提供了一些资料和照片；上海市高等教育学会副秘书长张红女士、华东理工大学高教研究所的部分同志以及我的学生们都曾为本书的写作提供过帮助。对他（她）们为本书的出版所作出的贡献表示衷心的感谢！

2013年6月

目录

附录 / 271

我的教育人生

河畔童年

在我童年的记忆中有着两条河，一条河在四川，那是一条大的河称之谓江，我常听母亲提起它；另一条河在上海，那是一条校园里的河，它是我儿时玩耍的乐园。这两条河，从西南到江南，虽然相距千里，但却涓涓相通。它们都与我的童年密切相关，分别见证了我生命的起点和童年的岁月。

1944 年 12 月 20 日我生于重庆市嘉陵江畔的沙坪坝，按农历计算我的生日是十一月初六。在我出生的时期，国家正处于动荡的年代，当时是“战火纷飞，民不聊生”。我的父母都不是四川人，家中也无亲戚在四川，我之所以会出生在四川，是和当时的国情以及父母的特殊经历有关。

关于这一段经历，母亲曾多次说起。她和父亲都是在 1934 年 8 月考入当时在南京的中央大学地理系，那时要考入“中大”是很难的，因为是公费生，考的人很多，招生数很少。他们同届同专业的同班同学一共才 5 人。母亲说她是因为受《徐霞客游记》的影响，喜欢上地理专业，才报考地理系的。1937 年，抗日战争爆发，一些大学纷纷迁往内地，在后方办学。例如北大、清华、南开迁到昆明组成西南联大，北洋、东北、北平大学迁到陕南组成西北联大，而中央大学是在 1937 年 11 月迁到重庆沙坪坝，并在重庆大学的松林坡建造校舍。我父母当时正是大学四年级，随校西迁重庆，1938 年夏毕业。毕业后母亲留校当气象学助教，父亲在一个气象测候所任所长。

当时，父母的生活和工作都非常艰苦和劳累。我出生时已经有了一个哥哥和姐姐，父母要做几份工作，才能维持全家的生计。由于处在抗战时期，重庆曾有很长一段时间里受到日军的“疲劳轰炸”，父母常要带着我们躲“防空洞”。我们家就住在学校所在地，邻近嘉陵江畔的一个山坡上。我出生后，父母曾请了一位四川阿姨带我，使我学了一口四川话，儿时的语言是最难忘却的，直至今日我仍能说比较地道的四川话。

听母亲说，当时最高兴的事就是带我们到嘉陵江边去玩。嘉陵江是长江上游的支流，发源于秦岭，古称阆水、渝水，是长江水系中流域面积最大的支流，因流经陕西省凤县东北嘉陵谷而得名。嘉陵江自北向南纵贯四川盆地中部，于重庆市朝天门码头注入长江，全长 1 120 公里。江边的景色秀丽，空气新鲜，江中百舸争流，一派生气勃勃的景象。

母亲是学地理的，常和我们谈起关于嘉陵江的人文地理故事，以及她和父亲在嘉陵江畔度过的难忘岁月。母亲在世时，非常喜欢看琼瑶的故事片《几度夕阳红》，每当片中出现嘉陵江时，她总会讲起在“中大”时的往事和我们儿时的趣事。受母亲的影响，我从小就对嘉陵江怀有深深的敬意和向往之情，并将四川和重庆视为我的故乡。记得在重庆大学 70 周年校庆之时，我曾专程前往祝贺。承蒙吴中福校长的热情接待，并在校史馆人员的陪同下，聆听了重庆大学校史和中央大学迁校情况的介绍。我还特意到嘉陵江边观景散步，在松林坡上流连忘返，并在中央大学迁校纪念碑前拍照留影，以缅怀我的诞生之地和感谢父母在那段艰苦岁月中的养育之恩。

我五岁时的照片

抗日战争胜利后，我父母没有去南京，而是到上海工作，先后到过几个学校，最后固定在华东师

范大学任教。自从到了华东师范大学之后，我的童年生活就又与校园里的一条河结下了不解之缘，这条河有一个颇具浪漫色彩的名字：丽娃河。为什么会称这个名字，我并不知晓也从未考证过，但在我的心中却始终珍藏着关于这条河的记忆与童年往事。

华东师范大学是一所著名的高等学府，地处上海市普陀区。她的前身是在1924年由一批追求真理和进步的知识分子所创办的"大夏大学"，她也是新中国成立后，经过全国高校院系调整后，于1951年成立的第一所师范大学。

初到华东师大时，家住在师大一村，我就读于华东师大附小，当时教学区和教职工的住宅区连成一片，我的生活、读书和活动范围是整个大学校区。这段时期是我最快乐、最无忧无虑、身心健康得到最充分发展的时期。童年往事，令我神往，令我陶醉。我十分庆幸有这一段如此自由的、美好的、天真无邪的时光。

我的童年有两点最值得回忆：其一是我的小学，其二是我的活动环境。我上的华东师范大学附属小学是一所非常好的学校，现在已是全国著名的小学。

附小正式成立于1952年9月，我是在1953年2月插班进附小的，1956年9月从附小毕业。当初，附小设5个年级各一个班，每班大约20人左右，校舍简陋，办学的条件比较差。在我的印象中，当时的教师都非常好，对学生很关心，宽严结合，特别善于诱导和启发儿童的心智。我印象最深的是当时的校长陈先墀，他既当校长、又当教导主任和上课的老师。

我小时候是一个调皮鬼，顽皮打架，学习成绩不是很好，但我的接受能力和反应很快，因此学得很轻松。父母和学校老师在学习上并没有给我很大的压力，我也没把心思放在读书上，只求过得去，父母常说我"玩心太重"。由于我的顽皮，每逢开家长会，母亲总会接到许多"告状"。在我的印象中，当时的老师和父母对我的教育并没有把学习成绩的好坏放在首位，而是把身心健康和良好品德放在第一。

在附小除了课堂教育，还很注重学生的课外活动，在这方面陈校长是身体力行的。记得我还参加了他组织的一个活动小组，学习拉二胡、吹笛子等。当时我还颇有些音乐细胞，唱歌不错，一位女音乐老师常让我领唱，“六一”儿童节在华师大大礼堂表演节目时，还曾担任过《让我们荡起双桨》这首歌的领唱。至今我喜欢音乐、歌曲，特别喜欢民乐，时常吹箫也得益于当年的培养和训练。

在儿时的记忆中，我生活的华师大校园是一座大花园、大乐园。它不仅环境幽美、空旷，而且充满了勃勃生机：一条“丽娃河”盘旋于校园之中，河的最南端可以通入苏州河，南端的东岸长着数棵特别高大的树木，主干河流的北端是一个小岛，名曰“夏雨岛”，岛很小但很精致，岛上花草相映、桥亭别致，远远望去像一尊特大的精美盆景。主干河的中段有一座石桥横跨两岸，沟通东西交通。当时的丽娃河比现在要长一些，弯弯曲曲，清澈的河水波光粼粼映着岸边婆娑起舞的垂柳，河面上时有小舟荡漾，传来阵阵欢声笑语……

除了河、岛、桥、树之外，另一个很吸引我的地方是华师大生物系在当时的校园内建立的“实验田”，种着各种植物，如番茄、蚕豆、辣椒等等，每当果实成熟之际更是显得壮观诱人。我和儿时的小伙伴，充满了好奇心，时常入内玩耍。

我们最爱玩的地方就是丽娃河畔，内容丰富多彩：游泳、钓鱼、划船、爬树、打弹子等等。所有这些玩耍都有一个显著的特点：一群小孩“自发组织”、“无师自通”。当然，所有这些活动都需要勇气和智慧。

每当夏季暑假来临，我总是到丽娃河中玩水，从憋气、踏水到慢慢学会游泳，确实付出了许多辛劳，也尝到了水中自由玩耍的无穷乐趣。因为无人指导，没有正规训练，姿势不正确，这种儿时养成的习惯姿势至今也改不了，但我的水性很好。记得大学毕业后，到齐齐哈尔工作，曾经畅游嫩江十余里仍能应付自如。在河中钓鱼更是一大乐趣，除了钓鱼线和鱼钩是买的之外，鱼竿就地取材，用青竹竿制成，鱼食则是挖蚯蚓或用面团制备。河中鱼很多，钓得最多的是“穿条鱼”，要是钓到大青鱼、大甲鱼，大家要欢呼雀跃好一阵子。有时，我们还会划着小船到河中央去钓鱼和游泳。丽娃河南端东岸的几棵大树，树干粗大、枝叶茂盛，长长的枝干伸入到离河岸好几米处。这几棵大树是我儿时伙伴聚会之处，我们在树下谈天说地、打弹子，爬上树做游戏，玩得起劲，还会爬到树枝的前端跳入河中游泳，真是痛快之极。时至今日，我去华师大弟弟家作客时，还会常常去

看看这几棵大树:树已苍老,但依然挺拔……

我的童年就是在这样一个环境中度过的,这是一个很难得的特殊环境:它既有城市中高等学府的学术氛围和人气,又有乡村中的田园风光和野趣。在这个环境中,我的童心、好奇心、独立能力、合作精神、勇气和智慧都得到了很好的锻炼和发展。我庆幸能有这样一个人生的童年起点。

20世纪60年代,童年朋友聚会时的照片(后排左二为作者)

我童年时的朋友大多是华师大教师的子弟,上面这张照片大约是在20世纪60年代初期拍摄,图中后排右二为褚君浩,他是褚绍唐教授之子,现为中科院院士。后排左二为我。左三为徐龙,他是徐中玉教授之子,现在美国工作。有几位儿时伙伴已失去联系。当年的这些顽童如今都早已过耳顺之年,他们中的大多数都事业有成,儿孙满堂,生活幸福。每当儿时好友相聚,提及往事,除了哈哈大笑之外,也会引来一番议论和思考:童年的生活应该怎样度过?我们应当给如今的儿童一个什么样的童年?

如今我们早已是当爷爷的人了,与我们当年相比,总感到我们的孙辈已经过早地进入了"竞争"的环境,他们还缺少一些空闲、自由、独立和童心的充分展示……

初中启蒙

1956年我从华东师范大学附属小学毕业，同年考入离师大一村不远的上海市和平中学初中。和平中学与上海市中山公园相邻，它的北面靠近苏州河。我每天从家徒步走到学校，途中通过横跨在苏州河上的中山桥，然后沿河南岸而走，过铁路道口，穿过中山公园和上海政法学院之间的一条窄长的通道便可到达学校。这一段路至少要走半小时，每天早出晚归，中午带饭在学校吃，有时也在附近的小餐馆吃饭。

初中三年的时光，改变了我的生活规律和环境，是我独立生活的起步阶段。我从华东师大的小环境走向更大的社会环境，每天上学沿途都要看到和听到社会上形形色色的人或事。在中学，从初一到高三学生很多，我有机会接触和结交许多新同学、新朋友。在这样的环境中，我逐渐开始懂事。

我一直认为每个人在其成长的过程中，必然有一个启蒙阶段。对于一个学生而言，这种启蒙表现为：从在家长或老师的"压力"下被迫学习到对学习产生兴趣的主动学习，即从不自觉学习转

哥哥(左)和我在长风公园

变为自觉学习。在家长的眼中,这种转变就是“懂事”或“开窍”。我以为:家长或老师对孩子的教育,最重要的事就是促使孩子这种“状态”的到来。一旦形成了这种“启蒙”,对孩子的教育已基本上“大功告成”!

我的这种转变是在初一暑假开始的,哥哥是我的启蒙老师。哥哥比我大三岁,他学习很好,对语文和数学都感兴趣。那年暑假,他开始教我预习初中的“平面几何”,从概念开始循序渐进,哥哥是“过来人”,根据他的学习体会来教我,自然使我很容易理解。我们每天学一点,边学、边议、边做习题。就这样,我很快就入门了,我的“野性”被转化为对平面几何的“钻劲”。整个暑假我都在兴致勃勃地做几何作图题和证明题,就像小时候钓鱼游泳一样成了我的一种爱好。

父母觉得我完全变了一个人,以前他们总是担心我在外面“闯祸”,现在可以完全放心了。在这个暑假我几乎学完了初中平面几何的全部内容。到了学校正式开始教“平面几何”时,我自然是学得非常轻松,成绩突出,上课时老师常让我回答问题和上黑板做题,同学们碰到“难题”也常来问我,还戏称我为“几何专家”。

现在想来，初一暑假期间的这个转变，在我的人生道路上是一次极为重要的转折。我从对学习没有兴趣转变为浓厚的兴趣，从应付考试的不自觉学习状态转变为自觉的学习状态。而且，这种从学习“平面几何”产生的“高峰”被“平移”到其他各门功课：对代数、物理、语文等等都产生了兴趣，学习成绩都很好。究其原因，我以为主要是两点：其一是通过主动学习“平面几何”训练了我的“思维能力”。学习任何一门课程都离不开思维，思维能力的提高是具有“根本性”的，它不仅对学习是重要的，而且对人的各种能力的提高都具有决定性的意义，当然这种思维能力只有在主动学习的状态下才能得到锻炼和提高。其二是这种在学习“平面几何”时所处的高峰状态会产生一种强烈的“自信心”：我是行的！我是可以“出类拔萃”的！我能学好一切功课的！这种自信心在青少年时期最为重要。思维能力和自信心的结合就会增强自学能力、独立工作和生活的能力。

从我的经历和体会而言，“启蒙”表现为“自觉”状态的形成，这种自觉状态促使了我思维能力和自信心的增强，然而这两方面的增强都发自一个源头：“兴趣”的产生。由此我想到“启蒙”是应该从“兴趣”开始的，至少在学习上是如此。当然，这种从不自觉到自觉的转变是因人而异的，它在何时何地发生与每个人所处的环境及其内在因素有关。我在当校长期间，曾观察到一个现象：有少数新生在进学校半年或一年后，会有几门课程不及格，其中有些学生还是高分考入的。对此我曾进行过了解和分析，并找过一些学生个别谈过，从中我发现尽管原因有各种各样，但这些学生中的多数并非学习方法不当，更不是智商不够，主要是由于进了大学后“失去目标”所致。为什么会失去目标？我以为这主要是由于还没有实现从被动学习到主动学习的转变，这种“启蒙”尚未实现。这些学生在高中阶段，并没有真正产生对学习的兴趣和自觉学习的态度，学习的目的只是为了考大学，拼命做题以备应试，一旦考取大学则认为“革命成功”了，自然会放松学习，以至于连及格分数也拿不到。

自从对学习感兴趣之后，我又随着产生了一个爱好：购书。父母对于我购书是非常支持的，在他们看来这是我开始走上“正道”的标志，比整天下河里游泳和钓鱼要好得多。当时我买的书，大多属于初等数学方面的参考书，其中有许莼舫先生所著的初等几何证明、作图等方面的一套著

作，也有由原苏联著名科普作家别莱利曼等所著的《趣味几何学》、《趣味代数学》、《趣味物理学》等系列丛书。这两套书，我都很喜欢看，对我的影响很大，我青少年时期的好友都曾受益于这些著作。这些书我至今还基本保存完好。

特别是《趣味几何学》下编扉页中所写的副标题："在正经与玩笑之间"和数学家巴斯加的语录："数学这一学科是如此的严肃，最好不要失去机会把它弄成略为趣味化"给我留下极深的印象。我在后来学习各种课程时，都记住了这些话，都力求在学习知识的过程中，寻求知识所带来的趣味性。我以为，不仅是数学，许多"严肃的"科学的发生和发展，都与人们现实生活密切相关，也都闪烁着人类智慧的光芒。在学习和理解这些知识的过程中，不仅具有思维的乐趣，而且也有在诠释和解决实际问题后所带来的愉悦。我在给博士生开设"智能理论及其应用"课时，就力求表述这种思想。在讲到"关于机器情感与艺术创造的研究"时就借用了"在正经和玩笑之间"这个标题。事实上，抱着这种心态读书和学习，才不会感到枯燥乏味，才能透彻理解和融会贯通。

记得初中时我总是到学校附近的一家小书店去买书。到市内的大书店购书，还是我初中时的好友刘征先领我"入门"。他家住在市区，熟悉福州路一条街的书店。说来也巧，刘后来是华东化工学院的毕业生。在"十年动乱"之后，恢复了研究生招考制度，他读了中科院上海分院的研究生，学术上很有成就，现在美国定居。自从和他一起去过福州路各书店之后，我便常去光顾。

在初中时期还有一件令我难忘的事情。这已是五十多年前的事了，当时在全国范围内开展了轰轰烈烈的"除四害"运动。所谓除四害就是要消灭老鼠、麻雀、苍蝇、蚊子这四样东西，我们初中生也积极参加了这次运动。记得当时还有一些歌和顺口溜，如"苍蝇蚊虫传疾病，老鼠麻雀偷食粮，六万万人民齐上阵(嗯)，一定要把它们消灭光!""鼠雀蚊蝇，害人妖精，除尽四害……"等等。消灭麻雀给我的印象最深也最有趣，当时动员一切人员分布到麻雀经常出没的地方，看见麻雀一停下来就敲锣、放爆竹、大声呐喊，使麻雀无法休息而疲劳致死。我也曾和同学一起爬到学校教学楼顶上去驱赶麻雀。这是我第一次感受到什么是群众运动，也算是一种启蒙，回想起来，很是令人玩味。

初中时期的启蒙，开启了我学习的殿堂。数学思维之门的打开，让我从一个顽皮懵懂的孩子变成一个勤奋好学充满理想的少年。初三毕业时，我以优异的成绩考入了复旦大学预科，从此开始了复旦期间九年的学习生涯。

预科三年

1959年夏季，我进入了复旦预科学习，复旦预科早期的全称为复旦大学工农预科，她的前身是华东人民革命大学附设工农速成中学。复旦预科隶属于复旦大学，她的学制最初定为两年，学习合格的学生毕业时直升复旦大学。这种办学模式在当时是一种创新，复旦是一所名校，考取了复旦预科就意味着已进入复旦的门槛，因此非常吸引初中毕业生报考，竞争激烈、十分难考。复旦预科后来改制为复旦附中，经过多年的发展，现在已是一所国内外著名的寄宿制中学。

我还依稀记得初入复旦预科的第一天，一位面貌清癯，一身布衣布裤，脚蹬圆口布鞋的长者站在校园门口迎接我们，他就是复旦预科的姜拱绅校长。从那以后，便开始了我一生学习生涯中最难忘、最值得回忆的三年时光。

复旦预科的学习生活是充实丰富、生动活泼和富有诗意的。美丽的校园，宽敞的教室，四人一间的日本式的学生宿舍，别有一番情趣。每天清晨起床，早锻炼后就到教室自修，每天除了上课之外，还有文体和兴趣小组的活动，晚上要上自修

复旦预科(附中)当时的校园,图中红色楼房为当年预科时的教学楼

课。一天的生活有序而不枯燥,充满了朝气。

学校对我们的要求很严,各门课的任课教师水平都很高,对我们的影响非常大。记得我们有一位中文老师姓刘,年纪较大,古文非常好;数学老师曾荣;物理老师王维;生物老师唐文钧;语文老师李集福和化学老师刘云英,都曾是我们的班主任。当时我们是学俄语,俄语女教师是一位苏联人,这一批老师不仅具有才学,而且善于育人。

短短三年的学校生活中,姜校长给我留下最深刻的印象。他既是一位校长、教师,又是一位指引我们成才的启蒙导师。他为人谦和、平易近人,很善于分析学生的心理动态。我很喜欢听他作报告,他语言生动说理透彻给人以一种激励和振奋的感觉。现在回忆起来,当时预科的办学方针中,体现了德智体全面育人、整体育人的思想。在他的倡导下,预科的教育形成了"严、活、高"的特点。

所谓"严"就是严格要求,要求学生勤奋求实,一丝不苟。他常用古今中外名人刻苦奋斗的事例及学生中刻苦学习的例子来教育大家。所谓"活"体现在两个方面:一是要求学生不要死读书,而是强调理解、强调融会贯通、强调学以致用;二是在学校的教学安排上,不因循守旧,强调因材

2009年作者在姜拱绅校长铜像前留影

施教。针对学生的不同特点,组织多种形式的兴趣小组、培训班等。我自幼喜欢数学,多次参加各种竞赛。在姜校长的关心下,学校挑选了优秀教师,为我们组织培训,更增强了我对数学的兴趣,提升了能力。这也是促使我报考复旦数学系的主要原因。在我的印象中,复旦预科在各门学科中都培养了一批优秀的苗子。所谓"高"就是高标准。在掌握知识的深度广度、自主学习、独立工作能力等等方面,学校都以高标准要求大家,鼓励大家向高目标攀登。对于学有余力的学生,更是创造各种条件,促使优苗成才。在我们当时的同学中,毕业时,有的学会了大学二年级的数学课程,有的已初步掌握了两门外语,有的成为品学兼优的优秀学生干部。

由于良好的教风学风,再加学生都是住读,朝夕相处,师生之间、同学之间相互尊敬,团结友爱,纯朴真诚。晚上在复旦预科榻榻米的宿舍里,我们一伙少年常常谈天说地、探讨人生和理想,谈论我们崇拜的偶像,如苏步青、谷超豪等数学家。当时,我一直梦想的是当一名科学家,所以每每谈到这些学者,我们的敬仰之情便油然而生。在这段时期,我的学习一直非常优秀，担任过校学生会的学习部长，还参加了很多的兴趣小组，课余还自学了大学的一些数学课程。

回想在复旦预科的学习和生活，总会有一种留恋、神往和感激之情。初入校时我年仅十四岁，正值青春年少，至今已年近七旬。在此期间，我曾念过三所大学，在工厂工作了十年，多次出国访问和学术交流，但总感到复旦预科始终是我心中的一块绿洲，而在这块绿洲上辛苦耕耘的姜校长和许多优秀老师的身影，时常晃动在我眼前。记得在母校参加 45 周年校庆庆典时，我将著作《控制论基础》和《块脉冲算子及其应用》赠送给姜校长。他显得很高兴，我作为弟子也感到十分欣慰。我想，对于母校最好的报答就是将我们取得的点滴成果奉献给她，将母校的优良传统和精神融汇在我们的工作中，发扬光大为国家培养更多的英才！

复旦预科原来学制为两年，后来由于形势的需要，改为三年学制并取消了直升复旦。我们在 1962 年参加了高考，大约有 120 名左右的学生考入复旦，也有一些考入了清华、人大、交大、同济、华东化工学院等名校。我和班级的另二位同学一起考入了复旦大学数学系，一位是荣焕宗，他后来是上海一家著名研究所的研究员；另一位是陈秀华，大学毕业后，我们成了终身伴侣。我在和平中学初中时就已是同学的秦建业考入了清华大学，我的几位好友考入了华东化工学院，二十年后我也进入了这所学校攻读博士学位。

三年同窗，朝夕相处，结下了深厚的友谊，如今要各奔前程确实十分留恋。记得当时班级组织了一次活动，到“长风公园”游玩。我家当时已从华师大一村搬到华师大二村居住，紧邻长风公园，我自然积极参加。这次游园是我们毕业分手时一次难忘的聚会，我曾写过一首诗，颇能反映当时的心态：

游长风公园

晨浴朝阳赴长风，别前游园意正浓。
池边垂杨争妍舞，路上行人拂笑容。
铁擘喜酬凌云志，银锄已成万水宗。
山河塑造虽不易，学识犹如登极峰。

其中“铁擘”和“银锄”系指长风公园的“铁擘山”和“银锄湖”，此湖和

山都是由人工挖掘和堆造。此诗毕业时曾赠给几位同学。

预科毕业之后，我曾多次返校。记得45周年校庆、50周年校庆我都返校庆贺，1995年7月复旦附中语文特级教师黄玉峰与我联系，邀我写一篇文章以总结姜拱绅校长的教育思想。我欣然从命，撰写了一篇回忆文章《辛勤耕耘，桃李芬芳》，后发表于《育人之道——名誉校长姜拱绅教育思想研究》一书之中。2005年在复旦附中55周年校庆活动中，我应邀参加"校友专题讲座"，向母校师生作了汇报。我每次回校都感到母校的变化，校园环境变美了、教学设施更新了、学生住宿的条件也比我们当年好多了，而最重要的是学校优良的教育传统得到了继承和发展，学校的师资队伍也不断地更新和提高。

2005年回校作讲座时，受到谢应平校长、周萍、陈克敏、黄玉峰等领导和老师的接待，见到了一些在预科时的老领导和老师，谢校长还将《复旦大学附中学报》和黄玉峰老师亲笔作画题字的折扇赠我，使我倍感亲切和高兴。回来后，我仔细阅读了学报的文章，使我深受感动和教育。从学报发表的文章中，我深切感受到复旦附中教师潜心研究教学、专心致志育人的崇高精神，特别是读了谢应平校长的"寓治于教化之中"一文之后，使我深受启发和教益。作为老校友，我和妻子都由衷地为母校的发展和成就感到高兴和鼓舞！

2009年9月附中校友会组织了一次"五十年又相会"的返校活动，顾大丰、赵凯、谢天放等和我是这次活动的发起者和组织者，这次活动非常成功。全年级老同学踊跃参加，盛况空前。当年的同班同学33人参加了返校活动。复旦附中的王德耀书记、郑方贤校长和当年的部分老领导和老教师如洪应皋、徐毓英、刘云英、胡智龙、唐文钧等参加了活动，并合影留念。在这次活动中，会务筹备组在复旦附中领导和校友会的帮助下，从我们入学时的登记表中，找出了每个人当年的照片并制作成胸牌。同学相见之时，还能看到50年前入校时的容貌，对比之下，令人惊喜和感慨！

五十年后老师、同学再次相见心情都非常激动，回忆五十年前学习和生活的往事，互述离校后的工作经历、家庭和子女状况，畅谈为人治学之道、养生之道，感悟和品读人生。许多同学因多年不见，相见不相识，但青少年时的音容神情犹存，此情此景正如唐朝诗人李益诗句中所言：问姓惊初见，称名忆旧容。别来沧海事，语罢暮天钟。

我常问自己，从育人的角度看，在复旦预科三年给予我的最大收获是什么？现在想来，这就是灵魂的启迪，理想精神的形成，一种将初中启蒙时所形成的学习主动性和自觉性上升和扩展为对待人生的积极的、自觉的进取精神。这种精神上的升华，比起所学到的知识要重要得多，它将影响和左右人的一生。由此，我想到了教育的根本目的，想到了一位教育家的话语："教育是人的灵魂的教育，而非理性知识的堆积。通过教育使具有天资的人，自己选择决定成为什么样的人以及自己把握安身立命之根。"(雅斯贝尔斯)这段话含意深刻，揭示了教育的本质。每个人从小到大都要学习许多课程和知识，这些知识随着时代的发展不断变更，新陈代谢，我们需要终生学习，但无法穷尽知识。我以为，这些知识只是我们认识和探索世界、认识人生的载体，通过教育若能促动人的心灵，提升观念和悟性是最为重要的，所谓教师是人类灵魂的工程师，其意义正在于此。

时光飞逝，风云变幻，弹指间五十多年过去，当时的少年学子均已渐入古稀之年，回首往事，令人难忘。值得庆幸的是，尽管世事变化难料，但同学之间的友谊长存，我们班级的同学基本上保持了每年聚会一次的传统。每次聚会，言谈甚欢，几十年来仍能坚持，确非易事，足可见当年复旦预科教育之精神！

复旦岁月

1962年9月我进入复旦大学数学系学习，原定学习五年。后由于1966年“文化大革命”的爆发，结束了正常的学习，毕业分配被推迟于1968年7月。我在复旦大学度过了六年时光。在此期间给我留下深刻印象的有两个方面：一是学风和治学精神；二是政治运动和动乱。

复旦大学是一所以文理为主的综合性的学校，名师荟萃，学术空气浓厚。复旦数学系更是有着苏步青、陈建功、谷超豪、夏道行等为代表的一代名师，以及由他们所开创的优良学风和学术传统。我在复旦预科读书时，由于对数学的爱好，非常向往进入复旦数学系学习，对几位名师更是非常敬佩和仰慕。进入复旦数学系学习后，我首先感受到的是教师的教学水平和学术水平都非常高。当时，苏步青教授是复旦的校长，但还亲自给本科一年级学生上课，谷超豪教授和夏道行教授等名师也都曾给本科生开课。几位名师还常给学生做讲座，听他们的报告真是一种享受：语言生动、分析透彻、发人深省。给我们上数学分析课的老师是欧阳光中，他讲课很有风格和艺术，上课时从不带讲稿,所有的公式、定理及其推导证明都记得滚瓜烂熟。他讲述语言简洁严谨、层层分析诱导,充分展示了数学分析中数学思维的精妙之处。我们的常微分方程课程是由李训经老师讲授,李先生治学严谨,待人诚恳,对学生要求严格,一丝不苟,给我留下了深刻的印象。李先生后来研究控制理论,是我国控制理论方面的先驱者之一,他在无限维最优控制和随机最优控制理论方面有重要的贡献,在国内外学术界享有盛誉。我在复旦念书时因喜欢微分方程,与李先生接触较多,后来读研究生时,因也从事控制理论的研究,拜读了他的许多论文,与李老师有过多次接触,得到过他的指导和帮助。在 1999 年举行的国际自控联(IFAC)世界大会上,曾见到他和北京工业学院的吴苍浦教授,吴先生也是自动控制方面的前辈专家。我们一起合影留念。

在复旦数学系念书时,除了上大课,还有小班习题课,这对我们的学习是很有帮助的。给我们上小班习题课的都是当时数学系的优秀中青年教师。这种大班课和小班课结合的教学方法对我们帮助很大。

我们这批学生是 1962 年入学,由于当时的国家和高校的特殊形势,高中生考入大学的比例很低,要考入复旦大学更是很难,我们那一届同学都是经过激烈的竞争方能入学。因此,这届学生原有的学习基础很好,大家都很用功,学习空气很浓。记得在大学一年级学习《数学分析》课程时,菲赫金哥尔茨所著的《微积分学教程》和吉米多维奇的《数学分析习题集》,这两套书几乎人手一册,认真钻研。《微积分学教程》这套书中译本共三卷八本,内容丰富而系统,是微积分学方面的名著。该书中的许多内容已超出了当时《数学分析》课程的要求。此外,《数学分析习题集》也是一本以包含许多难题而著称的习题集。

复旦的学科门类很多,各种学术活动也很多,我们除了在数学系学习,还有机会听其他专业著名教授的学术报告和讲课,如生物系谈家桢教授等的报告。我当时很喜欢听这些教授的报告,虽然对报告中的专业知识并不了解,但在报告中所蕴涵的治学精神和精彩的语言表达,给我留下深刻的印象,使我深受启发。

在复旦期间,我们并没有学完五年数学专业的课程内容,但三年半左右的基础课的学习给我打下了良好的数学基础,受到了很好的训练。特

别在思维能力、自学能力等方面都有了很大的提高，也养成了好的学风和治学精神。从学习“知识”的角度看，当时所学的数学知识很有限，甚至还没有达到大学数学专业的正规要求。但是，由于好的老师、好的学风和个人的刻苦努力，使我们具备了良好的学术能力和素质。这种能力和素质成为我大学毕业十年后考取研究生的“资本”。

在我的求学生涯中，除了学习知识和能力的不断深化和提高，另一个重要的方面就是经历了一系列的政治运动。这也是我们这一代人的特点，现在的年轻人可能不会再有这种经历，回顾这一段人生经历对于思考教育、感悟人生和珍惜现实都是很有教益。

如前所述，我对于运动的最初印象，可以追溯到五十年前我念初中时期的“除四害”运动。我念复旦预科期间正处于我国历史上“三年经济困难”时期。当时明显感到粮食供应紧张，包括副食品、蔬菜和日用品等全面短缺，这种困难在学校食堂的伙食上也反映出来，但学校采取了一些措施，我们在生活上还没有感到非常困难。对于造成困难的原因，只知道是三年自然灾害引起的，后来在读到 1981 年中共中央《关于建国以来党的若干历史问题的决议》时才明确：“主要由于‘大跃进’和‘反右倾’的错误，加上当时的自然灾害和苏联政府背信弃义地撕毁合同，我国国民经济在 1959 年到 1961 年发生严重困难，国家和人民遭到重大损失。”

进入大学之后，我愈来愈感到政治空气的浓厚，而且随着年级的增高愈来愈浓厚，从“反修防修”、“斗私批修”、“四清运动”直到“文化大革命”的爆发。这一场场运动都是以阶级斗争为纲，我们充分领教了在无产阶级专政条件下继续进行阶级斗争的滋味。我印象比较深的是亲身参加的两次运动，即“四清”运动和“文化大革命”。

“四清”运动是 20 世纪 60 年代开展的一场轰轰烈烈的政治运动，它持续了四年之久，直至“文化大革命”的爆发。运动从一开始的“清账目、清仓库、清工分、清财物”发展到后期的“清政治、清经济、清思想、清文化”。这场运动既是建国后阶级斗争扩大化的产物，也是“文化大革命”的预演。我们是在比较后期参加这场运动的，曾经到农村去过，后来又到上海漕河泾地区搞“四清”，当时漕河泾地区属上海县管辖。记得我被分在漕河泾镇上的一个食堂和周边的几个居民小区搞“四清”，华东化工学院的一些师生也和我在一个组。我们这批学生，从小学到大学都是念书，对社会的了解很肤浅。参加“四清”运动使我们增加了对社会复杂性的认识，同时也确实感到“以阶级斗争为纲”所带来的危害性。

1966 年 5 月“文化大革命”爆发，并持续了十年之久。这是一个狂热和疯狂的年代，给国家和人民带来了最严重的灾难。在“文化大革命”的高潮期间，我们正处学生时期，亲身经历了这场“史无前例”的动乱。在这场动乱中，我的家庭受到严重的冲击，一夜之间，父母被打成“反动学术权威”，遭到批判，家里被多次抄家。在这种情况下，我在学校里被排除在任何红卫兵组织之外，在当时被称为“逍遥派”。在这段时期，我目睹了种种违背常理、违背人性的丑恶行为和社会的剧烈动乱。至今想来，仍感到惊心动魄和不可思议。这场“史无前例”的动乱所带来的教训和思考是深刻的，其影响是深远的。由于动乱，我们的毕业分配被推迟到 1968 年 7 月，根据当时的文件，这一届大学生的分配是按照“四个面向”的原则进行，即面向农村、面向边疆、面向工矿、面向基层。我被分配到齐齐哈尔车辆厂。一起分去的还有同学王保利。

我在复旦的大学岁月，既给我带来学习和学风的美好回忆，也给我带来动乱所引发的无奈伤痛。在这场浩劫中，复旦经历了风雨沧桑，遭受了严重损失。值得庆幸的是，在粉碎“四人帮”和中国共产党十一届三中全会之后，拨乱反正，彻底否定了“文化大革命”，神州大地焕发了青春，各行各业都取得了迅猛的发展。复旦大学也今非昔比，每次回校都感到学校的发展与变化。

2008 年，我们这一届同学离开复旦 40 年了。陈祥麟、马宝发、唐佛南等同学很热心地操办了一次同学的聚会。陈祥麟曾任上汽集团董事长，马宝发曾任上海日用-友捷汽车电气有限公司总经理，唐佛南是深圳市共进电子有限公司总经理，他们都是著名的企业家。我和爱人都去参加了这次聚会，同学之间多年未见，拍照留念，相谈甚欢。

我的家庭也与复旦有很深的情结，我和妻子是复旦数学系的同学，哥嫂分别是复旦物理系和化学系的 65 届毕业生，女儿也是复旦大学毕业，现在在美国工作。家庭聚会之时，总会谈起复旦的老师和往事，我们都祝愿母校：日月光华，旦复旦兮。

北国疆城

复旦毕业之后，我被分配到铁道部齐齐哈尔车辆厂。“齐齐哈尔”是达斡尔语，它的含义是“边疆”或“天然牧场”。历史上，清朝的黑龙江将军府和建国初期黑龙江省省会曾设在这里。因此，齐齐哈尔又被称作北国疆城。当时，对于这个城市，我是完全陌生的，在我的脑海中只有两个概念：气候极为寒冷，路途非常遥远。我不知道在这个冰雪边城，等待我的将会是什么样的命运。一九六八年九月我带着迷茫和忐忑不安的心情踏上了去齐齐哈尔的路途。从此，开始了我人生路上一段难忘的历程。

我临行之时，父亲仍被关在牛棚，母亲虽被批斗但还住在家中。由于“毁灭性的抄家”，我在家中的衣物基本被抄，身边仅剩下在复旦学生宿舍的一些衣服。九月的上海虽已进入秋季，气候还是比较暖和，但远在几千里之外的齐齐哈尔却早已是冰天雪地，我的这点衣服当然无法抵御北国疆城的严寒。幸而在一位正直的好心人的帮助下取回了一些衣服。事实上，要回的这几件衣服并不能抵御北国的严寒，但在我的心中却流淌着一股暖流，我感受到了一种正义和真情。在那个狂热的年代，对于处于困境又十分无助的我，这份出自正义和真情的举动，确实难能可贵，令人难忘！

我的离开更增加了母亲的痛苦，自从“文化大革命”开始后，我每星期都是回家的，而且随着局势的不断动乱，学校已处于无政府状态，我回家住的时间就更多了。在那一段时间，对于父母所受到的迫害和打击我是深有感受的，我尽量多地陪伴在他们身边，为他们分忧解愁。当时父亲还未“解放”不在家，我又要离开母亲，这是在她最需要我、最困难的时候，我不得不离去。此时，母亲对我的担忧和我对父母的担心交织在一起，难以割舍，难以言表。离家之时，我与母亲紧紧拥抱，挥泪而别。

记得我曾有过一段从上海乘船到大连，再从大连转火车去齐齐哈尔的旅程。这是我第一次乘海船，也是我最难忘的一次旅行，当时的情景我还依稀记得：伴随着一声长长的汽笛声，我所乘坐的海船缓缓离开了上海港码头，我踮起脚，高高地举起双手，不停地挥动，直到看不见岸上送别的亲人。轮船很快驶入大海，上海的城市景象渐渐变得模糊、消失。我久久地站在甲板上凝视周围一望无际的海域，除了浪涛之声，竟然没有任何参照物，我感到一种莫名的孤独……

我的第一次航海并没有出现呕吐，我吃得很少也睡得很少，但我的思想却如海浪一般翻腾，我回忆往事、思考人生、穷究道理。我对于突如其来的“文化大革命”无法理解，对于各种人和事的突然变化和反复无常无法理解，对于我们长期以来信以为真的常识和常理突然变化无法理解，对于未来的前途更是迷茫；但是有一点我却想明白了：我过去的认识和思想过于单纯、简单、执著和不切实际，对于社会和政治的复杂性完全无知。现在想来这也许正是我思想觉醒和走向成熟的开端。

初到齐齐哈尔，一切都很新鲜。当时的齐齐哈尔车辆厂是铁道部下属的以制造货车车厢为主的大型国营企业，是我国第一个五年计划期间重点建设的企业，它在齐齐哈尔具有重要的地位，因此也有将齐齐哈尔称为“北国车城”一说。关于铁道部齐齐哈尔车辆厂，还有一个必定会提到的名字：曲波，他就是《林海雪原》这本书的作者，“智取威虎山”样板戏中杨子荣的战友，他曾经担任过齐齐哈尔机车车辆制造厂党委书记等职。

对于这样的万人大厂，我还是第一次见到。初进工厂，一条由南向北

的宽大道路两旁整齐地排列着高大的厂房，一眼望不到头，显得很有气派。工厂大门口旁边是一幢办公大楼，到办公大楼报到之后我才知道：和我同批分配到工厂的有三四百人，都是全国各地来的大学生，几乎包括了全国所有的重点大学和铁道部所属的院校，他们所学专业涵盖了工、理、文、地、史、外等各个门类。这批学生中一部分是分在齐齐哈尔车辆厂，另一部分则是分配到地处四川的铁道部眉山车辆厂的，由于眉山厂正在计划筹建阶段，还没有建厂房，这部分学生就先到齐齐哈尔厂来培训。比我们学生早一点分配到厂的还有几百名部队转业的战士，他们都是四川籍的，我们称其为“四川兵”，这批四川兵也是为建设眉山厂而准备的管理干部和生产骨干。

几百名大学生和几百名川兵同处一厂，自然十分热闹和有趣，每天都认识新人、听新闻和新故事。这批新人的到来确实给寒冷的北国车城带来了生气和活力。我因为出生在四川，从小就能说一口流利的川腔，自然能与川兵融洽相处，由此我也增长了不少见识。一开始这批学生并没有分到各个车间去当工人，而是集中在一起劳动：当建筑工人，修建一幢宿舍楼。这为我们的交流创造了平台，我结交了许多朋友，有的至今仍有往来。记得在当时，这个平台还成就了好几对夫妻。我们每天的劳动是艰苦的，但我也由此初步学会了泥水匠和建筑工人的一些基本知识和技能。

青年人在一起当然少不了文娱和体育活动，与南方不同，齐齐哈尔的年青人更热衷于冰上运动，如滑雪和打冰球。我喜欢下围棋、打乒乓、打排球和游泳等。我和同班同学王保利都曾是复旦大学校围棋队的成员，在当时的这批学生中自然算得上围棋“高手”，我和他住在一起，我们俩也经常“手谈”，自有一番乐趣。齐齐哈尔气候严寒，室外游泳的季节很短。记得我曾参加过一次工厂组织的畅游嫩江的活动，我在江中顺流而下，畅游十里之遥，非常痛快！

结束了集中的劳动之后，学生们被分配到各个车间当工人。我被分配到锻工车间当工人，所谓“锻工”就是“铁匠”，于是我从“泥水匠”改行学铁匠。给我配的师傅是一位七级锻工，他是当时车间中最高级别的锻工，年纪已有五十来岁。他经验非常丰富，受人尊敬，年轻工人还会说起一些关于他的传奇故事。我所在的锻工车间，它的设备在当时是比较先进的，有用于锻造火车轮轴、吊车双钩等较大锻件的水压机，有各种吨位的汽锤和一些热处理设备等，现代工业中的锻工当然不同于“林海雪原”小说中的“小炉匠”，但听师傅说，一些基本功还得从小炉匠学起。我最初的工作是学“烧火和烙料”，就是锻造用的铁(钢)料放入煤气炉中加热，烧到一定的“火候”再将其取出放在汽锤或水压机上锻造。这个活是很有一点“诀窍”的，用于锻造的铁料既不能烧得太软，也不能烧得太硬，必须拿捏得恰到好处。这就需要练就一双“火眼金睛”，能看懂“火候”。我在师傅的指导下进步很快，基本能胜任工作。显然这是一个又热、又烤、又累的活。小的铁料可用人力拿到锤下锻造，而且必须尽快拿到锤砧上，以便“趁热打铁”，拿慢了掌锤的师傅就会急得大声吆喝，这大概就是铁匠脾气都比较暴躁的缘由。对于大的锻料如轮轴锻料，人力拿不动就要用专用的操作机来取。于是，我又学习了开操作机，在水压机下锻造车轮轴。开操作机在体力上比人力烙料轻松多了，但是与水压机操作员的密切配合就成为关键，这在思想上有很大的压力：每一根火车轮轴都选用了上好的钢料，如果配合稍有不慎就会出废品，造成很大的损失。

当时，我对工作非常认真和努力，和工人们的关系很好，完全打成一片，他们都称我为“王大学”，我所在工组中以前很少有大学生。每逢到节假日，师傅常请我和组里一些同事到家中去吃饭、包饺子。在饭桌上常能吃到东北大豆磨的豆腐、干豆腐卷、大葱蘸大酱、白菜炖白肉、黄豆炖猪爪等特色菜，饺子则一般是韭菜馅的。我在上海念书时，几乎从未喝过酒。但在这样的场合，盛情难却，我也渐渐地学会了喝酒。与上海不同，由于齐齐哈尔天气严寒，一般都喝高度的白酒，而且喝法上也有不同的新花样：一瓶白酒倒入一只大碗中，每人轮流喝一口，喝多喝少随便，酒量大的能一口喝掉半碗。这种喝法表示兄弟情深，同喝一碗酒，真可谓是有福同享、有酒同喝、有难同当，颇有点《水浒传》中梁山泊英雄好汉的豪爽气概！

我的锻工生活虽然艰苦，但给了我很多锻炼。首先是身体变得强壮。劳动强度大，我的饭量也大，睡觉也香，新陈代谢旺盛，身体自然会好。当时的粮食是定量的，锻工工种是最高定量：五十五斤。因此，我不用担心粮食定量不够。其次是锻工工作的特点给我许多启示：要掌握“火候”；要趁热打铁；“掌钳”的与“打锤”的要高度配合协调；要讲究“有序的”锻造以

及下料要“留有余地”，所谓“长木匠短铁匠”之意也。事实上，在这个看似简单的“力气活”中，蕴含着深刻的哲理。我是学数学出身的，当时曾在复杂形状锻件的下料方面做过一些钻研，和师傅一起总结出一些下料的经验方法并取得实效，也算是发挥了一技之长。

有一段时期，车间要安装一台新的操作机和搞技术革新，我被抽去参加这项工作，主要是跟着一位技师和一姓卜的师傅干活。这与锻工无关，是属于机械安装、修理和非标准设备制造方面的工作，技术性比较强，从工种上说是机修钳工的活，我很乐意参加。我从看设备的说明书入手，结合实际、急用先学、逐步深入。这些工作的特点与数学的抽象思维不同，都是看得见摸得着的“客观实体”，学起来很容易理解。几个月的实践和学习，使我掌握了机修钳工的基本技能，一般的机床设备都能拆能装，也能配合师傅制作一些技术革新所需的非标准设备。

由于当时仍处于“文革”时期，工厂生产很不正常，有一段时期我们车间的活很少，我所在的班组参加了铺修铁路的工程，从齐齐哈尔近郊出发往一个很远的地方铺修铁路，我已记不清具体终点地址的名称。这不是一条正规的“国道”，而是地方上需要的专用小铁路。我们这支修铁路的“铁匠小分队”，大约二十来人，由一位姓高的师傅带队。当然修这样一条铁路仅靠我们这支队伍是不够的，筑路基铺枕木等还另有队伍，我们的主要任务是“拨道”和部分地段路轨的铺设。铁匠们对于修铁路并不熟悉，有关部门派来了一位经验丰富的老者领着我们干活。这位老者中等身材，脸色红中发紫，一双眼睛炯炯有神，说话声音十分洪亮。他看上去有六十多岁，但身体十分硬朗，白花花的胡须飘洒前胸，头戴狗皮帽，身穿羊皮大衣，脚上蹬着一双防寒的皮鞋。冷眼一看，很像是我在电影和小说中所见到的那种从林海雪原中走出来的英雄豪杰。听他自己说，伪满时期东北许多铁路的修铺都是他领着干的，他的最拿手活就是指挥“拨道”。

所谓“拨道”是修铁路中一个专用术语。每根铁轨大约十几米长，将铁轨一根接一根地铺在路基的枕木上，必然形成一根弯弯曲曲的折线。从数学上讲，拨道就是将这根弯曲的折线变成一条光滑的曲线，简言之，“拨道”即“光滑”也。现代的铁路建设当然已有专用的拨道机械，但在四十多年前人工拨道仍然是主要方法之一。我们在这位老者的指挥下，一字排开，手中拿着撬棍撬住铁轨，他站在远处，用手势指挥我们用力的方向和大小，我们还需要不断调整撬棍与铁轨接触的位置。就这样，我们逐段地铺轨，逐段地拨道，一天天地往前方运动。

这是一次真正的野外作业，它使我充分领略了北国风光。说起齐齐哈尔的气候，是很有特点的：春季干旱多风，夏秋短暂凉爽，冬季干冷漫长。对南方人而言，齐齐哈尔的六月、七月和八月是最好的，气温适中，非常舒适；但是到了漫长的冬季，冰天雪地，看不到“绿色”，一片“白色世界”，这是我最不适应的。还记得初到齐齐哈尔后，见到的下大雪场面，真是惊心动魄。北风呼啸，鹅毛般的雪片倾泻而下，铺天盖地，霎时间整个世界完全变了样，道路、树木、楼房、厂房到处是白茫茫的一片。齐齐哈尔的冬天虽然严寒，但却是“干冷”，与江南水乡的“湿冷”相比，感觉上要好过一些，况且工厂的宿舍都有暖气，即使在零下十几度的气温，也不觉得有如想象中的、难以承受的寒冷。

我们修铁路时，并非最冷的季节，但是在野外作业，为了御寒我们也得“全副武装”：头戴狗皮帽，身穿羊皮大衣，脚上蹬着一双防寒的皮鞋。有经验的师傅告诉我，冷天在野外工作，口渴了一般很少喝水，而是喝一口酒以暖暖身子。师傅们都是用军用水壶装上一些酒，身上背着水壶再穿上羊皮大衣，这样可以保持酒的温度。我当然如法炮制，在工作时也背上一壶酒，野外工作结束后我的酒量大增。

由于要铺的路线很长，我们不能住在工厂宿舍，而是要沿途就近居住。记得我们曾在农户家中、奶牛场、养马场等处住过。当地的农民非常朴实，对我们很热情。在这一路上，劳动虽然辛苦，但却长了不少见识。在农户家中，我第一次睡大炕，别有一番情趣。在奶牛场我第一次眼见挤奶的过程，挤奶姑娘为了增加奶牛的舒适感，增加采奶量，在挤奶时手上涂满了豆油，使盛奶的木桶上漂浮着一层黄澄澄的豆油。我们中的一位调皮的年轻人还将这层豆油舀起，以供炒菜之用。在途经养马场时，天气似乎已比较暖和，那里是一片广阔的草原，空气新鲜、视野开阔，令人心旷神怡，忘掉了一切疲劳。

在养马场我惊愕地见到了一匹大种马，若非亲眼所见，真不敢相信世间竟有如此庞大之马。这是一匹黄色的高头大马，看上去十分英俊雄壮。

听养马的师傅说,这是一匹优良的种马,有一吨多重,每天要吃很多东西,包括一些特别配制的精饲料。为了保持它的体能和身体强壮,每天还要给这匹马套上一个大板车让它运动。在养马场,最让我羡慕不已的是眼见马场的姑娘和小伙骑着骏马,奔驰在一望无边的草原上。当时我才二十几岁,年轻好胜,在马场师傅的指导下,我也曾骑马漫步于草原,但终因缺乏训练而不敢扬鞭催马,驰骋草原。

在修铁路的过程中,我仍然保持着我的爱好:看书。事实上,到了齐齐哈尔之后,我始终坚持每天看书,我有一个自己的书库,其中包括:复旦数学系的一些主要教材、数学著作和俄语的数学专著,哥哥在我离开上海之前为我抄写的《鲁迅诗抄》,中国古典文学名著和一些哲学著作等。我到齐齐哈尔去的行李中并没有多少衣服,占分量的主要是书籍。进到锻工车间以后,我开始学习一些工科方面的知识。齐齐哈尔车辆厂有一个技术资料室是我经常光顾的地方。此外,我还常到齐齐哈尔市的书店去,逛书店是我自初中开始就养成的癖好。

在去修铁路前夕,我到书店去逛,偶然发现了一本翻译的著作:《控制论》(或《关于在动物和机器中控制和通讯的科学》,第二版,N·维纳著,郝季仁译,科学出版社,1963 年出版)。当时的售价是 1.10 元。我初读了译者序言之后,就已被这本书完全吸引。我如获至宝,立即购入囊中,并带着这本书参加了修铁路。每天劳动之余,就抽时间阅读。若遇上好天气,我还会清晨起床,在住处的旷野中,迎着晨曦阅读此书,真有如痴如醉之感。有的师傅见我如此投入,不解我意,常会好奇相问。事实上,我当时阅读此书,纯属兴趣所致,是一种精神上的需要。维纳是一位著名的数学家,他就是通过此书奠定了控制论的基础。他在书中所论述的新颖的科学思想和方法论以及充满哲理的精辟论断和语言,对于当时的我犹如天籁之音,激起我思维的无穷乐趣!

也许正是得益于当年的痴迷,十年之后,我报考并被录取为控制论专业的研究生;16 年后我博士毕业,毕业后的第二年我开始为研究生讲授控制论;20 年后我编著的《控制论基础》一书出版。如今,研究控制论及其应用已成为我学术生活的终身伴侣和生活乐趣。那本在五十多年前出版的《控制论》,尽管纸张已经发黑发黄,但我至今仍然保存,因为它珍藏着我一段难以忘怀的记忆!

离开齐齐哈尔已有四十多年了,但在那里度过的近三年短暂时间却给我留下了深刻的印象。那是我第一个工作岗位,第一次离开家乡,第一次当上一名在生产第一线的工人,第一次从事繁重艰苦的劳动,也是第一次领略了北国风光和那里的风土人情。后来我曾多次到东北出差或旅游,到过哈尔滨、牡丹江和长春等地,但却无缘到齐齐哈尔一游。

作者在吉林长春郊外滑雪

思蒙山头

初听“思蒙山头”这四个字，会感到陌生、好奇，并会使人浮想联翩……，但这个在中国地图上并无标记、以前几乎无人知晓的小山头，对于当时身处北国疆城的我却是那样的重要、那样的期盼，以至于这个名字始终萦绕在我的心头。

“思蒙山头”是我们对正在筹建中的铁道部眉山车辆厂所在地的一个戏称，它确切的释义应该是：四川省眉山县崇仁区思蒙镇铁道部眉山车辆工厂所在地的一座小山群。

铁道部眉山车辆工厂是根据毛主席关于“深挖洞、广积粮、不称霸”的指示精神，实施开发建设大三线计划的需要而建设的。铁道部将这个任务交给了齐齐哈尔车辆厂，由老厂包建新厂，其中包括管理干部、技术骨干和熟练工人的调派和培训等。

如前所述，分配到齐齐哈尔车辆厂的几百名学生中有两部分人，一部分是直接到齐厂工作的，另一部分是为眉山厂代培的。与代培的“四川兵”不同，这两部分人并不是按籍贯来派遣的，可以说是东西南北中无所不有。对于新厂和老厂、城市和山头，在这几百名学生中始终是一个热议的话题，可以说是仁者见仁、智者见智。此处不妨一议：

从地理位置上看，从齐齐哈尔到思蒙山头确实有万里之遥，这绝非夸张之词，这种数量级上的空间概念会给这批人带来不同的心理压力和实际问题；从工作条件看，齐齐哈尔厂虽地处北国疆城气候严寒，但毕竟是一个有几十年历史的老厂，比起思蒙山头这个“未开垦的工业处女地”，其工作条件自然优越得多；若从生活习惯看，南北差距较大，这两部分人自然会各取所需、各得其所。以上仅从共性的角度分析新老、南北之间的差异，若要从个性的角度分析，则更是多种多样、不胜枚举。

关于新老、南北之议的潜台词自然是对于齐厂和眉厂“去”与“留”的重新选择。这种议论和选择随着眉山厂开建之日的临近而逐步推向高潮。自从到齐齐哈尔车辆厂之后，我感到这群学生的情绪有过两次高潮。第一次是初到工厂，大家在一起集中劳动，初次见面充满了新奇感，相互之间称兄道弟、交流信息、热热闹闹；第二次就是上述的“新老南北之议与选择”，它的高潮在 1971 年上半年形成。在这两次高潮中，前者是“聚”的高潮，后者是即将“分”的高潮。

面对这第二次高潮我当然不会置身度外，我虽然是分配到齐齐哈尔车辆厂的，但我坚定地选择了去眉山厂。在当时的政治环境下，作出这样的选择是有一定风险的，因为这意味着不服从组织的既定安排。我之所以作出这样的决定是有着非常特殊的缘由的。

我与妻子陈秀华同是 1968 年在复旦大学分配的，我先分配去铁道部齐齐哈尔车辆厂，她后分配到四川江油长城钢厂工作。到齐齐哈尔的第二年，我们同时回上海探亲并举行了婚礼。在当时的特殊环境下，婚礼举行得非常简单，记得大约花十元钱在爱人家吃了一顿饭，双方的亲人参加。我爱人单位也派人参加了婚礼，并送了我们一套红色封面的《毛泽东选集》和一只台钟。大约在上海二十天左右，我们就各自回到工作单位，正式开始了两地分居的生活。1970 年我们的儿子诞生。在当时的情况下，我们俩都无法带孩子，只好寄养在上海岳母家中。我岳母是一位非常慈祥、善良和勤劳的人，在当时非常困难的条件下为我们分担了困难，我和妻子都非常感激！当时的这种安排，对我们小家庭而言是三地分居，而

且三地相距遥远,其中的思念和愁苦更是难以言表。

此外,我是南方人而且出生于四川,无论是语言和生活习惯都很适合于到四川眉山厂。从工作需要的角度看,我已经是一个熟练的技术工人,而且学过锻工、机修钳工等多个工种,完全能符合眉山厂工作的需要。

我将上述理由和意愿向各级领导作了充分的表述,在班组和车间领导的同情和支持下,我去眉山厂的申请很快得到了批准。我迅速地将这个喜讯告诉了远在四川江油的妻子,父母得知之后也为我们高兴。事实上,江油在成都北面,而思蒙在成都南面,即使调到眉山厂也尚未完成安家的愿望,但这已算是最好的方案了。

1971 年 5 月我登上了南去的火车,这是一次从东北到西南行程万里的长途旅行。火车将要穿越东北三省从山海关入关进入中原地带,然后一路西行至宝鸡后翻越秦岭进入天府之国,到达成都后再乘成昆线铁路南下到达眉山厂所在地附近的思蒙火车站。这是我平生最长的一次火车旅行,也是我人生重要转折时期的一次难忘的旅行。

一路之上,我的心情是兴奋的,路途虽远但我不觉疲倦,在火车上我回忆起在齐齐哈尔的三年生活和工作,遐想着到了思蒙山头的可能景象和生活,我的思绪也随着眼前景物和气候的变化而跌宕起伏…

齐齐哈尔的五月天气正值残春与初夏交季之际,大地已开始从冰雪中苏醒,气候依然寒冷,但已失去了昔日的威严。随着火车的南行,窗外的景象也渐渐变得生动活泼,路旁的树枝已暴出柔嫩的新芽,空气中已散发出了温暖的气息。

进入山海关后,景象就大不一样,关内已是熏风拂面、绿树成行、鸟语花香,一派盎然景象。常听人说关内关外,气候差异很大,当日得见,始信为真。见到这样的景色,我们一行人都非常振奋。到了宝鸡之后,火车换上了电力机车头,因为翻越秦岭需要强大的动力,蒸汽机车头已“力不从心”。记得火车翻越秦岭是在夜间进行,我虽未能目睹翻越秦岭时的险峻,但在下山之时,倚窗远眺,尚可依稀见到在黎明晨光映照下的高耸入云的山峰和雪线之上的皑皑白雪。

这条翻越秦岭之路,我后来曾多次往返经过,因为这是我回上海探亲时,火车的必经之路。但每次经过都会给我以一种惊险和震撼之感。我

也曾修筑过铁路，深知其艰难，但毕竟是在平原地段，要在这险峻的群山峻岭之中修筑铁路那更是难上加难，真可谓千辛万苦！我由衷地对当时修建这条天险之道的铁路工人表示崇高的敬意！每次翻越秦岭，我也常会想起韩愈的诗句"云横秦岭家何在，雪拥蓝关马不前"和三国演义中"邓士载偷度阴平……"的故事。今昔对比，我难以想象古人以血肉之躯翻越秦岭将会是何等艰苦！难怪乎李白要发出"噫吁嚱，危乎高哉，蜀道之难难于上青天"的感慨！

在经过了几天几夜的旅行之后，我们终于到达了成都，并换乘慢车经过三个小时左右的旅程到达了思蒙火车站。下车之后，我环顾四周：这是一个很小的车站，它的东面是一片平原，远远望去绿油油的庄稼地排列得整整齐齐，如同江南水乡的景象一般；它的西面是一片丘陵地带，一座座小山大约几十米高，山上绿树成荫，山坡上可见到一块块梯田，跨过铁轨之后就到了山脚下，有一条不宽的小路曲曲弯弯从山脚下通到山顶。这，就是思蒙山头！我急切地希望登上山头看个究竟。

在工厂筹建处一位师傅的引领下，我们迅速登上了山头，沿着山脊上一条十几米宽的道路徐徐前行，一边走一边听这位师傅的介绍。山岭起伏、郁郁葱葱，一眼望不到头。对于出生于四川的我，从齐齐哈尔的冰雪世界来到思蒙山头的一片"绿色世界"，自然会有一种归乡之感。这就是我初登思蒙山头时的一种感受。

从这位师傅的介绍中，我们已初步了解到建厂的一些情况。当时，工厂正处"四通一平"阶段，即通水、通电、通气、通路和平整土地的阶段。为了不占用农村的耕地，工厂厂址选在了这块丘陵地带。前不久，专业施工人员已用炸药炸平了一些小山丘，平整出了一个"大方块"的平地，厂房就要建在这个平地上，工厂的职工都住在山上。"四通"的工作正在进行之中。由于正处建设的起步阶段，职工宿舍还来不及建设，临时在山上搭建了几排"大草棚"。这种大草棚与我们在江南农村所见的草棚房类似，屋顶是稻草铺建，四周的墙是泥土制作。我们这批眉山厂的新职工就分布在这几排大草棚中居住，每人一张木床。和初到齐齐哈尔时的情况一样，我们这批人，并没有马上分到车间，而是集中起来办学习班，为建新厂做准备。

思蒙山头地处眉山县(现已改为眉山市)境内,但它离县城还有四十里左右的路程,从当地局部地形上看,它处于盆地的边缘上。这片丘陵地带本是当地农民的地盘,它远离城市,没有像样的公路,也没有公共汽车等交通。在当地,人们还保留着赶集的习惯,但赶集的地点离山头也有十里的路程。附近只有小小的思蒙火车站,若要往返一次成都至少也得一天时间,而山区的农民是极少进城的。我们这批人的到来打破了山区的沉静,给这个“寂静的山头”带来了生机和希望。

这批经历过各种“磨难”的大学毕业生,对于吃、穿、住、行和工作环境的好坏,已经不怎么在乎了。他们已经具备了很强的自适应能力,经过短暂的调整,就能很快地适应这里的一切,很快地融入到当地的乡土社会及其文化之中。我由于方言相通,就更能与当地的四川人和谐相处。我很乐意去赶集或到山上的农民自由市场去逛。在当时的集市上,还很有一些有趣的事情。例如,买毛豆是要连长着毛豆的枝杈和根一起买的,因为这样卖法比较方便,出售者可以省去将毛豆从枝杈上摘下来的劳动和时间,枝杈和根晒干了还可当柴烧。在当时,农民或工厂职工家中都是烧柴灶的,这样做大家都能接受。又如在自由市场上,可以用各种票证或物品交换各自所需的东西,全国粮票是最受欢迎的,换的东西也多。此外,在交易市场上,还可以听到一些“大学生”操着具有各种不同方言背景的、拉长了声调的、十分滑稽可笑的“川腔”与当地老乡讨价还价。

1972 年 9 月,我爱人从江油调入思蒙,被安排在工厂子弟中学担任数学教师。不久我们便搬进了工厂自建的家属宿舍,我们有了第一个家。当时,儿子仍在上海由岳母扶养,1976 年女儿降生,我们就带在身边。我们的家属宿舍是一幢四层楼房,我们住在四楼,一室一厅,大约 20 平米左右,厕所是公用的。由于生活区还没有煤气,厨房中使用的是柴灶,可以烧煤或木柴。每家人家在楼下有一个“板棚”,这一点是沿袭了齐齐哈尔的生活习惯,“板棚”中可堆放煤、木柴和各种杂物。在当时能有这样的家就已经很满足了!

铁道部眉山车辆厂的建设是艰巨而漫长的,建成投产大约用了六七年时间。在此期间,我曾多次变换了工作岗位,我们的生活和工作环境也随着全国形势的变化和工厂建设的进展而不断变化和调整。

在20世纪70年代，中国社会发生了十分深刻、巨大的变化，有的研究者称其为“否定之否定的1970年代”①。在这段时期，针对文化大革命造成的破坏，有两次重要的整顿，一次是1972年周恩来领导的对极“左”思潮的批判和落实党的各项政策，另一次是1975年邓小平领导的全面整顿。邓小平提出要把国民经济搞上去，把实现四个现代化当作“我们伟大的新长征”，鲜明地提出“科学技术也是生产力”，要求引进国外的先进技术和设备等。

当时，我身处思蒙，明显地感受到这种整顿给我们所带来的影响。为了落实知识分子政策和工作的需要，工厂领导根据专业对口的原则，给这批当工人的大学毕业生们纷纷落实了政策，使他们逐步走上了管理或技术工作岗位。我的工作岗位也被频繁地调动。

初到思蒙之时，我们在学习班中，边学习边劳动，去工厂自建的砖厂制砖是一项主要的劳动任务。思蒙山上的泥土很黏，适合于制砖，我们就地取料，制成砖坯后，再放入隧道窑中烧制。新建工厂对砖的需求量很大，职工宿舍的建筑用砖基本上由砖厂提供。因此，在建厂初期，砖厂是最主要的劳动基地。学习班结束后，我回锻工车间工作，当时车间厂房的框架已建成，但设备还没有到位，实际上没有什么活干，只是做一些准备工作。记得在参加了工厂组织部王部长召开的一次落实知识分子政策座谈会后，我被借调到眉山县武装部去帮忙，主要任务是到基层搞调查研究，写总结经验的交流材料。我写的这份材料得到了好评。回厂之后，被调工厂武装部当部长的秘书，大约当了不到一年的时间。最终，我被调到工厂设备科工作，一直到离开工厂。在设备科期间，我主要从事工厂电气设备的安装调试和一些自制的生产线或设备的非标准电气设计工作。

从学习技术的角度看，到了眉山厂之后，我已从过去学习锻工、钳工而转而学习电工和电气自动控制。这一方面是受维纳《控制论》这本书的影响，使我对自动控制感兴趣；另一方面也是为了适应工厂实际工作的需要。我是学数学专业的，要在车辆工厂找到一个完全对口的工作是很难

---

① 郑谦著，《中国：从“文革”走向改革》，人民出版社：2008年11月第1版，第30页。

的，所以我的工作岗位会不断地变更；但是学数学也有一个好处，就是改行容易，因为数学是思想的体操，是现代科学和技术的基础。我在齐齐哈尔车辆厂时的经历已经证明了这一点。在当时的眉山车辆厂，我认为搞电气自动化是我最佳的选择，而要实现这个选择的唯一出路就是自学。

在当时，全国掀起了一股抓生产、学技术的热潮。我在工厂深深感到这股热潮的冲击，我于是到成都买了很多有关的书籍来自学，如清华大学出的《半导体晶体管电路基础》(上、中、下)等。我学习非常用功，进展很快。无论在哪一个岗位上工作，我都没有放松学习，这是我自工作以后最全面的一次自学。1976 年 7 月，我还有幸参加了在湖南省株洲市铁道部电力机车研究所举行的“铁道部机车车辆工业电子数控技术学习班”，历时四十天左右。这次学习对我在工厂的工作以及后来的研究方向都起到了重要的作用。努力的学习和实践的锻炼，让我能很好地胜任所承担的各项工作。

每当回忆起这段经历，总使我感到在大学本科阶段学什么专业并不重要，重要的是“能力”的培养，大学的教育应以“通才教育”为主；各种专业知识的学习只是培养“能力”的一种“载体”；而在各种能力之中，“自学能力”是最重要的，因为它可以应对或适应参加工作后难以预料的各种岗位的不同需要；坚定的“意志力”和良好的“思维能力”则是“自学能力”的根本保证。只有具备了这多种能力，才能适应各种不同的工作岗位并做出有价值的创新性工作。

在思蒙期间，我们除了去上海探亲之外，很少出远门。思蒙山头所在的眉山县曾是苏东坡的老家，城里有一个“三苏公园”是当地一景，乐山大佛，峨眉山也都在附近地区。这一带地区，确实是人文荟萃，物产丰富，气候宜人。在山头上住久了确实有一种“与世隔绝”的感觉，但我很喜欢这里的风光和宁静。我已经适应了这里的“社会生活”，我把它称作：思蒙山头的小小乡村社会。在经历了太多的动荡和奔波之后，我们都希望过上安居乐业的生活。能够在这个“小小乡村社会”生活就已经因“知足”而“长乐”了！

我曾在 2003 年出差成都之时，承蒙眉山车辆厂领导的邀请，回工厂看过，工厂厂区已有很大的变化，在两个小山之间驾起了一座铁链桥。但山头生活区的基本格局没有多大的变化，职工宿舍的“板棚”依旧存在。建厂初期的一批从齐齐哈尔同去思蒙的“大学生”同事们大多数已退休或调离了山头，我只见到了张光、周宏民和罗贵华等几位老友。回想起曾有几百名大学毕业生相聚在齐齐哈尔车辆厂和眉山车辆厂进行建厂、共同生活和艰苦奋斗的情景，心中确有一种惆怅、感慨和神往之情。我所经过的这段经历，在我们那一代大学生中具有某些相似之处，从一个侧面反映了 20 世纪 60 年代后期到 70 年代中期中国高等学校毕业生的生存状态和精神面貌，对于今天的大学毕业生们是难以想象的，在中国高等教育发展史上也许会是“空前绝后”的。

1976 年是中国历史上的关键一年，我们这一辈人都经历了这一年的大悲大喜。对于我的家庭，这一年是悲伤的，父亲在经受了“文化大革命”残酷折磨和迫害后病逝。在他临终之时，急切地等待与我见上一面，但因我正出差在外，而未能如愿，这是我终身的憾事！

1976 年 4 月发生了天安门事件。这是一次以悼念周总理、声讨“四人帮”为内容，实际是拥护以邓小平为代表的正确领导、反对“左”倾错误的人民革命运动。4 月 7 日中央人民广播电台广播了《天安门广场的反革命政治事件》的报道，邓小平第三次被打倒。

1976 年 10 月 6 日“四人帮”被粉碎。这个消息不胫而走，我在思蒙山头，消息闭塞，虽有所闻，但不知真假，直到 10 月 21 日中央人民广播电台播发了粉碎“四人帮”的消息，才信以为真。一时之间，举国欢腾，万民同庆！工厂的职工也是万分激动。我至今仍能回忆起，当时在思蒙山头听到这个消息时的难以言表的兴奋心情，真可谓是“于无声处听惊雷”！

“四人帮”被粉碎之后，百废待兴，科技和教育战线迎来了新的曙光！“尊重知识、尊重人才”成为最响亮的口号！1977 年恢复了全国高考制度；1978 年 3 月和 4 月间，召开了全国科学大会和教育大会；紧接着全国研究生招考制度恢复……

面对着这一件件振奋人心的消息，我本已沉静、稳定的生活再次掀起波澜，我的人生路上又一次面临新的抉择。

科学春天

1978 年的阳春三月，思蒙的山野早已是一派春光，杂花生树，飞鸟穿林，空气中散发出泥土的湿气和花草的芳香，整个山头显现出勃勃生机。在这春意盎然的季节，我听到了来自北京的诗一般的语言：

“春分刚刚过去，清明即将到来。‘日出江花红胜火，春来江水绿如蓝’。这是革命的春天，这是人民的春天，这是科学的春天！让我们张开双臂，热烈地拥抱这个春天吧！”

这段话是时任中国科学院院长郭沫若在全国科学大会闭幕式上发表书面讲话的结尾语。这篇享誉一时的讲话给我们这一辈人留下了难以磨灭的印象，它的题目——《科学的春天》已成为那次大会，乃至那个年代的最具诗意的表达。

1978 年 3 月 18 日，全国科学大会召开，来自全国的 6 000 多名代表和有关人员参加了大会，邓小平在开幕式上发表了重要讲话。他的讲话从理论上和方针政策上严厉批判了‘四人帮’的极左路线，集中阐述了我国科技发展的重大战略性问题。明确提出了“四个现代化，关键是科学技术的现代化”;“科学技术是生产力”,是推动社会发展的动力,而不是上层建筑;“知识分子、科技人员是工人阶级的一部分”,要“尊重知识、尊重人才”等重要论断。据当时参加会议的老科学家回忆,邓小平讲话结束后,全场掌声雷动,经久不息。与会的科学家们欢欣鼓舞,有的激动地流下了泪水。这是我国科技发展史上具有划时代意义的一次盛会。会议之后,全国迅速恢复了研究生招考制度。这个消息一经发布,全国范围内立即掀起了报考研究生的热潮。

当时,深受全国科学大会的鼓舞,我也为报考研究生这个机遇的到来而激动不已。事实上,能够继续学习和从事科学研究,一直是我的追求。但是,在以阶级斗争为纲和“四人帮”横行的年代,“知识越多越反动”,我国广大知识分子受到严酷的迫害,思想受到钳制,聪明才智难以发挥。在那种形势下,我的这种追求只能是一种空想和梦想。如今科学的春天已经到来,我的梦想有实现的可能,我应该抓住报考研究生这个“迟到的”机遇,满怀信心地去迎接挑战,创造新的人生!

但是,从家庭的角度看,对新的机遇的选择,意味着新的分离和动荡。我和爱人已饱受奔波和分离之苦,对于来之不易的安定生活倍感珍惜。当时女儿刚过二岁,需要照顾,但儿子尚在上海,我们年迈的母亲也需照顾。面对此情此景,确实难以决断。在此两难之际,母亲的来信和昔日师友们的来信给了我们选择的勇气和信心。我和爱人商议之后,毅然决定报考研究生,再次走上了新的征程。

在工厂领导的支持下,我的报考比较顺利,和我一起报考的还有两人。记得我们的考试是在眉山县城进行,试卷从全国各地寄来,根据各人报考学校和专业的不同,当场拆封和分发试卷给每个人进行考试。这是经过十年动乱之后的全国第一次研究生入学考试,也是我人生路上一次关键的考试,对我的影响深远。

我的报考如愿以偿,被录取为华东师大数学系控制论专业的研究生,导师是袁震东教授。袁先生是我国控制学界较早从事控制理论研究的著名专家,在学术上有很高的造诣。至此,我终于走上了学习和研究控制论的道路,这也是我人生道路上又一次重要的转折。记得柳青在《创业史》中有过这样一段话:“人生的道路虽然漫长,但紧要处常常只有几步。特

别是当人年轻的时候。”回眸我年轻时的人生道路，紧要处确实只有几步，考取研究生是其中关键的一步。

1978 年 8 月，我从思蒙火车站出发，登上了北去的火车，经成都换乘后继续北上，离开天府之国后再次翻越秦岭，然后向东行驶，直奔我的故乡上海。这是我人生路上，第三次具有转折意义的长途旅行。我的第一次转折之旅是在 1968 年 8 月，那是从上海到齐齐哈尔；第二次转折之旅是在 1971 年 5 月，由东北的齐齐哈尔到四川的思蒙。这一次是从思蒙到上海。这三次转折之旅，前后间隔整整十年，行程近 1 万公里，在中国的地图上，由上海-东北-西南-上海，画了一条封闭的曲线：从上海出发又回到了上海。

我在宝鸡工作的姐姐和姐夫也在 1978 年同时报考了研究生，她们都是学医的，分别报考了上海第二医学院神经内科专业和上海第一医学院肝胆外科专业的研究生。他们俩也都被录取。不久，我弟弟也从江西插队调回上海，并也于 1978 年考上了大学。1978 年也是我们家的“科学春天”，一家四人同时考取研究生或大学，同时回到了上海。

母亲非常高兴，她亦老当益壮，积极投入到教学和科研之中。她从事大气科学的教学和科研工作五十余年，以治学严谨，工作勤奋，认真负责，诲人不倦的精神，深受学生和同行们的崇敬。被中国气象学会誉为“半个世纪来，对气象事业作出杰出贡献”的科学家。在 1989 年日本京都国际城市气候会议上，被国际城市气候学界誉为全球功绩卓著的“五大先驱学者”之一，并在会议开幕式上放映了这五位先驱者的巨幅照片。在母亲 80 岁生日时，华东师范大学为她举行了隆重的祝贺会并刊发了纪念文集，中科院大气所陶诗言院士、华师大中文系徐中玉教授等学术界同行、好友、学生等撰文祝贺。我也参加了会议，深为会议的气氛感染。2011 年华东师范大学老教授协会组编了《师魂——华东师范大学老一辈名师》一书，母亲的学生束炯教授撰写回忆文章：《远在天国的您不再孤独——怀念气候学家周淑贞教授》。介绍了母亲为人治学、教书育人的精神和事迹。母亲为人、治学的精神给了我很大的教育和影响。她在 80 高龄时仍在进行研究和写书。她常说的人生名言：“老牛自知夕阳晚，不用扬鞭自奋蹄。盛世学人勤著述，愿育新苗科圃中”，时时激励我努力工作、学习、研究和教书育人。

回想当初我离开上海之时，年仅 24 岁，正值青春年华，归来时已三十有四，早已过了而立之年。在华东师大读研究生的同门师兄弟中，我的年龄还算小的。最大的师兄是 1962 年从复旦数学系毕业的，而我是 1962 年进入数学系的。在当时，这种年龄差距大、而且高龄的研究生现象非常普遍。这也是十年动乱造成教育中断、人才断层的结果。这批高龄的学生，饱经沧桑，深知学习机会来之不易，读书十分用功，自然能写出好的论文。1981 年我硕士毕业，1982 年我考取了华东化工学院工业自动化专业的博士研究生，师从蒋慰孙教授。这是我第三次进入高校学习，直到 1984 年 11 月博士毕业。我的研究生阶段的学习共度过了六年时光。

蒋慰孙教授是我国著名的过程控制专家，我国工业自动化学科的开拓者之一。曾任华东化工学院自动控制与电子工程系主任、自动化研究所所长、教务长，国务院学位委员会第二届学科评议组成员，中国化工学会自动化学会第二届理事长，上海自动化学会第二届副理事长，九三学社社员。从 20 世纪 50 年代起创办化工自动化专业，开设课程，投身于硫酸、合成氨生产过程自动化项目等。长期以来，他将过程知识与自动控制技术相结合，追求理论与应用的统一，在过程动态数学模型的建立、控制策略的提出、操作优化方法的开发以及生产调度方案的制定等方面，提出了一系列理论和方法，用于工业生产实际。为我国的化工企业生产自动化的发展、工业自动化专业的本科和研究生教育作出了重要贡献。

我读研究生时，儿子已读小学，就读于华东师大附小。为了减轻妻子的负担，也为了女儿能得到更好的教育，我又将女儿留在上海，入托于华东师大的附属幼儿园。当时，我基本上住在母亲家中，一面读书，一面照顾孩子，每天骑车从华东师大到华东化工学院上课，来回大约两个小时。这段时期的学习和生活虽然劳累，但我的学习热情非常高涨，因为我深知学习机会来之不易。

在导师蒋慰孙教授的悉心指导下，经过刻苦的学习和钻研，我于 1983 年开始在国内外学术刊物上发表论文，其中包括美国 *IEEE-AC*，*Int. J. Systems*，*Sci.* 和《自动化学报》等学术刊物上发表论文。在国际上首次提出了“块脉冲算子(BPO)”新概念，系统地建立了 BPO 的理论和方

法，并将其应用于系统和控制领域的许多方面。1984 年，我完成了博士学位论文《块脉冲算子及其在系统和控制理论中的应用》，并于同年 11 月获得了工学博士学位。在获得博士学位后，我继续深入钻研，不断进取，完善和发展了 BPO 的理论和方法，并将其应用于更为广阔的领域。

我的博士论文答辩委员会由上海交通大学张钟俊教授、东南大学冯纯伯教授等组成。张先生是中科院学部委员(院士)，他是我答辩委员会的主席。冯先生后来也是中科院院士。这两位院士都是我十分尊敬的前辈。他们对后辈总是非常关心，严格要求和热心提携。记得我的学术专著《块脉冲算子及其应用》出版之后，他们曾亲笔写了评语和推荐意见。在我后来的学术生涯中，也始终得到他们的关心和指导。冯先生还曾将他的《鲁棒控制系统设计》等专著赠我，使我受益匪浅。

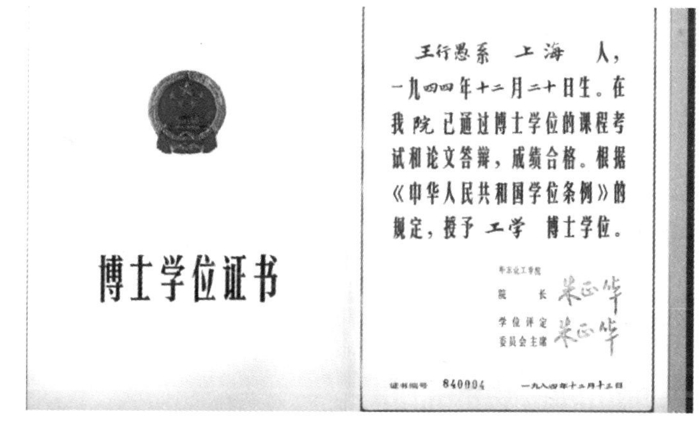

博士学位证书

王行愚系 上海 人，一九四四年十二月二十日生。在我院已通过博士学位的课程考试和论文答辩，成绩合格。根据《中华人民共和国学位条例》的规定，授予 工学 博士学位。

院长

学位评定委员会主席

证书编号 840004 一九八四年十二月十五日

我的博士学位证书

我所提出的块脉冲算子是一种新的理论和方法，它是在块脉冲函数分析方法(BPFs 方法)的基础上发展而成的。BPFs 是一种利用级数展开方法来求解连续系统问题的新方法。它对于求解系统和控制中的某些问题具有一定的成效。但是，现存 BPFs 方法无论在理论或应用上，都存在一些本质的缺陷和尚待解决的重要问题，如 BPFs 方法的各种收敛性理论还没有被充分地重视和建立；在 BPFs 方法中，一些具有共性的规律尚未被概括和抽象出来，并使之建立在严格的数学理论基础之上；BPFs 方法的应用有待于进一步开拓。块脉冲算子理论和方法的研究正是针对上述问题展开的，其主要贡献在于它用一种新的、统一的观点概括和发展了基于块脉冲函数级数展开的近似方法，建立了具有严格数学理论基础、系统的、便于应用的一般方法；它解决了这类正交逼近方法中最本质的难点—收敛性问题，在这种方法中所建立的 BPO 运算规则具有突出的优点，这些规则如同拉普拉斯算子一样，包含了代数运算、微分、积分、平移和卷积等运算规则，在分析问题时使用极为方便。另一方面，BPO 的映象值可递推计算，使得这一算子兼收了拉氏算子使用方便和差分算子便于递推计算的优点。这在方法论上有重要创新；利用这种算子，为求解非线性系统、时滞系统和分布参数系统等复杂系统的分析、辨识和控制问题提供了新的有效的方法。

这项原创性的研究成果受到国内外学术界的好评和重视。著名系统辨识专家 N. K. Sinha 教授主编英文专著 *Identification of Continuous-time Systems*(Kluwer Academic Publishers，1991)，特邀我专写一章"Use of the Block Pulse Operator"，介绍 BPO 的研究成果；国际著名系列学术专著中，国外著名学者也用专章介绍了这一成果。《块脉冲算子及其在系统与控制理论中的应用》项目获 1990 年度国家教委科技进步二等奖(甲类)，该项成果受到了专家们的好评，认为"整个项目的研究水平和成果达到了同类研究领域的国际领先水平，也是国内近年来控制领域的极为优秀的成果……"。所写专著《块脉冲算了及其应用》获国家教委颁布的优秀学术著作奖。

这六年的刻苦学习和钻研，为我的学术生涯打下了深厚的基础，同时，在学术创新的过程中也给了我诸多的启示，特别是在科学方法论上的感悟。在经历了科学研究的实践之后，更能体会在控制论中所蕴含的科学思想及其方法论。控制论的这些基本思想和方法不仅对于自动控制专业是重要的，而且对于不同专业的学生和研究者也是有益的。于是，我感到有必要为不同专业研究生开设一门公共选修课，讲授控制论的基本理论和方法。在导师蒋慰孙教授的支持下，我在博士毕业留校后的第二年，为研究生开设了"控制论基础"课程。同时，还为自控专业研究生开设了"矩阵理论"和"随机控制"等课程。

1985 年 7 月，我第一次出国参加学术会议，印象特别深刻。我因论

文被录用而应邀参加在英国约克举行的一次国际自动控制联合会(IFAC)的“系统辨识国际会议”。同去参加此次会议的有中科院学部委员、上海交大的张钟俊教授,天津大学的刘豹教授,我的硕士导师袁震东教授,南开大学的袁著祉教授和厦门大学的陈亚陵教授等。在这些人中,我是学生辈,年龄也最小。我们同坐一架飞机到伦敦,然后再从伦敦到约克去开几天会,会议结束后再回到伦敦。由于会期很短,我们有几天时间可以在伦敦及其附近地区参观学习。在伦敦期间,我和张先生、两位袁老师及陈亚陵先生等住在一起。我们租用了一套当地人的住房,一共三层楼房,我们分散在各层居住。每天我们一起活动、一起吃饭、一起参观,使我有机会接触这几位前辈和专家,也和他们结下了友谊。在我后来的研究工作中都得到过他们的指导和帮助。

我是在参加这次会议时,第一次见到刘豹教授。但是他的名字,我早已久仰。在眉山车辆厂搞电气自动化设计时,我就早已拜读了他的著作《自动控制原理》和《自动调节理论基础》,前一本书是在1954年出版的我国第一部自动控制方面的专著,后一本书是在1963年出版,当时该书在全国有很大的影响。这两本书是我国自动控制方面的经典著作。他也参加了我博士学位论文的评审工作,后来还一起参与了《生命支持系统大百科全书》的编撰工作。在这次会议上,刘豹教授被确定为下一届IFAC系统辨识会议的主席之一。

在这次会议上,我意外地与G. P. Rao教授相遇。G. P. Rao教授是印度工程科学院院士,著名的控制科学专家,在国际学术界有很高的声望。我与他可以说是神交已久,但从未见面。我们出于共同的兴趣,在各自的论文中引用了对方的研究工作。对于他的论文我几乎每篇都看,仰慕已久。在我的论文报告会上,他来参加并主动相认。他很风趣地指着我论文引文中他的名字,告诉我他就是这个人。我当时非常高兴,紧紧地握着他的手。从那次见面后,我们的交往和友谊不断增进,几十年的交往已使我们成为亲密的挚友。

G. P. Rao教授是国际大型百科全书《生命支持系统大百科全书》的主要策划者,在他的推荐下,我被邀请为该书国际核心组成员、荣誉编委和中国地区专家组负责人之一,另一位负责人是刘豹教授。1996年5月在巴哈马举行了《生命支持系统大百科全书》工作会议，我们中国方面的许多专家参加了这次会议。中科院陈翰馥院士、郭雷院士等都参加了会议，我校张大年教授、高晋升教授、林逢凯教授等也参加了会议。

G. P. Rao 教授是这次会议主要组织者之一。我也邀请他来中国参加学术会议，举办学术讲座。我们还共同参与有关国际会议组织工作等。我们的友谊也超出学术范围，双方家庭之间也建立了一定友谊。我爱人因病在龙华医院住院时，G. P. Rao 教授在来华讲学的过程中，还抽空到医院探望。

博士毕业后不久，我便开始了担任一些行政工作。1985 年 10 月，我担任了副教务长，曾分管过优秀学生和青年教师等工作。1990 年我被任命为华东化工学院的副院长，曾分管过外事和人事等工作。1985 年9 月，我爱人从外地调入了上海，结束了我十几年分居和动荡的生活，一家四人得以团聚。

回忆这一段往事，真是感慨万分！从 1978 年科学大会召开至今，已过去 35 个春秋。三十多年来，在科学春风的吹拂下，我国的科学和教育事业发生了翻天覆地的变化。回想当年在“史无前例”的年代，我身处思蒙山头，何曾会想到国家、人民和家庭今日之变化！抚今追昔，更感到今日之弥足珍贵。如今“科教兴国”已成国策，我国正向创新型国家的目标迈进，“科学的春天”必将更为灿烂辉煌！

校长生涯

1994 年 2 月 28 日我被任命为华东理工大学校长，从此开始了我十年的校长生涯。如前所述，我曾经历过十年“文化大革命”，它的高潮阶段我是在复旦大学度过的；也曾经历了十年工厂岁月，那是在北国疆城和思蒙山头度过；从 1994 年到 2004 年担任校长的十年是我人生经历中第三个具有特殊意义的十年。这三个十年给予我不同的磨炼、启迪和思考，都留下了难以忘却的印记。

与前两个十年不同，在我任校长的期间，中国已经进入了改革和开放的新时期，中国的教育改革全面推进，教育事业持续快速健康发展，取得了历史性突破。国家确立了教育优先发展的战略地位，实施了科教兴国战略，加大了对教育的投入，推出了一系列重大的改革和发展举措：实施《中国教育改革和发展纲要》、“211 工程”建设、《面向 21 世纪教育振兴行动计划》；深化高校管理体制改革，通过“共建、调整、合作、合并”等形式，优化教育资源配置，上水平，出效益，求发展；推进教学改革，培养高素质创新人才；高校招生、毕业生就业制度改革；改革高校科技体制，推进产学研结合，促进科技成果产业化以及学校后勤服务社会化改革等等。为了适应国民经济和社会发展的需要,国家对高校的办学也提出了更高的要求,促使各类高校加快改革和发展步伐。在这样的大背景下,担任校长工作既是一个难得的历史机遇,也会面临更大的压力和挑战。

这十年中,华东理工大学也发生了深刻的变化。面对发展变化的形势和要求,学校党政领导班子在工作中坚持了"解放思想,实事求是"的思想路线;贯彻了"对外联合共建,对内深化改革"的工作方针;坚持走特色发展之路,坚持走联合共建之路,坚持以本科教学为立校之本,坚持以学科建设为主题,以队伍建设为主线,以产学研紧密结合为强校之路。学校的各项工作,在锐意改革中求新,在克服困难中前进,在解决矛盾中发展。

十年来,在"对外联合共建,对内深化改革"工作方针指导下,学校全方位地进行了改革。其中包括学校办学模式的改革;人事体制的改革;教育思想、内容和方法的改革;科研管理体制改革和成果转化机制改革;校产重组和转制的改革以及后勤社会化改革等。

在这一段历史时期,面对着难得的发展机遇和严峻挑战,在国家教委、上海市领导和中国石化总公司的关心和支持下,学校各级领导和广大教职工团结奋斗、开拓进取,使学校的事业发展实现了三步跨越。第一步跨越:以迎"211 工程"部门预审为契机,凝聚人心、克服困难、齐心协力,顺利通过国家"211 工程"部门预审,使学校走上了良性发展的道路;第二步跨越:以对外开放、联合共建为抓手,深化改革,开拓进取,实现了国家教委、上海市政府和中国石油化工总公司三家共建学校的办学新模式,使学校发展跨上了一个新的台阶;第三步跨越:以提高学科水平为主题,理清发展思路,制订发展规划,形成鲜明特色,学校申办研究生院成功,顺利通过国家教育部组织的"211 工程""九五"期间建设项目专家验收,使学校步入快速发展的轨道。在此基础上,以五十周年校庆为契机,进一步推动学校各项工作的发展,并在教育部领导、上海市领导和市教委领导的关心和支持下,确定了占地 1 500 亩的奉贤新校区方案,为学校的进一步拓展创造了条件。

在这十年的工作和生活中,我有幸亲身经历了我国高等教育大改革、大发展和大提高的历史性变化,也亲身实践和见证了华东理工大学改革

和发展的不平凡过程和巨大变化。回忆这一段工作经历和心路历程，感受最深的是两个方面：一是对教育思想、办学理念和治校方略的不断学习、探索和思考；二是在工作实践中经历的一些难以忘却的事和人。前者是关于教育的理性思维，后者是亲身实践的印记，两者相互关联，相互启迪。

关于教育的理性思维，我是在担任校长之后才更为主动和自觉地去思考。在过去的经历中，主要是通过学习知识来接受教育，对于教育的本质，教育思想很少考虑，更谈不上办学理念和治校方略的思考，然而在担任校长之后就不一样了，这些都是必须探讨和回答的问题。在这段时期中，通过学习、交流、实践探索和思考，使我对教育思想、办学理念和治校方略有了一些认识和体会，并将这些认识付诸工作实践，推动学校教育事业的改革和发展。有关教育理念和工作实践的具体内容记载在本书的第二篇和第三篇中，此处不再赘述。

在我的这一人生阶段，许多事和人给我留下了深刻的印象，很值得回忆和思考，以下截取若干片段，以缅怀这一段难忘的岁月和风雨同舟共同奋斗的人们。

1. 直面困难，励精图治

在我接任校长的早期阶段，学校面临严峻的形势。从学校外部形势看，全国各高等学校正处于申报进入“211 工程”的阶段，竞争激烈，我校能否进入“211 工程”建设的行列成为学校进一步建设和发展的关键；从内部形势看，学校面临严重的经济困难，影响了学校的进一步发展和在竞争中的地位。学校经济的“蓄水库”已处于干枯的边缘，一度学校的基本运转经费都成了问题。国家教委对学校存在的问题非常重视，周远清副主任曾率队深入学校进行调查研究，帮助学校分析形势和问题，给予学校许多指导和帮助。学校所面临的经济困难是我任校长后碰到的最大难题。

面对严峻的形势，学校党政领导班子经过多次讨论研究，就如何渡过难关、求得进一步发展达成共识。在工作中确立了这样几个观点和思想：要正视困难，想方设法克服困难；抛弃消极等待的思想，发扬主动进取的精神;形成共同努力、共担风险的运行机制;确立“发展是硬道理”的观点,在事业的发展中解决矛盾和困难。

在学校工作中则着重抓以下两个方面:首先,要强调对外开放,加强与社会的联系,要“走出学校小社会,面向社会大市场”。在对外开放和联系中,明确社会需求,深化内部改革和寻求生存发展之路。其次,要调整、完善和建立校内各项工作的良性运行机制,充分地调动全校教职工克服困难、开拓进取的积极性。特别在经济和校产方面,要下决心整顿治理,使之能在正确的轨道上,求得稳步的和持续的发展。

由此,我们适时地提出了“增实力、明需求、促联合”的观点(即增强自身实力,明确社会需求,促进联合办学)和实施“九大工程”的计划,确立并实施“对外联合共建,对内深化改革”的工作方针,并在国家教委、上海市领导和中国石化总公司领导的关心和支持下,全校各级干部和教职员工共同努力克服困难,励精图治,扭转了严重的经济状况,到 1996 年学校的经济形势已发生了显著的转变,学校各项工作逐步形成了新的局面。

关于这一阶段的工作思路、对策和成效,我在本书第三篇中“增实力,明需求,促联合,切实提高办学效益和教育质量”,“励精图治外联内改——华东理工大学在改革中发展”和“回顾与规划”等文中作了论述。

每当回忆起这一段往事,我总会对原国家教委朱开轩主任、周远清副主任、张天宝副主任等领导表示由衷地感谢和敬仰。他们在学校工作最困难的时期,给予了最坚定的支持、帮助和鼓励。几位领导都曾亲临学校指导工作。为了帮助学校克服困难,开轩主任曾亲自写信给时任上海市长的徐匡迪同志,提出了一些建议和措施。他也是实现国家教委与中国石油化工总公司共建华东理工大学的倡导者和决策者。天保副主任曾在 1995 年 6 月 27 日学校党员干部扩大会议上代表国家教委发表了重要的讲话。

当时的中国石化总公司的盛华仁总经理、李毅中常务副总经理和王基铭副总经理等领导,对我校的教育、科研和学科建设等各项工作始终给予大力的支持。在他们的决策和支持下,实现了中石化与国家教委共建我校,这是我校克服困难,开创发展新局面的关键举措。1996 年中石化领导盛华仁、李毅中和王基铭等到校指导工作,并参观实验室,上海石化

总经理、校友吴亦新等也一起前来。

上海市和市教委领导也非常关心我校的工作，给予了各方面的指导和支持。当时上海市教委的书记是郑令德同志、主任是王生洪同志，后来还有王荣华和张伟江等同志。徐风云书记和我曾向他们汇报了学校的情况，得到了他们的关心和帮助。记得当时徐匡迪同志刚担任上海市长不久，在一次与干部的见面会后，郑令德同志和我们一起找了徐市长反映了学校的情况，得到了徐市长的支持，很快及时给予了学校500万元经济资助，这笔500万元的支持可谓“雪中送炭”。市领导和市教委领导还曾多次到学校调研和指导工作。1996年元旦，当时的中共上海市委常委、副市长华建敏来校向全校师生拜年，慰问师生和视察工作。随同来校的还有当时的市府副秘书长、市计委主任韩正、市教卫党委书记王荣华、市教委主任郑令德等领导。

针对当时的学校情况，学校加强了校内的深化改革。这些改革首先从科技体制和机制的改革入手。1995年9月召开了学校科技工作会议，出台了有关编制使用、科研经费、分配管理和奖励办法等一系列配套制度和政策。随之，学校又实施了校内资源分配制度改革，在人事体制、收益分配制度、校产管理等方面全方位进行深化改革，努力形成全校教职员工共同奋斗、共担风险、既有激励又有约束的良性运行机制，并于1996年4月正式实施了校内深化改革的方案。该方案包括《关于教学和科研编制的使用原则》、《关于校内工资性收入资金筹措、分配、管理办法》、《科研经费管理办法》、《基础研究人员工资资助办法》、《教学科研工作用房暂行条例》、《关于基金管理暂行办法》、《科研工作奖励暂行办法》等七个配套文件。

校产的整顿和改革是当时的重点之一，我在上任之初便分工负责校产工作。1995年初，学校成立了校产管理委员会，由我兼任主任。根据当时校产的情况，学校提出了“上轨、鼓劲、发展”的改革思路。以深化改革、加强规范管理为指导思想，制订了《华东理工大学校办产业财经工作的几点意见》等一系列对科技企业管理的文件，打破了经济实体事业管理模式的束缚，建立了以人事、分配为核心的相对独立的校产管理体系，基本上实现了校企分开和规范、严格的成本核算。为校产的进一步发展打下了基础。

经过一段时期的整顿和发展，1999 年 2 月组成了华理远大技术有限公司，由我兼任董事长，周国光同志任总经理。学校授权该公司全权对校内科技企业管理的工作职责。为进一步加强体制和机制方面的创新，学校曾分别于 1998 年和 2001 年制订了《华东理工大学校办产业改制工作要点》和《关于学院级科技企业管理体制改革的实施意见》等文件。这些改革措施的实施，进一步推动了校办产业的发展，使校产的面貌发生了很大的变化。

在那一段时期，为了推进学校事业的发展和克服当时存在的困难，全校教职工发扬了艰苦奋斗的精神，无论在科研经费使用、工资待遇、工作条件等方面都能从学校的大局着眼，不计较小集体和个人得失，努力在工作上创造业绩，积极主动地做好迎接“211 工程”部门预审的各项准备工作。联合共建工作的突破和“211 工程”部门预审的顺利通过，又进一步凝聚和振奋人心，使学校的改革和发展形势进入了新阶段。

在 2002 年学校 50 周年校庆前夕，我和徐风云书记收到了国家教委主任朱开轩同志的来信，此信当时没有公开发表。2003 年 8 月高等教育出版社出版了开轩同志《参政岁月》一书。在该书中，开轩同志发表了这封信的主要内容，并加上了一个标题：“战胜挫折的办学经历更宝贵”。这封信体现了开轩主任对我们学校、学校领导班子以及徐风云书记和我的关心、勉励和希望。这份在工作中建立的友谊和真情，特别值得珍惜。该文的内容如下：

战胜挫折的办学经历更宝贵①

华东理工大学 50 年的办学历程，迈出了不平凡的前进步伐，既有成功与喜悦，也伴随过挫折与艰辛，其中相当部分同我们共和国的发展历史息息关联，但也有学校本身工作的成败得失因素。这一切，值得我们时时回顾、反思并珍重。

我和学校主要领导同志(校长、党委书记)之间曾有过一段“共度患

---

① 朱开轩：《参政岁月》，高等教育出版社，2003 年 8 月，第 176 页-178 页。

难”的经历。因此，我对华东理工大学多年来如何顽强克服困难、胜利走出挫折阴影的情景与过程有所了解，对他们为何以饱满的热情早早筹备建校50周年纪念活动的喜悦心情有一定体会。我真诚地祝贺有着光明未来的华东理工大学50周年校庆纪念日的即将来临，并愿分享他们的欢乐。

我之所以常要向他们表示敬意，是因为在华东理工大学处在最困难的时刻，我亲身感受过他们两位是如何以坚强的党性和事业责任心为动力，忍辱负重，沉着应对，依靠整个领导班子并团结广大教职工，四处奔波，寻求解决问题的途径。最后，终于在中国石化总公司、上海市政府以及原国家教委党组和各司局的配合与支持下（但主要仍在于学校自身的努力），逐步摆脱困境，不断走上相对顺利发展的康庄大道。我认为，在当时的困难局面下，他们“从不言退”而勇挑重担，这种思想境界与精神状态，并不是一般人都能做得到的。所以，我对他们两位和整个领导班子表示敬意是出自内心的。

这段历史已经过去了，但学校的事业还得继续往前推进，我衷心希望学校各位领导同志永远保持一颗平常心，谦虚谨慎，透彻了解“行百里而半九十”这一深刻哲理，努力做到“方向坚定而不随波逐流，目标明确而后与时俱进”。为了促进教育事业的持续健康发展并永葆活力，要用极大的热情致力于干部队伍和教师队伍的建设，认真培育并巩固优良校风和学科特色，不断提高教育教学质量和科学研究水平，为在21世纪前半叶早日把华东理工大学建设成为“特色鲜明、国内一流、能跻身世界著名大学行列”这一崇高目标而作出自己的最大努力。

我愿在华东理工大学建校50周年纪念日之际，以前述这些话表示同学校主要领导同志以及整个校领导班子共勉之意。

关于这一段时期我的思想和心情，我曾在1996年1月12日举行的校四届二次教代会报告《回顾与规划》的结束语中，作了如下表述：

“过去的两年是极不平凡的两年，我们在克服各种困难中前进，在解决各种矛盾中发展，我们曾为学校的前途深深地担忧，也为所取得的每一个突破和成绩而感到欣慰和鼓舞。

过去两年的历史，证明了一条真理：华东理工大学是有实力的，华东理工大学的干部和群众能够经受风浪的考验，有能力战胜前进道路上的一切险阻。

这两年的校长生涯给予我很多的磨炼和启示，新的挑战需要我们付出更大的努力。我向两年中风雨同舟的同志们致谢！向支持、帮助和理解我工作的教职员工致谢！向在我校最困难之际给予有力支持的上级领导致谢！

我坚信，困难终将过去，光明的前途必将属于华东理工大学！”

2. 联合共建，改革办学模式

1995年12月4日国家教委和中国石化总公司正式签署了共建共管华东理工大学的协议，形成了学校办学的新模式，开创了学校进一步改革和发展的广阔前景，为学校的发展注入了新的活力和生机，从而也迈出了华东理工大学对外联合共建的关键性步伐。

国家教委副主任张天保在签约仪式上说：“国家教委和中国石化总公司共建华东理工大学，是贯彻落实《中国教育改革和发展纲要》，深化高教管理体制改革的又一重要举措，是国家教委与国家企业集团共同建设、共同管理委属高校的一次重要尝试，这在全国还属第一次，具有示范性。”

1996年6月23日，学校首届董事会成立，23家企业或科研院所为董事单位。当时担任中共中央候补委员、中国石化总公司党组副书记、常务副总经理李毅中被选为董事长，我被选为副董事长。在董事会第一次会议上通过了学校整体建设目标规划和总体工作思路。

此外，在与社会各方的联合办学方面，也取得了较大的进展，学校先后与上海石油化工股份公司、齐鲁石油化工公司、上海市化工控股集团公司、河北威远实业股份有限公司、上海高桥石油化工公司、兰州化学工业公司、上海轻工控股集团、上海轻工玻璃总公司、淮南化工总厂和吉化集团公司等签订了教育科技合作协议。国家医药管理局与国家教委也联合发文积极支持在我校共建制药工程学院。此外，学校还与上海浦东社会发展局共建浦东发展学院，与上海邮电管理局共建校园通信网络工程。同时，学校还成为上海汽车工业科技发展基金会的首届理事单位。与上海市西片七校联合办学；各学院(学科)也广泛开展了多种形式的联合办学。

1997年10月25日，国家教委和上海市政府共建华东理工大学仪式在华东理工大学举行。国家教委副主任周远清、上海市委副书记龚学平及市府秘书长周慕尧及上海市教卫党委、市教委等有关领导出席了共建仪式。共建后，华东理工大学成为以国家教委、上海市和中国石油化工总公司三家共建为核心，大中型企业参与的多元化联合共建的办学新体制，这一模式在全国高校中尚属首家。

这一系列对外开放、联合共建的重大举措，为学校的改革和发展创造了极为有利的条件，也形成了学校鲜明的办学特色，使学校的发展跨上了一个新的台阶。

在开展对外联合共建工作的过程中，中国石化总公司领导的盛华仁董事长和李毅中总经理等领导曾多次到学校视察和指导工作，李毅中同志还担任学校校董会的董事长，亲自参加了我校“211工程”工程的预审会议。在办学经费、科研项目等方面，中国石化总公司都给予学校大力的支持。

我还清楚地记得，就在国家教委和中国石化总公司正式签署了共建共管华东理工大学的协议之后，中国石化总公司给予了学校1000万元的资助。这笔经费对于当时还处于经济困难之时的学校是一个极大的支持，我当时真有“久旱逢甘露”之感！

为了支持我校研究生教育，中石化总公司出资资助我校建造研究生楼，还将原所属上海石化高等专科学校更名为华东理工大学石油化工学院，并于2000年12月6日实质性并入华东理工大学，成为华东理工大学金山校区。

我校的广大校友在促进“联合共建”和推动学校改革发展方面都起到了很大的作用。校友成思危副委员长对学校的共建和学科建设等工作始终非常关心，曾多次到校指导工作，促进学校各项工作的开展。原上海市副市长顾传训校友、中国石化总公司副总经理王基铭校友等，对学校各方面的工作都非常关心和支持，他们积极支持学校与中石化共建，并极力主张学校走产学研结合的强校之路。为了应对学校面临的严峻形势，我们曾多次与校友们聚会，探讨改革发展之路。记得 1995 年 7 月，在北京颐和园曾开过一次小型的聚会。杨安江校友出面操办，邀请了吴亦新、朱煜、朱廉宝等校友参加，徐风云书记、戴干策副校长、翁惠新副书记和我也参加了会议。在这次会上，讨论了如何共同努力促成国家教委与中国石化总公司共建学校等事宜。

3. “211 工程”预审和建设

“211 工程”的建设是我在校长期间的工作重点。在我上任校长之初，就将争创国内一流，努力跻身“211 工程”作为工作的重中之重。1994 年3 月 2 日，学校成立了“211 工程”领导小组和“211 工程”办公室，各学院、学科相继成立了“211 工程”规划小组。

第一期“211 工程”的建设经历了提出申请、部门预审、立项建设和项目验收等几个阶段。自 1996 年 3 月，学校分别向原国家教委、中国石油化工总公司报送《华东理工大学整体建设与发展规划》、《申请“211 工程”预审自评报告》和《“211 工程”重点建设学科项目论证报告》起至 2001 年 6 月 25 日验收结束，前后经历了五年时间。可以说，这是一项跨世纪的工程。

在这五年期间，三次专家组的评审成为这项建设任务进展的阶段性标志。第一次是在 1996 年 6 月 24～26 日，学校接受主管部门原国家教委和中国石油化工总公司组织的对学校申请进入“211 工程”的部门预审。国家教委组建的专家预审组由原天津大学校长李光泉教授担任组长。经过三天的考察和评审，专家组认为华东理工大学已成为一所教育质量和科研水平较高、学科优势特色鲜明、师资力量较强、居于国内同类高校前列的社会主义大学。专家组全体成员一致建议通过华东理工大学进入“211 工程”的部门预审。时任国家教委副主任韦钰、中共中央候补委员、中国石化总公司常务副总经理李毅中、中共上海市委副书记陈至立等领导出席开幕式并讲话。

第二次是在 1999 年 1 月，学校接受了教育部组建的专家组对我校

"211 工程"建设项目可行性研究报告进行整体审核的通讯评审，由清华大学金涌院士担任专家组组长。在这次评审之后，国家计委批复同意我校进行"211 工程"建设。第三次评审和验收是在 2001 年 6 月 24～25 日进行，教育部组建了由杨叔子院士担任组长的验收专家组一行 7 人，对我校"211 工程""九五"期间建设项目进行了整体验收。教育部、上海市教委、上海市计委和财政局等部门的有关领导出席。经专家组现场考察和评议，一致通过了对华东理工大学"九五"期间"211 工程"建设的验收。

在第一期"211 工程"建设期间，学校并没有得到国家下拨的专项经费。记得我曾在国家教委参加了一次会议，会上国家教委的有关领导说明了国家专项经费的情况，并征求与会部分高校的意见是否同意在没有专项经费的情况下通过自筹经费来进入"211 工程"建设的行列。我在会上明确表态无论国家给不给"专项经费"，也一定要将我校列入国家建设"211 工程"的名单之中。因为在当时的形势下，能否进入"211 工程"是能否进入"国家队"的象征；对学校内部而言，它也是凝聚人心、团结奋斗、克服困难的一面"旗帜"。

在国家教委、上海市和中石化集团公司的支持下，全校各级干部和师生员工抓住机遇，克服困难，共同奋斗，使得"九五""211 工程"建设取得了很好的成绩，受到了专家评审组的好评。对于学校在没有国家专项经费投入的情况下，通过多渠道筹措建设资金，全面完成任务的奋斗精神，杨叔子院士在验收会的讲话中，用"自谋干粮长征"来给予概括和充分肯定。

第二期(即"十五"期间)"211 工程"建设是从 2002 年开始。此次获得中央专项资金 3 200 万元，上海市安排配套资金 3 200 万元。这项建设以重点学科建设为核心，重点建设先进化学工程与技术、生物工程与制药工程、高性能特殊材料、过程控制与智能系统、先进过程机械与装备技术等 5 个重点学科建设项目。2004 年校领导班子换届后，新领导班子继续进行此项建设。2006 年 5 月进行了验收，钱旭红校长作了汇报，学校全面完成了建设任务，顺利通过了验收。目前已进行了第三期(即"十一五"期间)"211 工程"建设，相信通过多期的建设，学校的综合实力一定会有很大的增强。

4. 研究生院申报与建设

“211 工程”建设的实施意味着学校进入了国家前 100 所重点建设高校的行列,而研究生院的成立则是学校办学水平再上台阶的标志,它也是建设研究型大学必不可少的条件。因此,在学校的发展史上,历届领导都很重视研究生的教育和发展。在我任校长期间,始终将“研究生院”的成立,作为一个奋斗目标。

作为教育部直属全国重点大学,华东理工大学研究生教育起始于 20 世纪 50 年代,由于历史的原因,在“文革”前的 1956~1965 十年间仅培养了 101 名研究生。“文化大革命”期间,研究生教育中断了 13 年。“文革”结束后,特别是 80 年代初国务院颁布的《中华人民共和国学位条例》实施以来,华东理工大学的研究生教育逐步走上正轨,研究生培养工作进入较快发展阶段,1981 年学校被国务院学位委员会批准为首批具有博士、硕士学位授予权的单位之一,1985 年被批准为首批授予具有研究生毕业同等学历人员博士、硕士学位的试点单位之一,1997 年获得了工商管理硕士和工程硕士学位的授予权。

1999 年 4 月 23 日在教育部、中石化和上海市的关心和支持下,我校研究生楼落成,为建设研究生院创造了良好的教学环境,也为争取成立研究生院创造了“硬件”条件。这也是联合共建带来的成果,学校举行了隆重的落成仪式,中石化副总经理王基铭、教育部直属办副主任陈维佳、上海市教委副主任魏润柏等三方有关领导均到会祝贺。

2000 年 6 月,教育部批准学校正式试办研究生院。在当时,学校提出研究生教育发展的总体目标是:认真贯彻国家“深化改革,积极发展;分类指导,按需建设;注重创新,提高质量”的基本方针,有计划地扩大研究生教育规模和博士、硕士授权点覆盖领域,提高办学效益,抓好培养质量,培养富于创新精神的人才,把学校建设成全国培养研究生教育的主要基地之一。在研究生教育方面,进行了一系列的改革,其中包括:加快导师的培养与引进工作,重视研究生的思想政治工作,加强质量意识,抓好培养工作,加强招生和管理工作,逐步改善研究生教育的设施和条件等等。

2004 年 4 月,教育部组织了专家评审组对我校三年来试办研究生院

1999年4月研究生楼落成仪式。王基铭(左4)、
陈维佳(左2)、魏润柏(左5)等出席

的情况进行了评估。专家组组长是上海交大的叶取源教授。根据专家组的评估意见,教育部于2004年5月24日批准我校正式成立研究生院。这是我校办学历史上一件大事,2004年6月28日在逸夫楼报告厅举行了揭牌仪式。当时的上海市副市长严隽琪和市府副秘书长姜樑为研究生院正式成立揭牌(见书前照片)。

5. 新校区的确立

我校原有一个梅陇校区,国家教委和中国石化总公司共建学校之后,增加了金山校区,两个校区教育和科研用地仅1000余亩。当时全日制在校生已达18000余人,教育和科研用地的矛盾已经非常突出,如果再从学校长远发展的规划着眼,进一步拓展办学空间,确立新的校区已成当务之急。学校在2002年初已着手调研这一关系学校长远利益之事,并进行可行性论证。

任何的“选择”都是一把“双刃剑”,既是机遇,也存在风险,利弊得失的权衡是非常重要的。我在2002年12月6日校五届五次教代会的工作报告中,曾对新校区的选择问题有过如下的论述:“在拓展办学空间、扩大办学规模方面，我校有两种选择：①效仿国际上某些著名高校，走“小而精”的发展之路，但必须为此承担丧失拓展发展空间机遇的风险；②拓展办学空间，扩大办学规模，但必须符合教育部、上海市的规划要求，同时解决建设资金问题并付出相应的代价（不仅仅是资金代价）。学校为此已与教育部、上海市反复沟通与磋商，目前的情况是，校本部周边拓展的可能性很小，要拓展规模，只能到其他区县择址，并且必须符合上海市高教布局调整规划。同时要处理好拓展办学空间与保持办学特色之间的关系。”

在调查研究的基础上，学校曾提出过多种方案向上级领导反映。教育部领导和上海市领导对于我校办学用地紧缺问题都给予了极大的关注。当时，上海市正在进行高校布局结构调整的工作，据我所知，也曾将我校的“周边解决方案”列为首选方案进行过协调，但由于难度过高而未能成功。教育部周济部长、张保庆副部长以及发展规划司、直属办的领导对于我校新校区的选址都非常重视，也都曾到现场实地考察。上海市和市教委的领导也曾多次为我校选址进行了调研和考察。

2003 年 9 月，上海市有关领导对我校新校区的选址及建设前期工作进行了研究，并形成了选址奉贤、占地 1 500 亩的明确意见。2003 年 12 月 18 日，教育部发文批准了新校区方案。为了促进我校与企业的联合，走产学研结合的发展之路，在上海市委、市政府领导的关心和支持下，2004 年 5 月我校与邻近新校区的上海化学工业区签订了战略合作框架协议。上海市委、市政府领导殷一璀、严隽琪、姜樑和上海市教委领导李宣海、张伟江等参加签字仪式。我与化工区阮延华总裁分别代表双方签约。

新校区确立后，上海市委副书记殷一璀、副市长严隽琪曾主持召开过多次协调会，推进奉贤新校区的建设，学校也积极开展了新校区建设的筹备工作，并组织教职工察看新区校址。2004 年校领导班子换届后，新的校领导班子加强了对新校区的规划和建设。

2008 年 11 月，我陪应邀来校讲学的我校名誉教授、清华大学李衍达院士到新校区参观，见到了新校区的美丽景观和新建成的教学大楼以及学生宿舍等，心中倍感高兴。目前，奉贤新校区的建设已形成规模，有数万名本科生在新区学习和生活。宽广的校区为学校未来的发展创造了

条件。

当然,新校区的形成也带来了一系列新的矛盾和困难,例如,交通的不便,周边生活环境的不配套,教师上班的辛劳和学校办学成本的提高等等。但随着上海城市建设的发展和对教育投入的不断增加,这些现实存在的问题都会逐步得到解决。从长远看,学校办学空间的拓展,为学校今后的发展留有了余地,也可让更多的人接受高等教育,对国家和人民都是有益的。

6. 50 周年校庆

50 年的经历对于一所学校是非常值得纪念和庆贺的。为此,学校很早就为此作了各项准备,并以 50 周年校庆为契机,推动各项工作的开展。在各方协同、精心组织策划下,校庆各项活动取得圆满成功,党和国家领导人李鹏、黄菊、彭佩云、成思危、钱伟长、陈锦华等或题词或发来贺信表示祝贺,教育部、上海市、中石化领导及四百余名海内外来宾与三万名校友、师生共度盛典,丰富多彩的活动向社会充分展示了学校的办学成就,彰显华理师生的精神风貌。广大师生员工爱校、荣校热情高涨,凝聚力进一步增强。在学校 50 周年校庆前夕,国家教委主任朱开轩同志来信,对 50 周年校庆表示祝贺,对学校的工作给予了肯定并对今后的发展提出了殷切的希望。在 50 周年庆典会上,周远清、周慕尧、杨安江等领导分别代表教育部、上海市、中石化和校友讲话。我在会上代表学校作了发言。

在历史的长河中,50 年只是短暂的一瞬,但对于学校而言却是一个具有里程碑意义的阶段。华东理工大学 50 年的发展史,是一部艰苦奋斗的创业史。50 年前,为了适应国家经济建设和社会发展的需要,在上海江湾镇的平昌街,一所由交通大学、震旦大学、大同大学、东吴大学、江南大学等 5 所大学的化工系合并组建而成华东化工学院。经过几代人 50 年的艰苦奋斗和不懈努力,华东理工大学已发展成为以工科为主体、学科特色鲜明、工理经管文法多学科协调发展的、在国内外有重要影响的全国重点大学。从建校之初的 268 名教职工、721 名学生、5 个本科专业,发展成为教职工近 4 000 人,全日制学生近 15 000 人;拥有 34 个系、40 个本科专业,涵盖工、理、经、管、文、法、农、医等 8 个学科门类,并建有研究生院,

作者在学校 50 周年校庆会上发言

形成了"学士—硕士—博士—博士后"完整的教育培养体系。

20 世纪 90 年代以来，学校根据《中国教育改革和发展纲要》和《面向 21 世纪教育振兴行动计划》的要求，始终坚持社会主义的办学方向，全面贯彻党的教育方针，遵循教育发展规律，以学科建设为龙头，以队伍建设为核心，按照"对外联合共建，对内深化改革"的工作方针，坚定走产学研紧密结合的强校之路，主动适应社会主义市场经济体制需求，着力改革人才培养模式，不断提高教育质量和科技水平，深化校内管理体制改革，走内涵发展的道路，使学校进入了繁荣发展的时期，各项事业都迈上了新的台阶。

通过 50 周年的校庆活动，回顾历史，展望未来，承前启后，继往开来，加强了与校友和社会的联系，对学校的发展起到积极的推动作用。

7. 往事掠影

十年的工作和生活涉及到方方面面，除了上面提到的联合共建、"211 工程"建设、研究生院成立等事之外，还有许多值得回忆的事和人。以下结合一些老照片，谈谈对往事的回忆和思考。

学校每年举行的毕业典礼是学校的一件大事，也是当教师最值得高

毕业典礼，作者为毕业学生授证

兴和欣慰的时刻。根据50周年校庆时的统计，半个世纪以来，学校共培养了6万余名毕业生，这是学校几代师生共同辛勤耕耘的结果。在办学的指导思想上，学校始终把培养学生作为学校最根本的任务，以“全面提高学生素质，培养学生创新能力”为目标，面向企业为主，不断深化教育思想、教育内容、教育方法和课程体系改革，教学质量不断提高，取得了丰硕的成果。

积极争取、吸纳和依靠社会力量办学是学校办学的一个重要方面，学校聘请了一大批国内外专家教授、社会名流、著名企业家等作为名誉教授、兼职教授、理事会成员等多种方式参加学校的教育工作，关心和支持学校的办学。

我校的文化艺术学院从办学的需要出发，成立了华东理工大学文化艺术学院理事会。该理事会是学院的顾问和咨询机构，旨在组织热衷于教育事业的社会名流、学者、专家、政府有关部门官员、企业家，在智力、物力、财力等方面支持学院办学，以使学院能得以更好地持续发展。该理事会成员由上海市部分老领导、社会名流、学者、专家、政府有关部门官员、企业家等组成。由原上海市领导刘振元、顾传训、毛经权担任名誉会长，原上海市警备区副司令员相守荣少将担任理事会会长，原上海航空公司董事长贺彭年，上海市健康研究所所长胡锦华等担任理事会顾问。相司令等对教育事业热心支持，联络社会各方面的力量，每年组织多次活动。上述几位领导都经常参加活动，指导、支持和推动学校和学院的教育事业发展。在交往的过程中，我和理事会的同志们建立了真诚的友谊。相司令不仅是一位将军，还是一位书法家，具有儒将风度，我多次参加了由他发起的军旅书法家书法艺术展及考察等活动(见书前照片)。

古语云："兵马未动，粮草先行"，后勤工作是学校各项工作的基础和保障。十年来，学校在后勤和基建工作方面取得了很大的进展和成效。1997 年以前，学校后勤改革是由饮食、商业的内部经济承包制为主要形式。从 1997 年开始，根据中央和上海市的部署，学校后勤社会化的改革不断深化，逐步完善了后勤的体制和机制。学校的后勤工作是一项涉及面广、十分繁杂和艰辛的工作。我校后勤系统的各级领导和职工，为学校事业的发展作出了很大的贡献。国家教委对我校的基本建设工作非常重视，给予了大力支持。1999 年 4 月教育部副部长张保庆曾带领教育部发展规划司、财务司等部门和市教委有关领导组成的高校后勤改革考察团，来校检查筒子楼改造和后勤改革工作。

体育是培养学生综合素质的一个重要方面，在体育运动中，乒乓球是我校师生中的一项特色运动。由我校女子乒乓球队组成的中国大学生女子乒乓球队曾囊括在保加利亚索菲亚举行的第十二届大学生世界乒乓球锦标赛团体、女子单打、女子双打、混合双打四项冠军。2000 年 10 月第十三届世界大学生乒乓球锦标赛首次在华东理工大学隆重举行。代表中国大学生女子乒乓球队的我校女队在本届锦标赛中囊括女子团体、女子单打、女子双打和男女混双 4 枚金牌。国家教育部、体育总局、上海市教委领导和国际乒协、世界大学生联合会的官员等出席了开幕式和闭幕式。学校还多次举行了全国高校"校长杯"的比赛，先后聘请了中国乒协副主席、国际著名乒乓宿将和教练张燮林、香港奥林匹克委员会副主席、香港乒乓球总会会长余润兴等专家为我校客座教授。我自幼喜欢乒乓球运动，自然是积极参加各项乒乓球比赛。2003 年我曾在华东理工大学与国际乒联终身名誉主席、中国乒协主席徐寅生，香港乒乓球总会会长余润兴等会面。

对外合作和交流是学校工作的重要组成部分，在我当校长期间也积极开展了此项工作。学校重视并不断拓展对外合作交流，已与美、日、法、德、英、加、韩和澳大利亚等国的几十个高校、企业集团和科研机构建立了长期广泛的学术合作和交流关系。学校曾多次组团出访美、英、日、澳等国，进行校际合作和交流。

1999 年 5 月，我曾赴日访问了日本东北大学、东京农工大学和大阪府立大学等。这几所大学都与我校签订了合作协议，访问其间受到了其热情接待。在访问日本仙台的东北大学时，阿部博之校长接待了我们。阿部博之校长曾在 1998 年 11 月接待过江泽民主席访问仙台和东北大学，江主席还曾赠诗给该校。复旦大学苏步青校长曾在该校留学，他的夫人松本米子的父亲也是该校的教授。我在复旦数学系念书时，曾听苏先生讲过他的求学经历，也读过他的回忆文章。当我提到我本科是复旦大学数学系毕业的，我在复旦念书时的校长是苏步青教授时，东北大学的阿部博之校长非常高兴并表示出对苏先生的崇敬之意。

在东北大学我们还参观了该校史料馆有关鲁迅的展览。鲁迅曾留学该校的医学部，当时是仙台医学专门学校。鲁迅于 1927 年曾写过《藤野先生》一文，我在中学时就读过该文，印象深刻。在史料馆的展品中有当年鲁迅入学时的照会公函、在校考勤表、成绩单、鲁迅与同窗好友的合影等宝贵资料。此外，还有藤野先生的照片以及藤野批改过的鲁迅的解剖学笔记的照片。在该校史料馆，我还见到了江泽民主席的诗和苏步青校长的诗，并在诗前留影。江主席在诗中写道：

丹枫似火照秋山，
碧水长流广濑川。
且看乘空行万里，
东瀛禹域谊相传。

诗中寓意中日两国人民的友谊源远流长，并希望中日两国人民的友谊世代相传。中日之间的友好交往有着悠久的历史，早在唐朝时期就有留学人员的交往。唐朝诗人王维曾有一首著名的诗：《送秘书晁监还日本国》："积水不可极，安知沧海东！九州何处远？万里若乘空。向国惟看日，归帆但信风。鳌身映天黑，鱼眼射波红。乡树扶桑外，主人孤岛中。

别离方异域，音信若为通。"诗所赠之人晁监是日本人，日本名为阿倍仲麻吕，于唐玄宗开元五年(717)随日本遣唐使来中国留学，改姓名为晁衡。历仕玄宗、肃宗、代宗三朝，任秘书监，兼卫尉卿等职。天宝十二载，晁衡乘船回国探亲。临行前，玄宗、王维等人都曾作诗赠别，表达了对这位日本朋友深挚的情谊。

苏先生的这首诗是他回母校东北大学时，访问青叶城新校舍时所作：

回首仙台五十年，重来黉舍已联绵。
红樱枝下疑无地，青叶城头别有天。
处处弦歌今胜昔，莘莘学子秀而翩。
当时师友几人在，依旧清音广濑川。

苏先生不仅是位大数学家，而且也是位诗人。据苏先生所著《数与诗的交融》一书介绍，他平生所写诗词近五百首，真是令人钦佩！

我于 1996 年 1 月随教委组团参加邵逸夫赠款仪式，我校也获邵逸夫捐赠。邵逸夫先生关心祖国教育事业，并为此作出了巨大的贡献。我们应邀到邵逸夫先生的府上作客，受到了热情的接待，在赠款仪式上与邵逸夫先生等合影。在港期间，我参访了一些大学。曾到香港理工大学访问，这是一所历史并不长的大学，但其发展迅速，引进了大批优秀人才。该校依山傍水，风景秀丽。我与该校吴家伟校长会面，进行了愉快的交谈。

1996 年 10 月我随教育部组团访问波兰、捷克、俄罗斯等著名大学。同济大学吴启迪校长带队，同去的还有中国人民大学等校的领导。我们访问期间还在一位大学校长家作客并合影留念，出席了一所大学的毕业典礼。

2003 年 3 月我应邀访问台湾，在台期间访问了文化大学、玄奘大学、彰化师范大学、朝阳科技大学、中正大学、成功大学等，与这些大学的校长商谈了合作事宜。在此期间还参观了台北故宫博物院、中台禅寺，并在雨中观看了日月潭和阿里山。

我在担任校长期间参加了许多教育系统的重要活动和会议，与兄弟院校之间也有很多交往。我曾参加了上海交大、同济大学和北京化工大学的"211 工程"建设项目的评审工作，也多次参加了由国家教委或教育

在台湾朝阳科技大学，与杨濬中校长（右）合影

部组织的调研和休假活动。在这些活动和交往的过程中，结交了许多学校的领导和教师，给我留下了美好的回忆。

2007 年作为上海市人大代表在青浦植树时的留影

我自 1998 年起，历任上海市十一届和十二届人大代表。在这十年的履行代表职责过程中，我进行了参与立法、监督执法、了解民意和反映民

意等工作。人大代表的履职过程,是一个学法、用法和执法的过程,也是一个联系群众,为人民服务的过程。这十年的人大代表工作,给我留下了深刻的印象和美好的回忆。

1991 年我参加了在北京昌平国家教育行政学院举办的“高等学校领导干部马克思主义理论进修班”的学习。在学习期间不仅学习了理论还认识了许多高校的领导。在此期间一个特殊的事情给我留下深刻的印象。在一次学院组织的去北京香山的活动中,我不慎在山上将脚踝摔坏,不能行走和下山,在谢绳武(时任上海交大副校长)、李树杭(河北机电学院院长)、林天宝(武汉水利电力学院副院长)和扬者青(沈阳航空工业学院副院长)等四位同组学员和北京团校一些青年的帮助下,才得以下山并及时送往北京积水潭医院骨科治疗。经诊断系粉碎性骨折,记得是该院骨科主任替我开刀近 6 个小时。当时行政学院的领导和学习班的同学对我非常关心和照顾,学校也派人来帮助我疗伤,在疗伤期间我仍坚持在行政学院学习直至毕业。这是我一次重大骨伤,每当忆及此事,对在危难之时救助我的同志们充满了感激之情,我也非常感激北京积水潭医院的骨科大夫并惊叹他们的高超技术,使我未留下任何后遗症。

书生本色

我于 2004 年 7 月从校长岗位上退下来，重新回到教学和科研岗位，主要从事培养研究生和学术研究工作。这是我人生历程中的又一个重要转折，它预示着又一个新的旅程的开始。

我以为，在人的一生中，无论做什么“事”，都只是生命进程中的一种“载体”。不同的人，在不同的人生阶段，“载体”可以各不相同，但人的本色都会在这些载体中体现出来，正所谓“一般”寓于“特殊”之中。回眸所走过的路，我在工厂工作过，曾当过工人；在学校“从政”，当过校长；在当校长期间也管过企业，当过董事长。但就“本色”而言，仍乃一介书生而已。

与书相伴

我的生活始终与书相伴，无论在人生的哪一个阶段，“载体”可以不同，但读书却始终贯穿其中。当然，在不同的阶段，读书的缘由、内容、味道和境界也是不同的。

童年时期，懵懵懂懂，读书认字增长知识，还谈不上兴趣二字，但对于“三国演义”、“水浒”、“西

在书房工作

游记”之类的故事，特别喜欢听和读；如前面所述，我到初中之后，从对平面几何的学习开始，引发了对读书学习的兴趣；到了复旦预科时期，自觉学习的习惯渐渐养成，那时学习的课程比较多，又在青年时期，好奇心最盛，读书的面就广而杂，对于一些名著大多是在那一段时间开始读的；进入大学之后，由于专业方向已经明确，主要是攻读数学专业方面的书籍，但我也喜欢看一些文、史、哲方面的书。从小学到大学毕业，一共 17 年，正处于青年理想时期，求知欲望强，是一生中读书的好时期。那时的生活环境也比较单一，主要是学校和家庭。这一时期的读书基本上是“知识增长”的需要，我对社会的认识和知识的增长，主要来自书本。

工作之后的情况就不一样了，对于我们这一代人就更不一样了，因为，在我们毕业前夕和工作之后，正处于“史无前例”的时代。在那个“以阶级斗争为纲”，“交白卷英雄”和“知识愈多愈反动”的年代，“读书无用论”盛行，读书自然不是提倡的事。我早期工作的十年是在工厂度过的，那一段经历我在《北国疆城》和《思蒙山头》两个章节中已写过。现在回想起来，那段时期的读书主要出于两方面的需要，即工作职业的需要和精神

生活的需要。从工作职业的角度看，我是学数学的，分配到工厂后从事的是与原来所学的专业不同的工作，为了适应也为了生存，必须从头学起。从精神生活需要的角度看，读书乃是一种心灵活动，自然能净化心灵，排除烦恼，寻找思维的乐趣。特别是在迷茫之时，能使人明晰方向，豁然开朗。我在《北国疆城》中所叙述的读《控制论》的情景，就有这种感觉。仔细想来，我在这段时期的读书，主要带有为职业和解决问题而读的味道。

为学术研究而读书，情况又有些不同。在一般情况下，这种读书既有功利之心，也有兴趣之意。以我而论，在读博士期间，以取得博士学位为首要目的，这也可算是一个有“功利”的目标。但是，我对博士期间所研究的控制理论，却早已“情有独钟”，那时的读书和学习，自然也是兴趣使然。随着人生阶段的发展和变化，以及对“为人之道”和“治学之道”感悟的升华，读书和学习的心态和观念也会改变：功利之心趋淡，兴趣之意渐浓。关于此种境界，陶渊明在“五柳先生传”中，有此表述：“闲静少言，不慕荣利。好读书，不求甚解，每有会意，便欣然忘食。”此时读书，方能读出书中“真味道”来。我不敢说已进入此境界，但就读书而言，确已渐入佳境。

喜好读书之人，总喜欢逛书店。在前面的文字中我曾提到过，我从初中开始就有此爱好，几十年来我从未间断过，即使在东北和四川工作期间，每次回沪一定会抽时间去书店。在外地出差之时，也会抽空去逛书店。在书店，看到喜欢的书，总是要买。久而久之，逛书店购书成为一“瘾”。

书买得多了，也就有了藏书。我没有统计过一共有多少书，但已用尽可放书之处。我没有珍稀的藏书，但却收藏了各个阶段所用过的主要书籍，其中也包括大学里的教材、笔记本等。我收集的书比较杂，既有理工科专业方面的书，也有人文社会科学方面的书。有的书，一时高兴买了回来，但却很少看或看得很少。但这是我兴趣所致，也是很值得的，须知“书到用时方觉少”，若能“养书千日、用书一时”也算得是一种情趣！我喜欢藏书，可谓一“癖”。

读书虽乐，品书也很有趣，又读又品方成乐趣。每当静坐书房之中，泡一壶好茶，翻开一本古典或现代文学名著，边读边品，欣赏其文字之精美，体会其含义之深刻，感悟其“弦外音，味中味”，确是人生一大乐趣。除了人文类的书籍，我对于反映新兴科学思想和方法的书更感兴趣，书中的哲理和智慧往往使我折服和陶醉。对于理工科的一本最新专著，最好多人分章阅读，采用读书报告的形式，分析讨论、互相启发，并在此基础上，再系统阅读。我们学数学的人，常用这种方法品读专著，效果较好。

在与书打交道中，写书是最辛苦的。我在博士毕业后不久写过两本书，确实很费精神，但其中也有乐趣。我想，写理工类的著作与人文类的著作是不同的，前者主要依据科学实验和理论研究的成果，后者主要是依据作者的社会阅历和人文精神，此类书一般多为作者内在自我精神的反映。我以前写过理工类的专著，现在我正在写的这本书是否可算人文类著作？无论是写哪一类书，据我的体会，都需要一种“执著”的精神，一种“痴迷”的态度，不如此难以进入角色。

综上所述，我与书之间有“五缘”，即读书之乐、购书之瘾、藏书之癖、品书之趣、著书之痴。有此“五缘”，书已成为我生活中的有机组成部分，如同阳光、空气一样，是我生命中不可或缺的部分。

教书育人

高等学校与企业不同，与科学院也不同，其最主要的特点是以“教书育人”的工作为主要任务。因此，教育工作是高校最主要的、最基本的工作，所谓“立校之本”。我当老师，自然应该“教书育人、传道授业”。

我在学校上过几门课程如“矩阵理论”、“随机控制”、“控制论基础”、“智能理论及其应用”等，这些课程主要是为硕士生和博士生开的。为本科生我也开过“脑控及其应用”等课，学时不多，以讲座为主。

在人才的培养中，我认为要以德育教育为基础，强调德才兼备，注重思维能力、实践能力和创新能力的培养；要根据专业的特点，采用多种培养模式，通过教与学的结合，优化人才培养的过程。

对青年教师和学生的教育和培养，我始终强调德才兼备，希望学生不仅能掌握“治学之道”，还能知晓“为人之道”，所谓“做人、做事、做学问”，“做人”放在首位，这是高素质人才必备的修养。对于一个从事科学研究的人，智慧比知识重要，而品德比智慧更重要。当教师最根本的目的是育人，即“以人为本”，育人的最核心内容是人生观和价值观，因此，教师又被

称作“人类灵魂的工程师”。我们通过自身的成长经历和对人生的感悟来启迪学生的心智，去“点燃学生心中的一把火”是最为重要的。

在大学期间如何学习？应该培养哪些能力？应该如何培养自己的能力？这都是学生中所关心的问题。在这方面，打好基础，博学多识，培养自学能力，发展独立思考和独立判断能力等等方面无疑都是需要的，也都是重要的。但根据我的体会，在各种能力的培养中思维能力的培养是最重要的。为此，我在教学中，在传授知识的同时，特别注重对学生思维能力的培养。

人的行动是受大脑支配的，有了较强的思维能力，我们就可以去学我们所需要学的东西，就可以去培养我们还没有的能力。因此，我感到这是一个能指导各方面的能力。从思维能力来讲，有多种多样，有抽象思维的能力，逻辑思维的能力，综合思维的能力，形象思维的能力等。那么如何培养这些能力，我认为在大学期间学习各门功课时都是可以得到培养的，而且要有意识地去培养。

关于抽象思维和逻辑思维能力，最好的训练是通过数学的训练来得到。有一位著名教育家曾说过：“数学是思维的体操”。但是我们工科院校有个较为普遍的做法，在教材和讲授中，一般都是尽量使用“工程语言”，学生也习惯于接受这种“工程语言”，久而久之凡是碰到比较抽象和逻辑性强的数学证明就一概跳过，绕道而行。这样就造成在抽象思维能力和逻辑思维能力训练上的缺陷。对于自动化专业，数学的要求比较高。一些从工科院校毕业读研究生的同学，往往反映，在看国外杂志上一些论文时，碰上数学问题觉得比较困难。其中一个重要原因就是这种数学的抽象和逻辑思维能力还跟不上。

我本科是学数学的，硕士阶段学“控制论”也是在数学系，博士研究生阶段转为学习和研究自动化，因此我给工科自动化专业的研究生上数学课和专业课就更有针对性。我在博士毕业后就为研究生开设了两门课程：“矩阵理论”和“随机控制”。在上“矩阵理论”课时，我有意选了一本很薄但很精练也比较难读的书作为教材，我试图用“正宗的”数学语言去讲授这门课，而且凡是大学本科里已经学过的内容基本不讲，我想在训练抽象和逻辑思维能力上做些努力。我的讲解尽可能严谨，主要定理都严格证明，其目的是希望学生能在数学思维能力上得到训练和提高。在课程的学习中，记住许多结论并不是主要目的，因为有了这种思维能力自己可以去学。根据我的体会，对于从事自动控制“研究工作”的人员，不仅要会运用数学定理的结论，还应该懂其道理，即所谓不仅要知其“然”，还要知其“所以然”。一开始研究生班的研究生学得比较困难，有些内容过去虽然学过，但现在讲法和以前不一样，感到很不习惯。经过一段时间的训练之后，我觉得大家有所提高，逐步适应，有许多同学反映，现在再去看以前用工程语言写的数学书，就非常容易懂。我上“随机控制”课程时，用的是瑞典 K. J. Astrom 教授的一本名著。这门课需要“随机过程”的知识，数学上的要求也比较高。我起初担心工科学生学习会有困难，但一学期学下来，成绩都不错，这批学生年龄较大，学习自觉性很强，其中几位研究生，学习非常优秀。

综合思维能力可以通过学习一点社会科学或人文学科的知识来提高。担任一定社会工作也可以得到锻炼。形象思维能力可以从艺术中去培养，比如读些诗歌。我在大学里喜欢看各种书，对文学也比较爱好，往往既可训练抽象思维的能力，也可训练形象思维的能力。例如，中国南朝的诗人王籍就曾经写过一首为后人广为传诵的绝妙诗句：“蝉噪林逾静，鸟鸣山更幽”。如果你仔细回味，你就会体会出这首诗把“动”和“静”的形象思维和抽象思维巧妙地结合起来。

此外，现在大学都讲要培养创造型人才，要有创造能力。有人曾给创造能力写了一个公式：创造能力＝知识量×发散思维的能力。所谓发散思维是一种取得合理设想或猜想的思维形式，它包括着联想、想象、模拟、类推和直观推理等。发散思维是以感觉或直觉为基础的非逻辑思维形式。创造性活动时，先是发散性思维，提出猜想，提出假设，然后，用逻辑思维能力分析和论证，并通过实验证明。从这个公式就可以看出，思维能力培养的重要性。.

任何一门专业知识的课程，在其产生和发展的过程中都曾有过一段精彩的科学发展史，它凝聚了前辈专家们的艰辛和智慧。因此，我认为作为教授通过上课讲授专业知识，只是其起码的职责，更为重要的是要以讲授专业知识为载体将蕴含在这些知识中的科学方法、科学精神乃至人文

背景传授给学生，以启迪学生的思维、智慧和能力。为此，我在上课时力求能做到这一点，以提高上课的质量。

我根据自身学习的经验，除了个别交谈和指导之外，倡导用学术研讨会的方式进行学术交流和讨论。每两周左右举行一次讨论会，由青年教师和研究生轮流作报告介绍自己的工作或学习体会，并展开讨论。在讨论会上，我特别注重对研究生进行科学精神、学术思想和科学方法论的指导，希望学生能掌握“治学之道”。此项学术讨论活动已坚持十几年，对研究生的培养起到了很好的作用。

“控制论”的一些思想和方法就是在“科学方法讨论会”上产生的。当时维纳等人领导了一个“每月一次的科学方法讨论会”，这个讨论会在哈佛大学的日德华尔餐厅里进行。与会的有数理、电子、工程、医学、心理学等各行各业的专家学者，他们围着圆桌吃饭，谈话是活泼的，毫无拘束的。就是在这种讨论会的基础上形成了维纳的控制论的基本思想。

自动化是具有丰富内涵及外延的信息科学和技术，它诞生于学科交叉，具有广泛的应用领域、实用性强、发展迅速等特点。在现今的各行各业中，不论工业生产过程、精益农业，还是航天、航空、国防安全以及人民生活都离不开自动化，可以说自动化技术无处不在，无时不有。一个国家自动化程度的高低已经成为衡量其发展水平的标志。

根据专业的特点和社会的需求，自动化专业的人才要特别注重对工程实践能力的培养。我曾有过十年的工厂工作经历，深知实践能力的重要。我早期在工厂从事电气自动化和数控技术的工作中，以及在指导研究生的过程中都有这样的体会。在我的同事中，如黄道教授、钱锋教授等都具有在化工企业长期从事实际工作的经验，他们在工业过程自动化领域取得了一系列突出的成就。我目前在指导研究生从事“脑控”的研究，其中一些优秀的学生都表现出很好的实践能力和创新能力。

培养学生，不能采用单一的模式，要采用多元化的培养模式，如通专结合的培养模式，因材施教的培养模式，学、产、研结合的培养模式，学科交叉的培养模式，国际合作的培养模式等。在我几十年的教育工作中，就曾经采用过多种模式培养学生。

近年来我校特别注重通过学科交叉和国际合作来培养学生。自

2005 年 6 月在学校校园与部分学生的合影。左起王勇、王行愚、卿湘运、杨辉华、高海华、张红梅

2009 年起，我们与奥地利格拉茨大学知识发现研究所脑机接口实验室(Laboratory of Brain-Computer Interfaces，Institute for Knowledge Discovery，Graz University of Technology)的 Christa Neuper 教授的团队合作科研并与该实验室的 Gert Pfurtscheller 教授(奥地利科学院院士)联合培养博士生。自 2010 年起，我们与日本理化学研究所脑科学综合研究中心(RIKEN Brain Science Institute，Japan)先进脑信号处理研究室的安杰伊·西考克教授(Prof. Andrzej Cichocki)联合培养博士生和合作科研；我的学生金晶博士和张宇博士是分别与普福尔切莱尔(Pfurtscheller)院士和西考克教授进行联合培养，取得了优秀的科研成果，毕业后均已留校工作，成为脑控方向研究的主要骨干。自 2003 年起与日本佐贺大学(Saga University，Japan)先进控制工程研究室中村政俊教授(Prof. Masatoshi Nakamura)长期合作，培养了王蓓、张秀、冀占峰等多名博士生，他(她)们都取得了优秀的成绩，分别获得了中国或日本的博士学位。

当教师最大的乐趣，在于培养学生。指导研究生是我育人的主要工作。至 2013 年为止，我指导的已毕业研究生约 70 余名。这些学生中，有

的已是学术上很有成就的专家教授、有的是我国国防战线的高级人员、有的是航天航空事业的骨干、有的是信息企业的领导和骨干、有的是高等学校的教学和科研骨干等等。

例如在早期毕业的一批博士中，金波是国家某研究机构的首席科学家，张承科、麦永浩、杨辉华、王勇、张红梅、刘升等现在都已是大学的教授，都在指导博士或硕士。看到学生们的成长，内心非常高兴。

2013 年 6 月与吴建民(左)、吴强(右)合影

在我的学生中，有一批在国家重要工业领域工作的人员。吴建民 1988 年毕业之后，在中国航空无线电电子研究所参加工作。现任该所副总工程师，研究员，航空电子系统综合技术重点实验室副主任，该所航空电子系统综合技术专业首席技术专家。曾先后荣获工业与信息化部国防科技进步一等奖，国防科工委国防科学技术进步一等奖等多项奖励，为我国航空工业作出了突出的贡献。2007 年 10 月 1 日胡锦涛总书记曾到他所在的航空电子系统综合技术重点实验室视察，吴建民参加了接见并合影留念。

与吴建民同在航空工业系统工作的还有徐晓军博士和吴强博士，他们都是现役军人，大校军衔。他们都曾荣获军队科技进步二等奖等多项奖励，为我国的航空工业作出了重要的贡献。

有一批研究生毕业之后出国留学和工作，也都事业有成。王建奇是

2013 年 6 月与王建奇(右)合影

我早期的研究生。1987 年获华东化工学院和上海市优秀毕业生,并获学士学位。1990 年研究生毕业之后,赴德留学获德国杜伊斯堡(Duisburg)大学博士学位,现在德国一家大公司负责电机控制方面的技术工作,解决多个电机控制的难题,拥有多项国际专利,取得了突出的成绩。他当年曾随我从事与正交逼近方法有关的控制理论研究工作,给我留下很深的印象。最近王建奇从国外回国专程来家中看望我,我们已有 18 年未见,此次他携妻子和两个女儿一起来看我,我感到非常高兴。作为一位教师最高兴、最幸福的事就是看到自己的学生事业有成、家庭美满幸福。

在我指导的博士生中,马希荣是研究西夏文字数字化处理的,这是一个很特殊的研究方向,给我留下很深刻的印象。他是一位在职的博士研究生,学习很刻苦,取得了一系列创新性成果,出版了著作《西夏文字的数字化方法及应用》,现在宁夏自治区科技厅任副厅长。

在我的研究生中,还有一批在各类企业担任领导、管理或技术工作的人员。例如胡琛、郭舜日、朱继盛等。胡琛是 1995 年毕业的早期研究生,当年她主要从事可拓控制的研究,做出了很好的研究工作,她的组织能力和写作能力都很强,曾留校工作,成为我工作中很好的助手,现是一家外资企业的主要骨干。郭舜日研究生毕业之后,曾赴国外求学,获博士学位后回国创业,现为某信息技术有限公司负责人。朱继盛也是较早期毕业的研究生,在校期间表现出很强的计算机软件编程和应用能力,现是某著名网络公司的领导。

学术研究

我始终对学术研究感兴趣,它是我生命中不可或缺的部分,也是我的生活乐趣和生活质量的保证。只是在不同的阶段,它在我的生活和工作中所处的“位置”不同而已。真正意义上的学术研究,是从我读博士阶段开始。当时,一方面是对研究控制理论感兴趣,另一方面是珍惜来之不易的学习机会,因此对学习和研究非常投入,可以说是“刻苦钻研、潜心研究”。经常通宵达旦工作,也不觉苦。“从政”之后情况就不一样了,特别是当校长之后,因为任务艰巨责任重大,我不敢有丝毫怠慢,可以说是全身心投入行政工作,对于学术研究很少顾及,虽然兴趣犹存,也只能是“业余爱好”而已。自校长岗位退下之后,情况就又有变化。虽年纪已一甲子有余,但对学术研究的兴趣不减,“重操旧业”仍倍感亲切。

在学术研究中,首要的问题是选择研究方向。回顾我的研究方向,总体上均属于控制科学和工程的领域,但也与计算机科学、脑科学等交叉。学科交叉既是我学术研究的基本出发点,也是使我产生兴趣的源头。事实上,控制学科是一个“横断学科”,除了其自身的基本思想和核心理论,它的“用武之地”在于和其他学科或“载体”的结合。在某种意义上,它是“为他人作嫁衣”的。从控制科学的奠基性著作《控制论》中,就可体悟到控制论诞生于学科交叉,我想,对于它的发展也离不开学科交叉。

基于学科交叉,也基于我的兴趣偏好,我的学术研究大致有以下几个方向:“块脉冲算子”、“可拓控制”、“网络信息安全”和“脑控”。块脉冲算子主要是我在博士期间的研究工作,这是一项原创性的研究成果,曾获国家自然科学基金的资助,出版了专著并二次获得国家教委科技进步奖,在前面“科学春天”一节中已作介绍。

可拓控制是我在研究智能控制时提出的一种新的控制思想和方法,它是基于可拓集合的一种控制策略,试图处理一类不相容问题。这是我早期的一项研究工作,曾获国家自然科学基金的资助,胡琛、李健和徐顺

喜等硕士和博士生开展了该课题的研究工作,取得了一些创新的成果。

我之所以研究网络信息安全,是因为对 Internet 网出现后的"虚拟空间"感兴趣,试图从方法论上将"现实空间"的安全及其控制问题与"虚拟空间"的类似问题作比较研究。这项研究在 20 世纪 90 年代初开始,也算是国内该领域比较早期的研究工作。我的学生金波、杨辉华、王勇、张红梅、韩秀玲和高海华等博士在研究网络信息安全等方面都取得了一系列创新性成果。

"脑控"方向是我最感兴趣的研究工作,至今仍在研究。它是控制科学与脑科学等交叉的领域,是当今学术界关注的前沿科学方向。脑科学是研究脑和心智现象及规律的科学,是一个具有重大科学意义和哲学意义的科学领域。控制科学作为一门以系统和控制为主要对象的科学,诞生于学科交叉,它的早期科学思想源于控制论奠基人诺伯特·维纳的著名专著《控制论》,他把控制论定义为:在动物和机器中控制和通讯的科学。在控制科学的发展历程中,人们始终将模拟人脑或生物的控制机制和功能作为研究对象,探索和构建了各种控制系统。

近 30 年来,随着脑与认知科学、信息科学和技术等的进展,进一步推动了控制科学和脑(人体)科学交叉领域的研究,出现了一些具有重要科学意义和应用前景的研究新领域。其中基于人的思维和意念的控制系统,即脑控系统的研究格外引人关注。脑控系统(Brain control system)是一类通过人的意念和思维来实现控制的新型系统。在这类系统中,代表人的意愿的信息以脑电信号为载体,通过脑机接口(Brain-Computer Interface,BCI)转化为控制指令,实现对外部设备(如鼠标、键盘、轮椅和机器人)的控制。这种基于脑-机接口的人机融合控制系统,称之为脑控系统。认知神经科学的研究成果为脑控系统的研究提供了科学依据,脑机接口技术的发展为脑控系统的实现提供了技术支撑。这类新型控制系统的研究从控制机制的产生、系统结构、建模方法、控制策略及应用对象等方面,全方位拓展了控制科学与工程的研究思路和方法。脑控系统已被用于医疗康复(如人性化护理机器人)、人体健康(如睡眠工程)和人机系统安全和控制(如航空航天)等诸多领域。

我认为,运用人脑来研究脑及其相关的控制问题,特别是"思维控制"

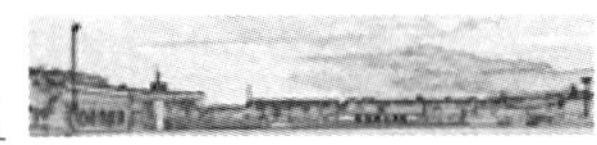

的研究是最富于挑战和有趣的事情。出于对“思维控制”的浓厚兴趣，我再次更新了研究方向，开展对脑控及其应用的研究，当时我已五十七、八岁了。我之所以会不断关注新的研究领域，主要是受《控制论》奠基者维纳的学术思想影响。维纳在《控制论》第二版序言中曾经说过：“如果一门新的科学学科是真正有生命力的，它的引人兴趣的中心就必须而且应该随着岁月而转移……因此，控制论学家应该继续走向新的领域，应该把他的大部分注意力转移到近十年发展的新兴思想上去”。

在脑控方向的研究中，我们开展了广泛的国内外合作交流并得到了许多专家的支持和帮助。在控制科学与生命科学结合的研究方面，我得到清华大学李衍达院士的指导和帮助，他是我校的名誉教授，曾多次来校讲学，他在学术研究上的新颖思路和严谨的学风，给我留下了深刻的印象。北京大学黄琳院士对我们的工作给予了热情的支持和帮助，曾多次邀请我参加有关的学术研讨会以及推荐发表论文。

在国内控制学界，我们的研究团队也是这个方向的较早期研究团队之一。经过十几年的研究工作，取得了一系列成果，在该领域国际学术刊物 *PLOS ONE*，*Journal of Neural Engineering*，*IEEETransactions on Neural Systems and Rehabilitation Engineering*，*Journal of Neuroscience methods* 和 *Medical & Biological Engineering & Computing* 等发表了一系列论文并开发了多项应用实例。这些工作在国内外产生了一定的影响。我曾在 2003 年中国控制会议(CCC)上作过大会特邀报告“基于脑电信号的人机融合控制”，2013 年应中科院院士、北京大学黄琳教授的邀请在中科院学部“科学与技术前沿论坛”——“控制科学面临的前沿科学问题”会上作“脑控及其应用”的专题报告等。

2012 年 6 月安杰伊·西考克教授受聘为华东理工大学客座教授并作学术报告。介绍了在脑-机接口与神经科学领域的研究情况，以及张量在生物电信号分析识别中的应用方法，同我们课题组成员进行了深入的学术交流。本课题组成员张宇博士于 2010 年至 2012 年期间在安杰伊·西考克教授负责的课题组进行了为期 2 年的联合培养学习，主要针对先进脑信号处理方法及其在脑-机接口中的应用进行了深入研究。

总之，我在选择学术研究方向时，着重于感兴趣的学科前沿课题，并力求从学科交叉的角度进行研究。古语说:“人生不得行胸臆,纵年百岁犹为夭”。在学术研究上,若能尽兴而返,也该知足矣!

从事学术研究,对于一个科学工作者而言,首先要具备“科学精神”。何谓科学精神?我以为其核心内涵就是求真务实,也就是要实事求是,遵循客观规律,并在求实的基础上开拓创新,不断地追求真理。科学精神是科学的本质和灵魂。对于每一个人、每一个国家和民族来说,科学精神都是不可缺少的。回顾我在从事学术研究时所做的工作,都离不开科学精神的指引。科学精神是我们从事科学研究的前提和基础。

正确的学术思想和科学方法论对于从事科学研究是至关重要的。回顾我从事科学研究的历程,在学术思想和科学方法论上受维纳《控制论》一书的影响很大。如上所述,我引用了维纳关于控制论学家应该继续走向新的领域,应该把他的大部分注意力转移到近十年发展的新兴思想上去的论述,此外他关于学科交叉的论述也给予我极深的印象:“数学家不需要有领导一个生理学实验的本领,但却需要有了解一个生理学实验、批判一个实验和建议别人去进行一个实验的本领。生理学家不需要有证明某一个数学定理的本领,但是必须能够了解数学定理中的生理学意义,能够告诉数学家他应当去寻找什么东西”。在《北国疆城》一节中,我曾描述了在修铁路过程中阅读此书时的心情和感受,当时才二十几岁,正是接受新事物、新思想和新观念的最佳时期,对人的一生影响深远。我后来的科学研究始终得益于上述思想和方法的引导。

与“科学精神”相关联的是“人文精神”。人文精神是对人的生命存在和人的尊严、价值、意义等的理解和把握,包括对道德人格、理想信念的追寻,对自由、平等、正义等的渴望,对生死、信仰、幸福、生存意义等问题的反思和对人类的终极关怀等等。科学精神与人文精神是相辅相成、相融相通的。从治学的角度看,所谓“治学之道”主要包含两个方面,治学精神和治学方法。治学精神是治学之道的灵魂,它不仅包含科学精神,也应包含人文精神。治学如此,为人也应如此,只有将两者结合起来,才能造就真正意义上的、健全的人才。当前学术界存在的浮躁、浮夸之风都是人文精神缺失的突出表现。

从行政岗位退下后,我有更多的时间从事学术方面的研究和交流访问，经常参加一些学术活动，与许多国内外的同行保持密切联系和交往，得到了许多前辈、同行的关心、支持和帮助。我们和上海本地的上海交通大学、同济大学、东华大学和上海大学等高校的同行交往密切，开展了广泛的学术交流，吴启迪教授、邵世煌教授、席裕庚教授等都给予我们很多的指导和帮助。在这些交往中，与老朋友重叙友谊，也认识了许多新朋友，新朋老友相聚，交流学术，畅谈人生，真是人生一大乐趣。

近年来我也有机会参观访问了国外多所著名的大学，其中包括加州大学洛杉矶分校、哈佛大学、耶鲁大学和普林斯顿大学等，也访问过日本京都大学、佐贺大学等，使我对美国等国大学的相关科学研究和办学情况有了进一步的了解。了解它们的教育思想、办学理念和相关的学术研究动态，使我深受启发。

多年来我们与日本佐贺大学中村政俊教授保持了密切的联系，他被聘为我校兼职教授，开展脑波信号处理与纯人性化护理机器人等方向的研究，邹俊忠教授和王蓓副教授是此项合作的主要骨干。中村政俊教授是著名的控制专家，他的研究领域宽广，包括系统辨识、控制以及信号处理的新方法和新理论等，他很注重学科交叉和实际应用，对生物医学系统控制、电力系统控制、工业系统控制和机器人等都有涉及，并取得了一系列成果。我与他多年接触，深感他待人诚恳热情，治学严谨勤奋。我们每年都要互访，并共同培养博士生，我曾多次到日本参加学术会议，中村教授每年来我校讲学，合作非常愉快。

我女儿和女婿都在美国加州从事生命科学和生物信息学领域的研究工作，姐姐和姐夫都在美国纽约从事医学工作。在探亲期间，我有较充分的时间到美国的一些名校访问，在许多朋友和熟人的邀请和帮助下，访问了一些著名的高校。

加州大学洛杉矶分校（University of California, Los Angeles, UCLA,）是一所位于美国加利福尼亚州洛杉矶的公立研究型大学，创办于1919年，是加利福尼亚大学系统中的第二所大学，拥有约26 000名本科生与11 000名研究生，提供包括学士、硕士与博士在内的超过300种不同的学位课程。洛杉矶加州大学是美国享誉盛名的高等学府，在各种大学排名中均有良好成绩。UCLA先后共有12位教授和毕业生们获得过诺贝尔奖。

该校曾是脑电控制系统的最早研究机构。1973 年,该校的 Vidal 博士等对脑和计算机的通讯进行了研究,最早揭示了脑机接口在通信上与传统的神经信号控制技术的区别,首次将稳态视觉诱发电位应用于脑机接口。2006 年,UCLA 数学系 31 岁的澳籍华裔教授陶哲轩(Terence Tao)获得数学领域的诺贝尔奖——菲尔兹奖。2012 年,UCLA 计算机科学学院的教授朱迪亚·珀尔获得了计算机界的诺贝尔奖——图灵奖,以表彰他在人工智能领域做出的基础性贡献。根报美国新闻与世界报道(US News & World Report)2012 年排名资料,该校在美国大学临床心理学(Clinical Psychology)专业研究生排名第一,应用数学(Applied Maths)专业研究生教育排名第二,高等教育管理(Higher education administration)专业研究生教育排名第三。其行为神经系统科学全美排名第二位。该校校园美丽,建筑很有特色,学术氛围浓厚,这些都给我留下深刻的印象。

在普林斯顿大学校园

感悟思考

漫漫人生路，弹指一挥间，如今我已进入了古稀之年。抚今追昔，只觉得世事变幻，人生难测，在不知不觉中已步入了老年，开始了人生的新阶段：回归自然，享受生活。

对于何时为老年，随着时代的变更和发展说法不一。人的生理年龄是以时间来计算的，但人的心理年龄可不与生理年龄同步，于是就有了关于老年的新概念：

70 尚称小、80 不算老、90 不稀奇、百岁刚到老。这反映了人们对生命的热爱和追求，我企盼着这个“生命梦想”成真！

我的“老年意识”缘于 2006 年 8 月成立的上海市老教授协会，我加入了协会并被推选为副会长，成为了一位老教授。这是一个特殊的群体，也是一个值得尊重和需要关心的群体，要关心其身心健康，反映其舆情心声，使他们真正做到：“老有所养、老有所医、老有所为、老有所学、老有所教、老有所乐”。

如何对待老，如何使老年生活质量更高，是很有一番道理的，学问很深。过去在年轻时候不会想这些,年龄大了进入老年时期就会想这些问题。我以为进入老年之后,“老有所悟”是非常有意义的和有趣的事情。感悟,是人类一切思维活动中的至高境界。人贵善悟,人到老年尤其需要善悟,要在现实和回忆中思考,感悟和品读人生。

回眸人生的经历,我有过一段天真无暇的童年时光;经历了间隔十年的、两次不同的学习阶段;就读过三所不同的大学;度过了三个特殊的十年:“十年动乱”、十年工厂岁月和十年校长生涯。

回眸工作的足迹,我曾有过一段辗转上海—东北—四川—上海的经历。这一段的工作变动,历时十年,其三地间的铁路行程近一万公里。从南到北,从东到西,饱览了祖国山河,也遍尝了人间滋味。

我是在新中国成立后念书的,我的童年是美好的,我的中学和大学学习的大部分时期也是美好的,幸福的,这是我的黄金时代。从中学时代起,我一直是品学兼优,并一直担任一些学生工作,受到了很好的培养和锻炼。在这一阶段中,对我影响最大的是复旦预科和复旦大学的学习时期。这一个阶段总体上是一帆风顺的阶段,是充满理想和幻想,充满热情和抱负的阶段,这是我人生的第一阶段。

我人生的第二个阶段是“文化大革命”开始之后,直到 1978 年我考取研究生为止。这一阶段与第一个阶段形成鲜明的对照。在我的成长道路上,这是一个痛苦的探讨人生、经受磨炼和锻炼的时期。对我来说并不是轻易度过的。

在我大学的最后一年,“文化大革命”开始了。这一场十年动乱对于每一个奋发向上的青年都是一场灾难,当然我也不例外。我是 67 届大学毕业生,毕业之后,我被分配到齐齐哈尔一个铁道部的工厂去当工人。当一名锻工,并曾在齐齐哈尔周边的北大荒草原上修铁路,经受了艰苦劳动的锻炼。几年后,我们的工厂承担了包建四川眉山车辆工厂的任务。我作为一名熟练工人到眉山县思蒙镇的山区去支援建厂。从工作上看:我当过锻工,铁路工,钳工,电工,当了近七年工人。我们从住草棚、挖土方、打地基开始,一直到工厂初步建成投产,直到 1978 年考上研究生后离开了工厂。现在想来,这是我了解社会,探讨人生,磨炼和锻炼自己最难忘最艰苦的时期,从某种意义上说,也是最有收获的时期。

我的第三个阶段是1978年考取研究生之后，直到博士生毕业。“四人帮”的粉碎，给中国带来了希望。当时召开了全国科学大会，科学的春天到来了，全国恢复了研究生报考制度。我当时心情非常激动，我有幸报考并被录取。这一阶段，是我重返高校，再学习再深造的时期。我度过了7年多的时间，正如前面提到的，我的间断的、不连续的大学学生生活结束了，我读了复旦，师大，化工三所学校。这一阶段，可以说，是我在学术上奋力拼搏的时期，我在专业和学术上取得了进展。

从博士毕业参加工作直到现在，是我人生的第四个阶段。这时期我学以致用，教书育人，治学治校，亲身参加了转折年代高等教育的改革和发展。

我以为在人的一生中能有多种变化和体验是一件幸事，正由于人生有迂回曲折的经历，生命才变得充实而有意义，人生的魅力也许就在于此。在人的一生中总会有顺境和逆境，无论哪一种境况对人都是一种磨炼。每个人都是在不断变化的环境中成长、成熟、成就事业和人生的。顺境虽然可以使人舒畅和安逸，但也容易使人麻木、脆弱和不思进取；逆境虽然使人烦恼、困惑和不幸，但它也能使人保持清醒、磨炼意志和启迪智慧。逆境能让你练就出波澜不惊的从容，乐观豁达的心境，对于有志者而言，逆境是成才的最好学校。

在我的各个人生阶段，有些事是属于我可以主观设想并主动争取的，如考试入学，恋爱、结婚，去思蒙山头，学术研究等；有些事则并非如此，如毕业分配(我们那个年代一切听从组织的安排)，当校长等事，这类事往往是“可遇而不可求”，所谓“机缘之事，意外人生”。回想起在大学本科时期，曾在漕河泾地区，与华东化工学院的师生一起搞“四清运动”，未曾想20年后我又到华东化工学院工作，这也算是一种机缘巧合。

“立志成才”是人生旅途中必不可少的一程。回眸我的成长的过程，在年轻的时候，总要谈立志成才，这是时代的要求，是振兴中华的需要。成才的途径是非常广阔的，但因主客观条件的差异，每个人的成才之路却不尽相同。如果探讨一下在成才的道路上，有什么共同的特点，我以为“理想、奋斗、求实”这六个字十分重要，可以将它看作为成才之路的三个基本要素。

第一要有理想,有坚定的奋斗目标。理想并不是可有可无的点缀品,而是一个人生命的动力。有了理想,就等于有了灵魂。我们的理想要顺应时代之潮流,每一个时代有强音、中音和弱音。立志成才的青年人,要选择时代的强音。古今中外,凡有成就者,都有远大的理想。工作随着志向走,成功随着工作来,这是一定的规律。

第二,要有奋斗的拼搏精神。人才乃奋斗之才。不论顺境和逆境都能成才,但却离不开刻苦奋斗,想轻轻松松获得知识,取得成就是不可能的。一个人在生活的道路上,有时会遇到预想不到的事,会在各种环境中生活和工作。我曾经当过多年工人,也曾三次进入高校学习和深造,攻读硕士和博士学位。经历了 20 世纪 60 年代、70 年代和 80 年代的大学学习生活。我体会到,要想学得一些知识和本领,没有奋斗的精神是不行的。

第三,要有求实精神。所谓求实,就是要寻求和遵循客观规律,要实事求是。凡人才,都应有前进的方向,要顺应时代发展的方向前进。落后或逆时代潮流而动都不行;凡人才,要取得成功,都不能蛮干,要讲究科学方法。也就是要使自己的主观努力,符合客观事物的发展规律,无论是学习或工作都是如此;凡人才,要想向大目标走去,就得从小的目标开始。"千里之行,始于足下",要脚踏实地,努力攀登;凡人才,要不断前进,就必须以求实的精神对待自己,有自知之明,保持谦虚谨慎。

以上三方面是相互联系的。理想是生命的动力,奋斗拼搏是成才的必由之路,求实能使我们遵循规律,免走弯路,它是成功之母。法国著名科学家巴斯德曾有名言:"立志,工作,成功是人类活动的三大要素。立志是事业的大门,工作是登堂入室的旅程,这旅程的尽头就有成功在等待着,来庆祝你努力的结果。"

如何评价人生的意义或价值?这是每个人都在思索的问题,在人生的不同阶段思考的角度也会不同。在青中年时期,是拼搏和奉献的时期,"立志成才、成家立业、追求成功和卓越",是主要的奋斗目标和价值的体现。到了老年由于生理和心理条件的改变,往往会淡出功利之心,回归自然、享受生活。

我学系统和控制科学,习惯于从系统观点和优化的观点去考虑问题。如果将人生看成一个系统,要优化这个系统就必须明确优化的目标,每个

人都会有自己的理想和目标，由于每个人所处的家庭、生活、工作和社会等环境以及个人的素质和努力程度的不同，所取得的优化效果也会不同。因此，从系统和控制科学的角度看，每个人的人生过程都是在不断求解一个具有动态约束的多目标优化问题。除了出生的家庭和遗传基因是无法改变的“硬约束”条件之外，每个人都可以通过不断的努力去改变和创造主客观条件，以优化和实现人生的目标。

恩格斯有句名言：“有所作为是生活中的最高境界”，我在高中时就将这句话作为座右铭。人生在世总要有所作为，也不枉这短暂的一生。当然，每个人的能力有大小，其作为的大小也会不同。居里夫人说过：“我们应该不虚度一生，应该能够说‘我已经做了，我能做的事’，人们只能要求我们如此，而且只有这样，我们才能有一点快乐。”这些话说得非常通俗、实在和简明，是我们认识人生意义的至理名言。

人除了物质的需求、功利的追求之外，还需要一种超越社会功利，以自我精神的自适、从容和升华作为人生价值实现的精神境界。超脱不是消极躲避，而是对人生意义和价值的冷静、深刻和积极的思考。它以审美的视角看待人生的风云变幻、潮起潮落、甜酸苦辣、春花秋月、升降沉浮……，摆脱功名荣辱之念，觅取人生的乐趣，回归自然，享受人生，诗化人生。这是一种人生的审美境界。当人们醉心于追求物质享受、财富和名利之时，往往会忽视精神境界的升华，难以达到人生的审美境界。

从美学的特征看，人生有三个阶段，即真善美三个阶段，少年为真，中年为善，老年为美。少年之真在于最真实的天性，不需要造作，不需要掩饰，是最感性的时期，可谓天真之年；中年为善，在于中年是行为之年，奋斗之年，成熟之年，成家立业之年，是最理性的时期，可谓善；老年是天人合一的时期，“夕阳无限美好，只是近黄昏”，“事事尘埃落定，幸福水落石出”，是最和谐的时期，可谓美。

我认为上述两种人生境界是相辅相成的，统一于人的生命体，体现了人的内外兼修，都是人一生应该追求的境界。在人生的不同阶段，无论是青年、中年或老年都应该有所作为，只是作为的大小在不同时期可能有所不同。同时人生也都应该始终注重内心世界的修养，追求人生精神境界的升华。不同时代、不同的世界观、不同的人所追求的境界都会不同。境界取向的多样性，是历史价值和人生价值取向的必然结果。

对于复杂的人生系统，上述优化问题的最优解只可能存在于无约束的、理想的、抽象的人生系统中，任何一个真实的人生系统，若能求得“基本满意解”就已该知足矣。在人生的舞台上追求完美并非最佳策略，心理学的研究表明，一味追求完美境界的人与他们可能获得成功的机会恰恰成反比。事实上，世上并无绝对的完美，好与美都只是相对的，正如苏东坡诗词所云：“人有悲欢离合，月有阴晴圆缺，此事古难全。但愿人长久，千里共婵娟。”

享受生命是每个人与生俱来的权利，人到老年更向往回归自然、享受生命。老年的本质意义不是生命的终止，而是生命的圆满。但要真正做到老年生活的圆满并非易事，我以为心态从容、身体健康、子女成器三者不可或缺。

对老年人心态的调整最为重要，从容是老年人最应具备的良好心态。所谓从容就是让生活和工作张弛有度，从而让心灵平静下来。常言道：“事从容有余味，人从容有余年。”有大智者乃从容，有高行者得安详。一个人的从容心态彰显了对生活和生命的态度；体现了一种成熟、智慧和悟性；折射了胸怀、气度和品格。心态“从容”不仅作用于精神层面，而且也有益于身体健康。《黄帝内经·上古天真论》中说“恬淡虚无，真气从之，精神内守，病安从来”。在一个人的生活中并不缺少幸福，只是缺少发现幸福的眼光和感受幸福的心态。

身体是人最宝贵的财富。人只有在失去健康的时候才懂得健康的重要，正如人在饥饿的时候才感到食物的重要。我自从进入老年之后，愈来愈重视身体的健康，游泳、打太极拳、打乒乓、散步和下围棋是我主要的体育和脑力运动。我特别推崇游泳，我坚持每周3～4次游泳锻炼，它使我体重明显下降，各项化验指标趋于正常。在这些活动中，不仅愉悦了身心，也可增长知识和享受人生。

我对太极拳也情有独钟，每天或早或晚总要打一套太极拳，从中受益匪浅。我太极拳的启蒙老师是华东理工大学的汪仁教授，有一段时期，我每天早晨到学校运动场去跟他学打太极拳，得到他的热心传授。后来学校体育教研组的老师还介绍我认识了杨式太极拳的传人傅钟文先生，傅

先生还赠我他与傅声远所合著的《扬式太极拳教法练法》一书，我时常抽空阅读。我觉得太极拳对我的最大好处是使我身心放松，大脑得到很好休息。每当紧张的脑力劳动之后，打一套太极拳，静心入神，使“思路”跟着“拳路”走，渐入“无人之境”，打拳之后确实有“气定神闲，目明心静”之功效。

我自幼喜欢下围棋，学习和工作之余与朋友和家人也常下棋。围棋是中国最古老的棋种，据说它产生于古代尧舜时期，有着几千年的历史。围棋产生于智慧，又启发着智慧，人们的智慧又使它充满了魅力和玄机，自古以来曾被誉为玄之又玄的“众妙之门”。围棋在古代也被称为“手谈”或“坐隐”。围棋的棋盘由横纵 19 条线组成，小小的棋子黑白两色，都极为简单明了，但却蕴含着无穷的变化，象征着纷繁的事物，启迪了丰富的哲理。

祖孙三代下围棋

我以为，一个人多研究些围棋是有好处的。它可以喻世情，明事理；可以多一些大局观，少一些急功近利；也可以怡养性情，坐隐而忘忧。当然，若沉溺过度，输赢之心太盛，也会走向反面，本图适性忘虑，反而苦思劳神。下围棋不仅可训练逻辑思维，也可拓展形象思维，盘面上的“拓扑结构”可给人以美感，对于学理工科的人而言，增强形象思维能力尤为重要。弈棋者未必棋艺要多高明，只要得其精神，便为上者。两人对弈之时，棋分黑白，一阴一阳，在清脆的落子击盘声中，交流对棋道、对人生之道的理解和感悟，这才是弈棋之真谛。

天伦之乐，是人之常情。唐朝诗人李白在《春夜宴从弟桃花园序》中就有“会桃花之芳园，序天伦之乐事”的语句。对我而言，目前尚未正式退休，但工作已相对较为轻松，在工作之余也乐于与儿孙们在一起，享受天伦之乐。

与孙辈在一起

我的子女们都已事业有成，家庭幸福，孙辈们极为聪明可爱，与儿孙们在一起，十分愉快和欣慰。回想起对子女的教育，我深感素质教育之重要。我从自己的成长过程中得到启发，从小鼓励儿女充分展示童心，多参加各种活动特别是户外活动，我的儿女也都进入了华东师范大学附属小学念书，后来也都进入上海中学念书，受到了很好的学校教育。我很注重对子女自觉学习习惯的教育，我从自身的体会中感悟到，一旦打开了从被动学习到主动学习的“转变之门”，家长对子女的教育也就进入了轻松和

放心的阶段。我的儿子儿媳和女儿女婿都不负所望，在事业上都卓有成就。

目前，在我国的中小学教育中，应试教育、负担过重等问题引起社会的普遍关注。有人用“残忍”二字来形容中小学生负担过重的问题，也有人说，“中国的中小学生可能是世界上活得最累的学生”，这种现象在我过去念书时和我子女念书时并没有出现。另一方面，与国外的大学相比，我们大学生的学习压力又显得较轻，特别在博士学习阶段，国外大学博士的学习负担要更重，其压力也要大得多。按一般常识，年纪愈小玩得愈多，年纪大了心智发育健全，身体也更强壮，负担重一点，压力大一点是很正常的。目前在中小学中为“应试”而进行的“竞争”愈演愈烈，使童心未泯的儿童过早地进入了“竞争环境”，这种竞争累坏了学生、累坏了老师、也累坏了家长。我想，哪一个家长都不希望自己的子女如此艰辛，但也都无法摆脱这种环境。这种现象已不是个别学生、学校和家庭的问题，我以为这是一个“系统性”的偏差，究其原因当然是十分复杂的，它不仅是教育系统内部的问题，也是整个社会大系统的问题。由于这个问题的严重性，已引起教育界和社会各方面的高度重视，我以为，只有通过全社会的共同努力，才能改变现状，形成良好的育人环境。

人生的经历就是一个学习的大课堂，感悟和品读人生是一个永恒的话题。最近读到国医大师裘沛然论养生的诗作，颇受启发，兹录于下：

从来得失有乘除，
穷达区区莫问渠。
终是助人为乐好，
世情看淡即天书。

人生是一个过程，生命是一种体验，人生的意义不在于占有了什么，而在于从中体悟了什么。人生最大的享受不在于物质，而在于心灵的愉悦。在生命的短暂与存在的永恒之间锻造自我的情感和心灵，拥有真正的价值和真实的幸福。

教育理念与思考

更新办学理念　走特色发展之路*

中国高等教育发展和改革实践表明,大学的办学观,直接影响着大学的发展轨迹;更新发展理念,是中国高等教育走可持续发展道路的先导和必然选择。江泽民总书记“三个代表”的思想,指明了中国高等教育的改革与发展方向,同时也为我们与时俱进地更新办学理念,重新审视并确立正确的办学观,提供了理论依据。在当前形势下,我认为,要办好一所大学,系统观、特色观、开放观、时空观、人才观等观念,是大学办学观中必不可少的要素。

一、系统观——辩证思考,兴国与兴科教统一

众所周知,科教可以兴国。然而科教兴国的前提是“国兴科教”,因为科教系统作为社会大系统中的一个子系统,它不能脱离大系统而独自生存与发展,它与社会大系统间是一种相互依存、相

* 本文发表于《高中级领导干部学习“三个代表”文集》(第三卷),中央文献出版社,pp611～618。

互促进、协调发展的关系。国力不盛，难以兴科教；反之科教不兴，无以增国力。这似乎进入了“先有鸡还是先有蛋”的“怪圈”，不少人为之困惑。

以正确的系统观，深刻认识和牢牢把握兴国与兴科教间的辩证关系，邓小平同志为我们树立了光辉的典范。邓小平同志曾有一段名言，“我们要千方百计，在别的方面忍耐一些，甚至于牺牲一点速度，把教育问题解决好”，阐明并突显了教育的优先发展地位，为我们突破“怪圈”，实现中华民族的伟大复兴创造了条件。

从世界和历史范畴来看，突破这一“怪圈”者不乏先例。美国从1870年起花了43年，经济上赶上了当时最先进的英国。日本经济从二战之后，花了约40年实现了对美国的一次成功追赶。究其缘由，知识创新和技术创新是最关键因素，但从根本上说，那是人的因素，是教育发展和人才培养的因素，是确立了教育优先发展地位的因素。

在社会大系统中，政府和学校分属不同的子系统，各自扮演不同的角色，恰当的定位是避免大系统与子系统、子系统与子系统之间发生摩擦和扯皮，实现系统优化的必要条件。

从目前情况看，政府部门可以在以下三方面多做些工作。一是根据教育的基础性、先导性作用和教育投资具有超前增长的特点，进一步确立教育的优先发展地位，继续加大对教育的投入，实施“国兴科教”方略。二是转变政府职能，在政府、社会和学校之间，恰当定位合理分工，真正落实高校的办学自主权，让学校在招生、培养和毕业等各个环节中具有直接面向社会、面向求学者的决定权，进一步调动和发挥学校和教师的积极性。三是要着力解决科教系统与社会其他各系统间的“边缘问题”（如高校后勤社会化、高校科技成果产业化、科技人才的有序流动等），使科教系统的“能量”充分释放，以达到科教兴国之目的。

二、特色观——准确定位，按“健美”模式发展

准确定位，彰显特色，是高水平大学的共同特点。借鉴高水平大学的成功经验，从学校实际出发，解放思想，扬长避短，准确定位，坚持走特色发展之路，是高校的决策者在制定学校发展战略，规划学校建设与发展，确立学校发展模式时必须首要考虑的问题。我认为，“健美型”的发展模

式不失为一种恰当的选择。

所谓"健美型"的发展模式包括三个要素:结构合理、特色鲜明、整体协调。正如健美选手的级别和肌肉发达程度不一,高校有大有小,校内各学科的发展也不平衡,要想在强手如林的竞争中立于不败之地,求得新的发展,就要形成自己独特的办学风格。也就是说,学校在办学思路上不应该片面地追求综合的规模效应,不依靠外延式扩张的方式发展,而要靠重视质量的内涵式发展强校,使学校的整个躯体即便不十分粗壮,却非常协调,特征非常突出,充分体现和谐、统一的协调美和特征美。正所谓,山不在高,有仙则名;水不在深,有龙则灵。

根据"健美型"的思路,培养人才要避免一种规格,学校的设置和发展也要避免统一模式。每一种人才、每一所学校都应如同交响乐中的一个音符,尽管音阶不同,但缺一不可,合理、巧妙的搭配,方能成就美妙动听的乐章。要形成"横看成岭侧成峰,远近高低各不同"那样的生动壮观景象。

三、开放观——创新机制,产学研相互结合

自然科学告诉我们,封闭系统的"熵"会逐步趋大,其结果是系统从有序走向无序;而开放系统在一定条件下可以从无序走向有序。高等教育要得到有序的持续发展,开放是必须的。

开放式的办学理念也是当今世界经济、社会和科技发展趋势的客观需要。随着社会主义市场经济体制的逐步建立,大学面临着新的更为开放的环境,大学的办学视角也必须随之进行转换。学校要主动地面向社会,打破"封闭"状态,实行开放办学,在"开放"中加强与社会的联系,寻求合作伙伴,把大学雄厚的教育、科技优势与社会发展和经济建设紧密结合起来,充分利用社会闲置资产、丰富的智力资源以及企业的强势财力来推动和促进学校的发展。

从大学的自身发展来看,大学功能的扩展,也必将导致现代大学办学理念的转变。现代大学是由中世纪大学发展而来的,但中世纪大学只是城镇中无法归类的社团(universitas),这种社团逐步演化为正式的教学与学术组织"大学"。到 19 世纪,大学还只是远离社会的象牙之塔。进入

20世纪,大学演化为一个异常复杂的社会系统,美国学者克尔称之为多元化巨型大学(multiversity)。多元化巨型大学几乎就是社会本身,它与社会的界限相当模糊。现代大学在功能上已全方位地超越了传统大学,它在服务和引导社会的过程中显示出多元化的社会功用,政府、产业和大学,被誉为现代社会的三大支柱,支柱稳固了,社会才能稳定,才能获得持续的发展与进步。

当然,大学功能的扩展是有条件的,"新"功能的实现,需要在大学与产业之间建立某种中介或载体,这种中介和载体,就是产学研各方实质性的合作。离开了这种合作,大学在学生来源、学生就业、学术支持、办学质量等诸方面,都将处于不利地位,学校的发展、大学精神的传承等等,都将难以为继。

加快产学研合作教育的发展步伐不仅是必要的,也是可能的。教学与科研的结合,经过较长时间的实践,已经积累了一定的经验,形成了有效运行的一些制度;产、学、研合作教育,实践与探索的时间不长,但许多亟待研究与探索的课题,经过分析研究,寻求新的突破口和着力点,都是可以解决的。

四、时空观——转换视角,现实与未来兼顾

现代教育在时间和空间上有了极大的拓展。教育的终身化是教育在时间上的延伸,教育的国际化、虚拟化、立交化等是教育在空间上的延伸。

保罗·朗格让1965年首次提出系统的终身教育思想以来,终身教育的理念逐步在全世界得到确认和推广。人们重视终身教育问题,是有极其深刻的社会原因的。现代科技以人们难以置信的速度在发展,知识更新可以说是日新月异。一个人要求得生存和发展,只满足于学龄阶段的学习显然是不够的。据专家统计,个人掌握知识的半衰期已大大缩短,大约是四五年,人们已经面临着知识匮乏性失业的危机。由此可见,终身学习和终身受教育的现实已经把教育的时间拉长了。大学要为终身教育服务,就要构造一种新的学习平台,让每个人都能有选择地通往自己的理想地。

空间的拓展,对大学的影响表现为大学必须应对办学环境的巨大变

化。早先的大学，是以纯追求知识为主的，虽然参与社会生活，但相对而言，还是远离社会事务的，与现实的社会环境接触不多。自洪堡等人创立柏林大学之后，科学研究逐步成为大学的重要职能，大学对社会的影响日益强大，但对社会具体事务的参与，仍然是局部的，是作为社会边缘力量在影响社会。直到以威斯康星大学为代表的美国大学明确提出“州立大学必须为地方的社会与经济发展服务”的思想以后，大学的“服务职能”得以强化，得以突显出来，大学参与社会生活在广度与深度两个方面，都发生了质的变化，大学面临的办学环境也发生了根本性的变化，大学逐步与它的环境融为一体，甚至成为环境的中心了。

在新的环境下，教育空间的拓展是全方位的。经济全球化的影响已经迫使中国教育与国际社会融合起来。教育的形式也必须多样化。现在，诸如虚拟教育、网上教育、远程教育等等名目繁多，学校、家庭、社会都负有教育的重任，人才已经不仅仅是象牙塔里培养出来的。因此，教育空间的拓展，要求提供各种渠道，让人人都能受到高等教育，为学生的现在与未来提供必要的准备。同时，要营造人人都想读书的氛围，使教育不仅是谋生的需要，更是生活的一部分和生活乐趣的一种体现。

五、人才观——营造氛围，对每位学生负责

为了对每一位学生负责，全面提高教育质量，人才观必须更新。大学教育应该以学生为主体，因材施教，激发学习兴趣，培养个性，形成独特的办学特色。这就要求大学的教育从以教师为主转变为以学生为主，从过去比较片面的专业教育转向适应现代化建设需要的宽口径的“通才教育”，从单纯的传授知识为主，转变为对学生的“全面素质教育”，强调思想、道德、文化、科技和身心健康等教育的协调性。而且，这种转变和协调性还必须与时俱进。

全面素质教育的办学理念，包括了全新的人才观，基本内涵有两个方面：一方面，素质教育继承了“人的全面发展”这一崇高的教育理想；另一方面，全面素质教育主张，人的素质是一种系统。素质教育的真正目标在于，促进全体学生的素质获得全面的发展。这就要求大学教育改革者注重从整体上全面提高学生的素质，做到文理贯通、理工融合，达成联合国

教科文组织在《学会生存》一书中指出的“科学的人文主义的教育目标”。

全面素质教育的具体要求，就是使学生懂得为人之道和治学之道。懂得为人之道，关键要引导和教育学生具有崇高理想和高尚情操，树立科学的世界观、人生观和价值观。为人之道还涉及待人处世，江泽民总书记向大学生提出的要做五种人，实际上包括了修身、处世、待人、接物的要求。掌握治学之道，就是要为学生奠定能适应在未来多变社会中终身独立地继续提高水平和获取知识的基础，教会他们能在未来实践中运用知识的能力。同时也包括引导学生具有明确的学习目标、学习自信心、积累成果能力、积极向上的情趣和坦荡宽容的精神等等。掌握“两道”，需要学校、教师按照教育规律去磨砺内功，着力提高教育质量。其关键是引导学生从行为方式、心理态度、学习方法和目标选择等方面进行角色转换，从而激发和培植学生在社会竞争变化中的成功基因。

根据全面素质教育的内涵，对于教育质量的观念，也应有一个科学的、辩证的认识。对于任何一类学校，对学生的培养只是一个阶段，因此在质量上也只能是“有限目标”，即使在大学的教育中，我以为也应该放弃那种“毕其功于一役”的企图。否则就会什么都想教、什么都想学，结果是什么都学不好。突出主干，解决主要矛盾是最为重要的。老师的作用，与高级厨师有相似之处：为学生“配料”——学生的胃口是有限的，老师的“料”配得适当，才能让学生越吃越想吃，否则，吃多了难以消化。

社会对学生也应该少一点“求全责备”。殊不知从学校“出炉”的人才，仅是一块“毛坯”，需要在工作实践中“精加工”。高质量人才的成长，往往需要多次“换岗”和不断地继续学习，方能成就。

关于现代大学办学理念的若干思考*

2001 年金秋 10 月，APEC 领导人非正式会议在上海召开。申城处处透射着数字化、信息化、网络化的影踪气息，极其清晰地显示了现代都市所蕴含的科技与人文所达到的历史新高度。现代都市需要高新科技，现代都市需要高素质人才，这是建设现代都市的必需，也是现代社会发展的必然。正是在这样的大背景下，我们思考着现代大学的办学理念。

一、以德为纲，育人为本

(1) 学校教育的天职，在于育人。人才观的本质，是关于培养什么样的人以及怎样培养的问题。现代大学的人才培养，当以现代社会的人才需求为依据。其目标取向，一是面向 21 世纪的，能为高科技迅猛发展为特征的社会服务；二是具有中国特色的，能为中华民族的振兴作出奉献的。我国的现代大学，必须培养既具有扎实知识功底的高素质人才，又要具备一颗“中国心”。在人才

* 本文发表于《化工高等教育》，2002 年第 1 期，pp1～7。

国际化竞争的社会，只有具备了一颗“中国心”，无论将来在国内外从事任何工作，都能以不同形式，为祖国效力，为振兴中华添砖加瓦。这就决定了现代大学的办学理念，首推素质教育。实际上，早在 1999 年 6 月，我国政府就高瞻远瞩地作出了“关于全面推进素质教育的决定”；1998 年 10 月，联合国教科文组织在巴黎召开了“第一次世界高等教育大会”，提出了“高等教育的首要任务是培养高素质的毕业生与负责任的公民”的大会宣言。素质教育之重要，由此可见一斑。

(2) 古今中外的教育，无一不渗透着时代和社会特征的教育内容。教书或育人，大致包含三个方面：一是给予学习与掌握科学知识的本领以及运用科学知识改造世界的能力：二是培养思维的习惯与运用思维的能力；三是学会为人之道。所谓育人为本，乃人格之养成也，即在“知识、能力、素质”三者的融洽关系中，要充分重视素质的作用。

“素质”的概念是什么，各有各的理解。就通常意义上讲，素质包括思想道德素质、业务素质、文化素质和身体心理素质；也有人把素质简要地概括为知识、能力、做人，简洁明白，不失为一种独特的见解。通常认为，知识是素质的重要基础，能力是素质的外在表现。没有知识，就没有形成良好素质的基础，当然也就谈不上有什么强大的能力。素质，有一部分具有先天的因素，还有一部分是由后天因素决定的：也就是说，人们不断接受外界的信息，不断地充实知识，不断地实践，进而经过大脑思维与加工，使神经细胞经受训练与感悟，不断升华与内化为人们的内在稳定的品质，能够对人的思想言行长期起作用。可见，唯有素质，才是决定人格之内在品质。孔子曰：“质胜文则野，文胜质则史；文质彬彬，然后君子”。在诸多素质中，文化素质是一切素质的基础，而文化素质的核心，在于人文素质，也就是为人之道。华中科技大学杨叔子院士曾多次在不同场所，疾声呼吁重视人文教育。尤其在知识经济时代，不能因精于科学而荒了人学，不能因精于电脑而荒了人脑，不能因精于商情而荒了人情，不能因精于商品而荒了人品，不能因精于权力而荒了道力。科学越是发达，越要重视“人学”；电脑越是普及，越要重视“人脑”；网络越是通畅，越要重视“人情”；商品越是繁荣，越要重视“人品”。这里的“人学”、“人脑”、“人情”、“人品”，集中了人文教育的精粹。抓素质教育，就要抓人文教育；人文教育，当以

德为纲，纲举目张，方可育一代新人。

(3) 中国的历史文化，源远流长；德、智、体、美、崇尚绵绵。德之为纲，在于德乃道德、情感的综合。“在明明德”，用今天的话讲，就是为人之道，在于知晓何可为，何不可为；何可取，何不可取；寓含人生观、价值观，支配人的一生行为准则。

2001年，对中国人来说，是极不平凡的一年。北京申奥成功；中国加入WTO；APEC领导人会议在中国上海召开。三大喜讯，明白无误地表明了中国在国际交往中所扮演的角色越来越重要，中国参与世界范围的各项活动与竞争，也将更加有力与频繁；业务的交往、人员的交往、文化的交往、体育的交往，也都将伴随着思想、情感的交往。培养每一个中国的高素质人才都具备一颗“中国心”，正是指在这种日益增加的国际交往中，每个人都能守住自己的根基。以往的教训，值得吸取。有的人事业有成，但一遇风吹草动，就随风摇曳，心中无中国，梦里无华夏；更有的人在金钱、美色面前，五体跪拜、损中肥洋，有损人格、国格。刚刚过去的20世纪，是人类历史空前辉煌的世纪，也是人类道德堕落、物欲横流、精神空虚的世纪；人类既可以登上月球，也有能力“克隆”自己，几乎拥有无所不能的辉煌，这确实值得自豪；但同时，20世纪又是大屠杀、大死亡、流血最多、怨恨最深的世纪。著名的教育家吕型伟先生为此提出了“德育——21世纪教育的灵魂”，提出了“欲成才，先成人，不成人，宁无才”的观点。德育为纲，由此不难体味。“人生自古谁无死，留取丹心照汗青”。人的一生，要对得起历史，对得起民族；生命对于每个人只有一次，为了人类的进步、国家的富强、民族的繁荣、人民的幸福而奋斗以尽显生命的价值，这才是现代大学所要培养的人才应具有的品格。

(4) 素质教育，晓以理，付于行。理工类为主的大学，更要为此付出艰辛的努力。由于种种原因，我国的理工类为主的大学，长期以来，轻视素质教育，忽视人文教育，成为高等教育的时弊与误区。虽然从表面上看，强调德育，似乎今古皆然，但长期以来所强调的，或内容偏颇，或流于形式，不能说毫无成效，但与时代与形势的发展要求，差距甚远；况且，还往往简单地把人文教育等同于德育，把德育等同于马列理论、时事形势教育，而不是涵盖人文教育的宽广领域：教育的方式，也多采取单一的课堂灌输，吸引不了学生的学习兴趣，收效不明显。要使素质教育真正收到实效，不是光靠通过加强“两课”教育或其他环节的思想政治教育所能奏效的，而是需要“润物细无声”、“点点滴滴到心头”的感化，要通过各种渠道、全方位、多层次的和多样化的教育内容与教育形式，教育、熏陶、影响、渗透、启迪、引导受教育者。

近几年来，学校经过不懈的努力，成立了校文化素质教育指导委员会，对全校的文化素质教育开展深入研究，提供可行有效的方案，进行大胆的实践探索。教育内容从原先的局限于马列理论，扩大到文、史、哲、艺术、经济等宽广领域，并把课堂教育、第二课堂活动、假期社会调研与实践、精神文明建设、校园环境营造等有机糅合，初步构建了全方位、多渠道、立体化的教育网络体系。文化素质教育，不是单纯的文化知识传授，不能局限于单一的课堂教育，而是要贯穿于教学全过程，贯穿于学生在校生活的全过程。从 1986 年起，学校已连续 16 年，每年举办一次思想学术节、文化艺术节、体育节等“三大节日”活动，并在营造浓重的校园文化环境氛围方面，取得了可喜的成效，如每周都有校、院两级举办的高质量讲座，介绍中外文化的经典与现代精品，推荐人文社科类著作阅读，引进高雅文化艺术布展与演出，活跃学生社团活动，开展各种形式的志愿者服务……所有这些活动，尽可能形成“隐性课程”纳入培养计划，给予学分，以形成良性发展循环，提高人才的培养品位。

(5) 育人，既育为人之道，也有治学之道，两道共进。然而如何育之，中外对照，差异多多。中国作为东方文明古国，显然有狭窄、机械、呆板之缺陷。我国的传统人才培养模式的一大弊端，就是把学生作为“塑造”的对象，一切听从教育管理者和教师的安排，“包”、“抱”得太多，管得非常死。再加上“一次性教育”和“平均发展”的旧观念作祟，什么课程和环节都要往培养计划里“塞”，什么课程和环节都要“高标准、严要求”，致使学生总是在“满负荷”甚至“超负荷”运转，只能疲于应付，自觉或不自觉地照着“现成的模子”塑压成型，培养的人才“千人一面”，自主化、个性化发展及创造性发挥，根本无从谈起。加上专业设置过于狭窄，知识面不宽；“以教师为中心、以课程为中心、以课堂为中心”的“三中心论”长期以来成为主导教学过程的主体，催人奋发向上的学术氛围淡薄；事无巨细，“管”字

当先，就连学生的生活起居，也几乎都渗透着“管”的影子，极大束缚了学生的手脚。在这些方面，西方发达国家，尤其是著名学府，有许多成功经验值得借鉴。诸如学科专业设置，既立足于前沿，又融洽渗透；学科知识结构，文理工商交叉；全方位开放，宽松学术氛围导向，放开手脚，张扬个性，有利于尖子人才脱颖而出……。所有这些，都给予我们极大的启迪。现代大学，理应向学生提供这样的环境氛围与条件，使学生一进入大学，就强烈感受到引领学术潮流的宏大气势，感受到奋发拼搏的人生动力。

二、聚敛内功，联合共建

(1) 进入知识经济时代，知识和人才成为经济发展和综合国力提升的主要动力。众所周知，知识经济是作为在工业化基础上发展起来的新经济形态，它区别于农业经济和工业经济，是建立在知识的生产、传播和应用基础上的经济，知识、科学和技术将成为未来经济发展的决定性因素。可以预见，财富将越来越向拥有知识优势的国家、地区和个人聚集，综合国力的竞争，完全取决于科技实力和人才素质，取决于知识创新和技术创新，培养具有创新精神和创新能力的人才，显然将成为国家和民族立于不败之地的关键和基础。教育，尤其是高等教育，愈益直接介入经济的发展。那种片面强调依靠物质投入以促进经济发展的观念，应当迅速转变为依靠人力资源开发、依靠科技进步和提高劳动者素质；那种由外延式发展、粗放经营的经济发展模式，也必须迅速扭转为内涵发展和集约型经营，确立教育在经济发展中的重要战略地位。如果说，高等教育在计划经济时代是处于附属地位，在改革开放时期是处于边缘地位，那么，迈入新世纪，现代大学已由发展战略的边缘地位上升至中心地位。这一观念的转变，也必将导致现代大学办学理念的转变。为此，必须摆脱原先的“象牙塔”式的旧观念，融入产学研合作教育的新机制。产学研合作教育的开展，必然构成现代大学的重要办学理念。

(2) 我国的高等教育发展大致经历了三个阶段：一是单纯以教学为主，培养人才；二是发展为“教学和科研两个中心”；三是进入正在形成的“产、学、研三足鼎立”阶段。这是社会经济发展的必然，也是高等教育与社会政治经济文化协调发展的必然；是人才培养的需要，也是实施素质教育的需要。建国初期,国家致力于对旧教育制度进行改造与调整,并根据当时国民经济恢复和建设的需要,明确了科研主要由科研院所承担,高等学校主要以培养人才为主,形成了“一个中心”阶段;之后,随着研究生培养制度的建立,科学研究也逐渐形成为一部分高等学校的“另一个中心”;无论是以教学为主或是“教学、科研两个中心”,基本上都停留于“以我为主”的“封闭”结局,学校与社会虽然有着一些联系,但其出发点,偏向于学校自身发展的角度;及至邓小平提出“教育要面向现代化、面向世界、面向未来”,提出了由“社会主义计划经济体制向社会主义市场经济体制转变”,高校科技成果转化和高新技术产业化等问题才应运而生,促使高校逐步走向社会,融入社会主义市场经济潮流,为“产、学、研三足鼎立”奠定了基础。几年来的实践表明,产、学、研三结合,不但是社会发展的需求,是学校自身发展的需求,也是人才培养的需要,是实施素质教育的需要。

(3) 教学与科研的结合,经过较长时间的实践,已经积累了一定的经验,形成了有效运行的体制与机制;产、学、研合作教育,实践与探索的时间不长,还有许多亟待研究与探索的课题。在社会主义市场经济不断发展的条件下,如何促进教育的创新和科技成果产业化?如何使学校在与企业的紧密结合中优势互补、利益共享?如何提高人才的培养质量?学校企望通过产学研合作教育的纵深推进,促进科技成果产业化、促进教育创新、促进人才培养模式的改革,这就需要分析存在的问题,寻求新的突破口和着力点。比如,从高校科技成果产业化方面分析,存在的主要问题是:学术性的成果多,产品性的成果少,表明成果的“市场性”差;“半成品”成果多,“成品”成果少,反映了成果的“可转化性”差;一般改进型成果多,具有原创性、突破性成果少,表明成果的“显示性”不高;鉴定多、报奖多,而申请专利的少,反映了成果的“产权性”差。其中,既有思想观念的滞后,也有原先的科技体制所形成的“各自为政”、“小型、分散、自发”等的弊端,在项目的选择上,资金的投入上,合作模式上,也都存在不尽如人意的问题。透过现象看本质,这些问题之所以阻碍了产学研向纵深发展,体制与机制上的未能适应,是其主要原因之一。近几年来,学校提出了“外拆围墙、内拆篱笆”的思路,把学校的学科建设、基地建设和队伍建设融为一体,以学科的交叉与渗透确立适当的发展目标,通过组织创新、机制创新,

聚敛内部各方面积极性，苦练内功，不断赋予产学研结合以新的内容和多种行之有效的新颖模式。如组成学校、企业、社会合股经营的公司；引强势企业的“凤”在学校“筑巢”，建立专项研究基地；学校的研究人员走向社会、走向企业，建立校企联合研究所；通过融资降险，明确各方的责权利，形成风险共担、利益共享机制，解决项目实施中放大的资金缺口等，都取得了明显的实绩与收效。产学研结合，更应从项目研究和科研成果转化合作的水平向更深层次的人才培养合作领域拓展，如紧紧围绕企业生产实践中的实际课题，由师生组成小分队形式，进行“毕业实习—毕业设计—毕业就业”一条龙模式试点实践，既提高了学生的创新能力，也有助于学校进一步改革人才培养模式，更好适应社会对高素质人才的需求。

(4) 产学研合作教育的有效推进，必须解决学校与企业“两张皮”、“各唱各的调”的貌合神离的老问题。为此，学校提出了“对外联合共建，对内深化改革”的工作方针，既在对外开放中寻求社会支持，又在对外开放中明确社会需求，通过内部深化改革，以增强学校的综合实力。几年来，学校全方位、多渠道主动出击，先后与几十家大型企业合作构建了多种形式、多种内容的联合共建与产学研结合体，如与教育部、上海市和中国石化集团的联合共建共管，组建了以大型企业领导人为主体的董事会和咨询机构，各二级学院的各种形式的联合共建，发展势头极其迅猛喜人。联合共建，是促进产学研合作教育发展的有效途径，学校将不遗余力，积极进行探索与实践。

三、观念更新，孕育英才

(1) 改革，是一种变革；创新，是一场革命。改革与创新，都需要正确的思想指导，需要从思想和观念上“爆竹一声除旧”。21 世纪，信息化、网络化、数字化的迅猛发展，预示着新世纪将是一个复杂多变、更富挑战性的世纪，社会的政治、经济、科技、文化、教育、环境、生态乃至人们生活起居，都将发生重大变革。人类文明几千年，取得了天翻地覆的巨大变化，但人类在与自然的关系上，实际还处于相对蒙昧的状态。几千年来，人类为了生存与发展，不断地向自然索取，利用自然，役使自然，破坏自然，以致产生了资源枯竭、生态失衡、环境破坏等恶果，对人类的生存和进一步的发展造成威胁，这就是人类的思想观念处在一种“自在”的状态，只着眼于“利用”而不计及后果。为了更好地预测未来，规划未来，掌握自己的命运，人类的思想观念，必须从“自在”跃向“自为”，必须与自然为友、和谐相处，共同繁荣，这就是可持续发展的战略与理论所赋予人类的新思维、新观念。而要实现可持续发展，光靠现成的知识是不够的，必须不断学习，不断创新。全世界需要创新，中国更需要创新。从鸦片战争起的一百多年来，中华民族走的始终是一条学习的路，借鉴的路。虽然也有创造，把马克思主义与中国革命的实际相结合，创造具有中国特色的社会主义，但是总体上，无论是思想、理论、体系上，是向西方发达国家学的。迈入新世纪，能不能继续跟着西方人走？显然不行。中华民族必须走与别人不同的道路，中国的国情太特殊了，十多亿人口大国的生态环境、能源与资源、居住与交通、人口与教育，都具有不同于世界任一国家的特殊性。因此，必须改变过去长期向发达国家学习与借鉴的传统与思维定势，以创新的姿态，独立自主地积极探索与实践。当然，必要的学习与借鉴仍然是十分需要的，但在思想观念上，必须有一个根本的转变。办学理念的变革，教育的变革，都需要思想变革的支撑。

(2) 我国的教育事业过去一直循着“物质投入促进经济发展，经济发展促进教育发展”的模式，这在农业经济和工业经济时代，无疑是正确的。进入知识经济时代，经济发展与教育发展是互动的，教育的发展，可以大大促进经济的发展，高等教育更是从社会的边缘地位上升至发展战略的中心地位。因此，把教育的发展，把人力资源开发事业，放在特殊重要的位置，加快发展，以改革促发展，用超常规的发展方式，使我国的高等教育从精英型向大众型过渡与转变。近几年来高等教育的大规模扩招，正是循着这一思路而采取的一种措施。

扩招只是数量上的表征，而要实现人力资本存量增长，更重要的是教育内容的扩展，教育形式的扩张，实现既有数量规模的增长，更有质量上显著提高的目标。这里，没有可供借鉴的通用准则，不同类型、不同办学条件与不同办学水平的学校，应根据各自不同情况，作出与各自学校相适应的判断与抉择。对大部分学校而言，人才培养应从精英型向大众型转变；而对一部分基础较好、办学条件与办学水平较高的学校，在某种程度

上，更应重视英才的孕育。几十年来的观念与思维，使得我们困于培养大批高素质的合格人才，而忽视了培养少数杰出的英才。反思几十年来的高等教育，尽管总体上是健康发展的，但仍不同程度上存在着重专业、轻基础；重科技、轻人文；重书本、轻实践；重课内、轻课外；重灌输、轻主动；重知识、轻方法；重统一、轻个性等的弊端，这些狭隘专业教育模式和封闭办学时期遗留下来的思想观念，之所以根深蒂固，难以彻底清除，原因就在于教育观念转变不彻底，从计划经济时代成长起来的教师，总是有意无意地按照自己的成才模式去“克隆”自己，对少数杰出英才的培养，更是忌讳回避。近几年来，学校在反复进行教育思想学习与教育观念转变的基础上，就培养与孕育英才方面，采取了许多果断措施，如从招收的新生中，每年挑选一定数量优秀生，进行理工结合培养；各学院也都进行各种类型的优秀生试点班。集中学校最优秀的教师，配备最优秀的教学资源，试点与探索培养杰出英才的有效途径方法，显然具有不可估量的作用。

(3) 教育创新，需要观念上创新，更需要创新实践。从几年的创新教育实践尤其是通过几个优秀生试点班的实践，我们深深体会，“欲创新，先减负”、“欲创新，要搞活”、“欲创新，要投入”。

传统的模式和观念，使得人们自觉或不自觉地沿用“加法”的思维定势：欲突出某一方面能力或某一环节在整个培养过程中的作用，必然采取增加课程，增加环节或增加学时的做法。这样一来，旧的不去，新的不断增加，课程越来越多，学时数愈发膨胀，学习时间与空间超负荷运载，何来个性发展，谈何创新？“欲创新，先减负”。减负，不仅仅是中小学教育中普遍存在的课题，高等教育的减负，也势在必行。减负的途径，一是压缩培养计划中总学时数，但压缩的余地不大；减负的另一种途径，在于重新评价各类课程与各种环节在整个培养过程中的地位与作用，区分核心课程与普通课程，区分核心环节与普通环节，严格对待核心课程与核心环节的教学质量与教学要求，降低或淡化对普通课程与普通环节的要求，这是比压缩总学时数更大力度的减负。几年的实践，表明这一措施是积极的、有效的，受到了学生的欢迎。

严格管理与放手搞活，历来是教学过程中的一对矛盾，严则往往趋于僵化，活则往往导致混乱无序。于是乎不温不火，一派中庸之道。严是必要的，但严不能等同于“包”，更不能等同于“抱”；放手搞活，不应当无序，通过体制与机制的变革，寻找一种制约与引导的手段，使之活而有序，活而规范。学校根据“高素质、创造性”的培养目标要求，全面修订人才培养计划，构筑大学科背景的宽专业课程平台，进行课程的整合与集成，并从教学内容、教学要求、教学方法、考核评价体系等一系列方面，进行多方面的调整，突破“以教师为中心、以课程为中心、以课堂为中心”的“三中心论”，推行“师生双主体、双向互动论”、“多种媒体、多种信息源并重论”和“课内外结合论”，构建创新教育的框架体系，明确不同年级、不同课程、不同教学环节各自不同的创新教育侧重点与要求，既严又活，开创了教学新局面。

创新是需要投入的，但在目前情况下，要投入大量资金，又是不现实的。学校通过思想变革，在投入有限的情况下，首先确保建设基础教学与专业教学实验中心、实验基地与工程实践基地，通过体制与机制的改革与创新，大力扩展各类实验中心、基地的功能，使之既为培养计划规定的教学要求服务，更为面向全体学生全天候开放的工程实践与创新实践服务。

(4) 培养模式的改革，是教育创新的核心。它涉及培养计划、教育内容、教育方法、课内外教育协同，以及生产实践、科研训练、创新实践的有机融合；也涉及环境与氛围营造、学校与社会的双向互动。人才培养是一项系统工程，牵一发而动全局，一些较大的改革项目，只宜在局部范围内先进行探索试点，在取得成功经验后再逐步推广。但作为一种办学理念，培养模式的改革，应是坚定不移的。

四、服务交往，拓展功能

(1) 从“教学与科研两个中心”到“产学研三足鼎立”，显示了现代大学的功能拓展；但随着“经济全球化”和“教育国际化”的迅猛发展，现代大学更应融入现代社会，在进一步加强为社会服务的同时，积极推进与社会的多元交往，加强双边合作，筹集办学资金，培养高素质人才，为社会经济发展作出更大的贡献。拓展现代大学的多样化功能，也是现代大学应有的重要办学理念。

(2) 大学与社会是一个相互依存、相互促进、协调互动的统一体。大

学的发展,依赖于社会的进步;社会的发展,依赖于大学的服务与贡献。进一步加强大学为社会服务的功能,不仅为社会经济发展提供高素质的人才,更应为社会知识化、信息网络化、传统产业高新化、高新技术产业化作出更多的服务与贡献。现代大学不仅是社会精英的集聚地之一,还应该是社会发展的思想库、智囊团,成为引领社会发展的重要源泉。

(3) 从“封闭”到开放,既是大学功能拓展的标志,也是大学生存与发展的必然。实现全方位的开放,不仅是社会与时代发展的要求,也是大学自身向前跨越的必然需要。大学与社会,应该是没有围墙的,是没有什么可以阻隔的。办学的资金,需要依靠社会多方面的集聚;办学的资源,也应该超越自身固有资源的旧框架,将社会上一切可以利用的资源充分利用,信息化、网络化、远程化教育的发展,也为大学有效地广泛利用社会各方面资源奠定了基础;办学的队伍,学校的在聘教师,当然是不可或缺的核心,但不是唯一的,社会各方面的优秀人才,均可以“为我所用”,这也是建设一流大学的重要方面。

(4) 交往,既指现代大学与国内社会各个方面的交往,也指现代大学与国际社会各方面的交往。交往能增进沟通与理解,加强合作与互动;交往可以获取更多的信息,拓宽发展领域。交往作为现代大学的新型功能,正日益显示其重要作用。

实践“三个代表” 创新教育理念*

学习贯彻“三个代表”重要思想要着力解决实际问题，重在理论联系实际。我们在思考和探索高等教育改革和发展的过程中，深切体会到，必须以“三个代表”思想为指导，创新教育理念，解决改革发展中的各种问题。

一、融入社会大系统的科教发展新理念

科教兴国，那么科教自身如何发展？这是一个多系统集成的大系统持续协调发展的命题。社会是个大系统，科教是个子系统。科教的发展必须融入大系统中，才能有力地推动大系统的可持续发展，同时也能促进自身的发展。

政府、社会和学校各自扮演不同的角色，准确地定位分工是避免大系统与子系统相互之间发生摩擦和扯皮的要素。教育发展，学校应该有自己的理性思维，但脱离不了依托政府和社会的支撑；科教兴国，政府要作宏观调控，但也要协调各系统和下放必要的办学自主权；培养人才，社会则要从

---

* 本文发表于《国家教育行政学院学报》，2003 年第 5 期，pp14～15。

战略的大局尽力扶植教育。这几年,高等教育虽然已经呈现出欣欣向荣的景象,由于系统观念在某些方面尚不够成熟,高教改革往往会出现一些阻力和机制上的问题。

如学校的人才竞争问题,这是人事制度改革的焦点。现在高校中,教授"下岗"已不是新鲜事,但关键不是"下",而是"流"。学校这么小的蓄水库,死水一潭难以流动,于是人事聘任制度的改革常常会碰到"梗阻"。因此,需要建立融入大系统的机制,让人才在社会的大系统中合理流动,真正实现扬长避短、人尽其才。

又如科学研究和科技成果产业化工作,这是学校综合实力的体现。学校要从观念、体制转到面向经济建设主战场和适应市场经济轨道上寻找突破口,去实现大系统的需求。从目前高校内部科技开发运行体制来说,必须要改革那种以课题组为主的"小型、分散、自发和各自为政"的弊端,倡导多学科交叉和多学科组合,通过组织创新、机制创新、激活存量资产等手段,力争出大成果、出创新成果、出技术发明、出专利,更要通过技术开发和孵化使其实现产业化。但在这个过程中,往往需要资金、需要科学的生产管理等,而这却是高校的薄弱之处。因此吸引社会参与是必须的,而此时大系统要发挥作用。政府的作用主要应表现在:计划导向、人才政策导向、税收扶持、信贷扶持、财政扶持和法律保障等方面。

系统学的基本原则,就是不能各自为政,要进行功能分解并加以协调,以定性和定量的综合集成方法,促进整个系统和谐地运转。在大系统中政府要转变职能,着力抓投资、抓政策、抓监督、抓协调,扮演"上位机"的角色,在宏观调控过程中,尽力解决子系统中的难点和矛盾。作为子系统的高校,应该融入大系统的发展之中,急大系统所急,为大系统服务。这样科教才能兴旺,科教才能兴国。

二、确立多元投资的办学机制新理念

随着社会主义市场经济运行体制的建立和逐步完善,高等院校的办学视角要进一步转换。实施科教兴国战略,促进高校的建设与发展需要投入。目前,国家增大了对教育的投入,但是仅靠国家的投入还是不够的,我们还要主动地超越,从计划模式小天地的视角转换到面向社会大市场,建立一种"造血"机制,形成多元投资办学的新格局。

一所学校要在社会上有立足之地,要打响自己的"品牌",并不在于是否是综合性的,也不在于学校的规模大小,关键在于是否有鲜明的特色。对于工科院校来说,走产学研结合的道路并借此形成鲜明的办学特色,是符合我国国情的办学思路,值得认真探索。

学校要寻求一条发展新路,要实现产学研相结合,就必须打破"封闭"状态,实行对外开放,在开放中加强与社会的联系,把高校的教育、科技优势与经济建设紧密结合起来,把产学研结合融入到高校办学体制和机制的改革中。高校可以在这一结合中,广泛寻求合作伙伴,充分利用社会闲置资产、丰富的智力资源以及企业的强势财力等多元投资来推动和促进学校的发展。对此,华东理工大学是尝到"甜头"的。学校在没有得到国家"211 工程"专项建设经费投入的情况下,通过产学研结合,自筹经费1.4亿元,进行国家"211 工程"项目建设,并顺利通过验收,专家组给予了高度评价。

学校要从观念、体制转到适应市场经济的轨道上去寻找突破口,政府的支持十分重要。产学研结合需要"自由恋爱",但政府可以充当"红娘"。特别在早期的结合中,政府作为"红娘"要大力支持、推动和促进。同时,政府还可以在政策上调控,如全面规划、制定和推行有关产业政策,组织协调各项重要的环节和有关工作,创造条件促进科学研究走出实验室,实现产业化等等。产学研结合好比是"化合反应",需要在一定的温度、压力及环境下进行,但要使反应高效率,就需要催化剂,而政府恰似"催化剂",可以起到催化作用。

三、教会学生"两道"的人才培养新理念

教育应该从单纯的传授知识为主,转变为对学生的全面素质教育,强调思想、道德、文化、科技和身心健康等教育的一致性,这是当前高教界的共识。

素质教育的目的,是使学生懂得"为人之道"和"治学之道"。懂得"为人之道",关键要引导和教育学生具有崇高理想和高尚情操,树立科学的世界观、人生观和价值观。"为人之道"还涉及待人处世,江泽民同志向大

学生提出的要做五种人，实际上包括修身、处世、待人、接物的要求。掌握“治学之道”，就是要为学生奠定能适应在未来多变社会中终身独立地继续提高和获取知识的基础，教会他们能在未来实践中运用知识的能力。同时也包括引导学生具有明确的学习目标、学习自信心、积累成果能力、积极向上的情趣和坦荡的宽容精神等等。教会学生“两道”，需要学校、教师按照教育规律去磨练内功，着力提高教育质量。其关键是引导学生从行为方式、心理态度、学习方法和目标选择等方面进行角色转换，从而激发和培植学生在社会竞争变化中的成功基因。

素质教育的重点，是培养创新人才。随着社会主义市场经济体制的逐步完善，社会对人才的需求是多样化的。高等教育既要满足学生的共性要求，还应该允许学生在大框架范围内学习的个性特长向广泛方面发展。因此，要促进教育从传统的传授知识为主转向培养学生学会学习和创造为主；从以教师为中心转向学生主动发展为中心，注重具有创造精神和创新精神的复合人才的培养。

江泽民同志在十六大报告中强调：要“坚持教育创新，深化教育改革，优化教育结构，合理配置教育资源，提高教育质量和管理水平，全面推进素质教育。”我们贯彻落实十六大精神，坚持教育创新，首要的就是思想、观念要创新。教育的内涵是发展先进的生产力，教育的意识是发展先进的文化，教育的目的是为了最广大人民的根本利益，我们一定要以符合时代潮流的新理念来审视高校的改革和发展，以“三个代表”重要思想统领一切，以创新精神为科教兴国努力奋斗。

正确定位、展现特色、营造氛围

——以人为本，走特色发展之路*

中国共产党第十五次全国代表大会提出了跨世纪社会主义建设的宏伟目标与任务，对落实科教兴国战略作出了全面部署。改革开放以来，教育事业的改革和发展取得了令人瞩目的巨大成就，特别是近几年来，我国的高等教育不断加大改革力度，逐步打破“条块分割”的格局，通过共建、调整、合并、联合办学等形式，优化了教育资源的配置，使办学的规模效益有了明显提高。华东理工大学作为一所具有鲜明行业特色的全国重点大学，如何在路陌纵横的高教领域中找到自己成功的办学之路，主动适应社会主义市场经济需求和适应高教战线激烈的竞争形势，面临许多新的艰巨课题。要在新起点上，抓住新机遇、迎接新挑战，争取新突破，就要进一步解放思想。下面就我校的治校思路和实践谈些想法。

---

* 本文发表于《学府之魂——中外著名大学校长教学理念》，2001年9月第1卷，pp189～196。

一、正确定位——形成“健美型”的办学思路

高教改革风起云涌、百舸争流，竞争非常激烈。我认为华东理工大学的改革与发展目前正处于关键时期，恰如逆水行舟，不进则退。面对困难与希望并存，挑战与机遇同在的局面，抓住机遇，深化改革，克服困难，迎接挑战是我们唯一的选择。一所学校要生存、要发展、要有知名度，首先就要根据学校的实际正确定位，这是学校战略决策的需要，也是学校发展的关键。

华东理工大学原来是化工类单科性的高校，经过几十年的建设和发展，虽然目前已形成工、理、商、文多科结合、协调发展的全国重点大学，但从综合实力来看，无法与清华、北大、复旦、交大比，尤其是这些学校现在被列为国家的重中之重，使他们在扩大规模效益以及整体的高水平建设上注入了源源不断的支撑力。这是他们的“亮点”。如果我们学校也效仿这样做，则很难有所作为。因为无论从基础、实力和国家的投资力度，我们都无法与之匹敌。我认为，像我们这样一所学校，应该形成“健美型”的办学思路。

“健美型”的特点是“线条清楚，肌肉发达”，既不瘦细高长，又不肥胖臃肿，而且在区域的局部有他的“亮点”。从华东理工大学的实际情况分析，在办学思路上决不能追求综合的规模效应，而应该追求质量与特征的显示。也就是说，不主张靠外延式扩张的发展，而要靠重视质量的内涵式发展。使学校的整个躯体虽然不是强壮粗大，却是非常协调，特征非常突出，充分体现协调美和特征美的健美体格。

这一思路完全是根据学校的实际情况而确立的。虽然我们学校已被列为国家“211 工程”重点建设的百强高校之一，但国家投入的教育经费十分有限。要哺育学校肌体的全方位茁壮成长是不现实的，必须把有限的资金用在学校发展的刀刃上，使肌体的某些部位发达、健美，而且要力争一流，这样也能体现学校优势和特色。与此同时，我们也应该看到，华东理工大学有自身的优势，有自己的“亮点”，即与企业联系紧密，直接面对经济建设的主战场。把教育、科研转化为生产力应该成为学校的“亮点”，通过扬长避短，为区域经济服务，为企业服务来体现学校优势。

上海市市长徐匡迪在一次高校校长座谈会上说，有些学校是“航空母舰”，有些学校可以是“核潜艇”，“核潜艇”有自己的优势，也能办出特色。这段话实际上为不同类型的大学定位了思路。“核潜艇”虽然小，但它的威力很大，一旦发射“导弹”它的声势和影响力是不可小觑的。也就是说，华东理工大学要有自己的特色，在办学思路上不着力于造“高原”，但要建“高峰”，而且要瞄准自己的优势建若干个“高峰”。如果仅仅在某一方面有建树，是不够的，那还是畸形或不协调的，不能显示“健美型”的特点。要在学校整个肌体的某些重要部位中都有发达的“肌肉”，都能发挥出“核潜艇”的威力，那么就能充分体现协调的体格健美。因此，在学校的学科布局中，必须重点突出，形成支柱学科，同时，工、理、商、文多学科相互渗透，协调发展。当然，这种健美不一定是重量级的，但可以是中量级的或次中量级的。不过，不管属于哪种级别的都应该是最好的。这样才能构成学校的整体优势，才能在激烈的竞争中推进学校的发展、增强学校的实力、展现学校的声誉。

二、展现特色——形成“开放型”的办学模式

随着社会主义市场经济运行体制的逐步建立，高等院校的办学要打破“封闭”状态，必须“走出小天地，面向大市场”，建立与国家经济发展相适应的新体制。

学校的发展需要投入，但是完全靠国家投入大量资金来发展学校是不现实的，必须要寻找一条新路，把高校雄厚的教育、科技优势与经济建设紧密结合起来。我认为，学校要对外开放，在“开放”中加强与社会的联系，寻求合作伙伴，充分利用社会闲置资产、丰富的智力资源以及企业的强势财力等来推动和促进学校的发展。

基于这种思路，华东理工大学提出了“对外联合共建，对内深化改革”的工作方针，既在对外开放中寻求社会支持，又在对外开放中明确社会需求，并以此来增强学校的综合实力。几年来，学校全方位、多渠道主动出击，先后与几十家大型企业建立了多种对象、多种形式、多种内容的共建与联合办学体系。学校实现了由中央(国家教育部)、地方(上海市)、行业(中国石化集团)共建共管的、以大型企业为骨干的多渠道办学新模式。

这种办学新模式的建立就得益于“开放”，由此也给学校注入了新的生机和活力，不仅吸纳了社会的大量资金支持办学，而且对学校的发展更是推波助澜。

我认为，每个学校都应该展现自己的特色，华东理工大学的办学特色就是产学研紧密结合，在“开放”中不断与大中型企业合作，深化办学模式的改革，依托行业背景，瞄准企业的人才和生产需要，促进企业的科技进步，加速联合办学和学校科技成果产业化进程。

要使对外开放取得实实在在的成效，还必须赋予学校内部的深化改革，建立适应产学研紧密结合的新机制。近几年来，学校提出“外拆围墙、内拆篱笆”的思路，把学校的学科建设、基地建设和队伍建设融为一体，以学科的交叉与渗透确立适当的发展目标，通过组织创新、机制创新和激活存量资产，不断为产学研结合赋予新的内容，逐步构建了多种新颖的模式。如以资产为纽带，组成学校、企业、社会合股经营的公司，推动科技成果产业化；通过融资降险，明确学校、生产企业、用户的责权利，形成风险共担，利益共享机制，解决高新技术项目中试、放大的资金缺口问题；引强势企业的“凤”在学校“筑巢”，建立专项研究基地；借企业的“金鸡”孵高校高科技成果的“金蛋”，学校的科研人员走进校外企业，建立校企联合研究所等。

产学研结合的多元化，为学校提供了迅猛发展的源泉，仅科研经费一项，学校就以每年 2000 多万元的速度递增。这几年，学校致力于开拓创新，从不断完善产学研结合的各种机制上去探新路。如建立专门机构，推行科研成果由“立项、中介、产业”三段式一条龙管理；开拓学校与学校、学校与科学院、学校与企业的多元交流合作渠道；构建学校与金融界、企业界投资融资渠道；实施将个人、学校、企业利益以股权形式结合起来的“以人为本”的科技创新工程等等。这些机制的建立，使学校的产学研道路越走越宽广，越来越显示出强盛的生命力。

展现特色，对外开放，坚定走产学研结合的道路，是根据华东理工大学实际，强学校之业的根本方针。对外开拓、开放应该是全方位的，学校的教育、科研、后勤等各行各业都应该确立这一指导思想，这样才能在高教激烈的竞争中脱颖而出，才能谋求生存中不断取得发展。

三、营造氛围——形成"特长型"的育人机制

人才培养是学校的根本任务，是立校之本。大学要营造良好的育人氛围，使学生一走进学校，就感受到浓浓的学习气氛。一个学校的好坏就是看风气，学生学习的优劣看其置身在什么氛围之中。近朱则赤、近墨则黑，校园的形象，周围的影响，环境的熏陶等等是形成良好学风的依托，体现了一个学校的文化内涵，它对学生具有潜移默化的激发力、导向力和感染力。

营造氛围，形成人才成长的良好环境是一所大学的外部条件。而对人才培养目标定位是首先要解决的问题。我认为，基于华东理工大学的特点，应该以通才教育为主，并具有一定的专业特长。培养人才必须以市场需求为引导，由过去比较狭窄的专业教育向适应现代化建设的"宽口径"培养转变；由单纯重视知识传授向同时加强能力，提高素质方面转变。

随着社会主义市场经济体制的逐步完善，社会对人才的需求是多样化的，高等教育既要满足学生的共性要求，还应该允许学生在大框架范围内学习的个性特长向广泛方面发展。学校办学要有特色，培养的学生也要有特色，在德智体美各方面的基本要求合格的前提下，重视学生个性的合理健康发展以形成特长。大学生作为同龄青年中的佼佼者，这种个性心理上的需要表现得十分强烈。如果我们在教育中忽视或抑制学生个性特长的发展，人才培养的多规格、多层次要求也难以实施。因此，要求学生在全面发展的基础上，要发挥学生自己独特的优势和才华，在某个方面具有更高的能力、达到更高的水准、步入更高的境界。

现在强调素质教育，素质教育的核心是德育，要教会学生怎样做人，关键要引导和帮助他们形成科学的世界观、人生观和价值观。在思想教育方面，不能仅仅依靠居高临下的"灌输"，而应针对学生的思想困惑，启发他们的理性思索。譬如形势教育，应该努力在教育内容和形式上有新的探索。教育者的责任不是为学生提供答案，而是为他们提供思索的材料，通过学生的自我教育和平等分析探讨，帮助他们自己作出正确的选择。对于大学生来说，基础和专业知识固然重要，但综合素质的培养同样不可缺少。在学习业务知识的同时，还要引导学生有明确的学习目标、学

习的自信心、积累成果的能力、积极向上的情趣以及广阔的胸怀和坦荡的宽容精神等等。在大学教育过程中，提倡素质教育，就是使学生学会学习和学会做人，培植学生在社会竞争变化中的成功基因。

长期以来，学校在教学实施中，往往不顾及学生中客观存在的原先知识基础与个人兴趣、爱好、特长等的差异，也不考虑教师在教书育人中的不同水平与特色，按照统一模式，实施统一化培养。这不利于调动教与学两方面的积极性，也不利于优秀人才脱颖而出。因此，必须寻求与建立有利于增强办学活力，提高培养人才质量，主动适应经济建设和社会发展需要的育人新机制。我认为，对学生的培养要严中有宽，既要造就勤奋求实、刻苦学习的氛围，也要给予学生充分的学习自主权，鼓励学生发挥特长。要促使教育从传统的传授知识为主转向培养学生学会学习和创造为主；从以教师为中心转向学生主动发展为中心，注重创造精神和创新人才的培养。为此学校采取了多种措施：多次改革课程设置缩短课时数；给予确有特长的学生重新选择专业的机会；开设多种模块的第二专业；建立丰富多彩的第二课堂；实施优秀学生选拔制度；开展各类科技兴趣小组，鼓励和支持学生早期介入教师科研领域等等，为学生成长，发挥特长创造良好的条件。

高校改革是持续探索、不断深化的过程，特别是《中华人民共和国高等教育法》的贯彻实施，《面向 21 世纪教育振兴行动计划》的落实，高等教育的功能将进一步拓展，高校与经济社会发展的联系将更加紧密，高校改革中的新情况、新问题也将不断出现，必须进行经常性的探索和研究。

产学研结合是我国工科院校的办学之路*

一所高校要在社会上有立足之地，要打响自己的品牌，要赶超国际一流水平，并不在于是综合性的，还是单科性的，也不在于学校规模的大小，关键在于是否有鲜明的特色。我们认为，对于工科院校来说，其鲜明的特色就是走产学研结合的道路，这也是符合我国国情的办学思路，值得认真探索。

一、把“产学研结合”融入高校办学体制和机制的改革中

随着社会主义市场经济体制的逐步建立，高等院校的办学要打破“封闭”状态，必须“走出小天地，面向大市场”，建立与国家经济发展相适应的新体制。学校发展需要投入，但是完全依靠国家投入大量资金来发展学校是不现实的，必须要寻找一条新路，把高校雄厚的教育、科技优势与经济建设紧密结合起来。把“产学研结合”融入到高校办学体制和机制的改革中，这是为实践逐步证明

* 本文发表于《上海教育》，2001 年 12 期，pp15～17。

的有效途径。高校在这一结合中,广泛寻求合作伙伴,充分利用社会闲置的资产、丰富的智力资源以及企业的强势财力等来推动和促进学校的发展。

1. 在办学模式上要大胆探索

华东理工大学是一所多科性的工科院校。几十年的建设和发展已逐步形成了自身的优势,即与企业联系紧密,直接面对经济建设的主战场。我们认为把教育、科技转化为生产力应该成为学校的“亮点”,通过扬长避短,为区域经济服务,为企业服务来体现学校的优势和特色。

基于这种思路,华东理工大学提出了“对外联合共建,对内深化改革”的工作方针,既在对外开放中寻求社会支持,又在对外开放中明确社会需求,并以此来增强学校的综合实力。几年来,学校全方位、多渠道主动出击,先后与几十家大型企业建立了多种对象、多种形式、多种内容的联合共建与产学研结合体系。学校实现了由中央(国家教育部)、地方(上海市)、行业(中国石化集团)共建共管的、以大型企业为骨干的多渠道办学新模式。同时,学校还建立了由各大企业领导人为主组成的董事会,参与决策学校的发展、建设以及教育、科研等重大事宜。这种办学新模式的建立就是把“产学研结合”融入在办学体制和机制的改革中,由此也给学校注入了新的生机和活力,不仅吸纳了社会的许多资金支持办学,而且对学校的发展更是推波助澜。

2. 在内部机制和体制改革中要广开思路

坚定走产学研结合的道路,是华东理工大学强学校之业的根本方针。学校在对外开拓中不断与大中型企业合作、与科研院所合作,深化办学模式的改革,依托行业背景,瞄准企业的人才和生产需要,促进企业的科技进步,加速联合办学的步伐。而且产学研结合应该是全方位辐射的,学校的教育、科研以及二级学院要逐步确立这一指导思想,积极寻求合作伙伴,不断拓宽办学思路。同时,在学校的内部管理体制改革中,包括后勤、校产、人事等也应该不断对外开拓,与企业、研究机构结成联合体。

(1) 转换机制,加速实现后勤社会化。学校后勤必须以校内行业为单位成建制从学校行政管理系统中分离出来,成为自主经营、独立核算、自负盈亏，具有竞争力的后勤经济实体，并逐步与学校脱钩，实现真正意义上的后勤社会化。后勤社会化的过程实际上就是学校将后勤企业化或与社会企业相结合。目前，在这个结合和转化过程中，后勤功能承担者的转移还是比较容易实现的。但在资产上与学校分离或转移则有一定的难度，仅靠学校内部体制改革很难完善，无论是财力、物力、人力及管理等都会带来很多问题。因此，必须转换机制，加强与社会和企业的合作，利用社会力量，通过以社会融资的方法，进行市场运作。产学研结合就是一个有效手段，从而达到具有社会化意义的规模经营、参与竞争、规范管理、提高效益的目的。

(2) 规范分离，促进校办产业良性发展。校办产业是中国高校的特色。目前，高校产业中校企不分、权责不明等是阻碍企业持续发展的瓶颈。中国加入 WTO 后，高校产业又将受到国外企业的极大冲击。因此，校办产业必须建立现代企业制度，严格规范企业内部管理，只有这样，高校产业的技术优势才可以充分发挥，才能使不断创新的技术转化为产品，推向社会。解决这一问题，较好的方法就是学校通过与地方政府和企业的结合，在校区外建立独立的“产业园区”，把高校企业从学校校园中规范地分离出去。

(3) 结构调整，深化人事制度改革。聘请科学院、研究所的专家教授来校兼课，结合前沿的课题和技术组织教学，对于学生开拓思路、广开眼界有很大的帮助；聘请企业的专家来校兼课，结合生产实践组织教学，对于培养学生的动手能力、实践能力极有益处。同时，学校还可以派教师去社会挂职、去企业兼职，对于教师调整知识结构，充实实践知识，丰富今后的教学内容也会有很大好处。组建一支产学研结合的师资队伍，对于提高教育质量是十分重要的。由此可见，走产学研结合的道路，也是学校深化人事制度改革、进行教师队伍结构调整的有效措施之一。

二、产学研结合是适应教育创新要求和培养创新人才的途径

教育创新和培养创新人才是面向新世纪高等教育的重大课题。产学研结合是由学校与社会或与企业合作，将理论学习与实践锻炼有效结合的一种教育方法或途径。多年的实践证实，产学研结合是高等教育特别

对工科院校来说，是一种富有成效的教育模式。

产学研合作教育是对传统高等教育模式的改革与补充，是教育与生产实践劳动相结合的有效形式。这种教育模式就是一种教育思想、教育观念和教育方式的创新。实践也已证明，产学研结合实施教育，通过社会或企业支持教育、促进教育的发展，在培养具有综合素质的创新人才方面优势明显，而且对高等院校的教育教学改革体现了积极影响和推动作用。很显然，产学研结合体现在教育上，必须要实现教育与企业的优势互补，使学校教育功能的拓展与企业生产科研实际需求有效地结合在一起，这样企业才会建立更多的产学研合作教育的基地，才会更乐意接受学生，而学生的社会实践才变成真正意义上的能力培养。

产学研结合培养创新人才的实践效果是毋庸置疑的，要使这种教育模式能够更广泛地推广和运作，就必须在教育的体制、机制上进行创新，而且要得到社会、企业的基本认同，同时也需要政府的行政调控、政策导向，产学研合作运行机制的有效操作，学校的科研能力以及学生的基本素质的保证等等，当然这还有待于进一步探索。

三、我校在促进科技成果产业化中的思路和对策

近几年来，华东理工大学坚定走产学研结合的道路，外拆围墙，内拆篱笆，通过组织创新、机制创新、激活存量资产，为产学研结合、促进科技成果产业化开辟了多形式、多渠道的有效途径。同时，学校不断开拓创新，在改革中逐步完善产学研结合的各种新机制。

（1）合股经营，强化“工程中心”的孵化和产业化功能。学校目前有5个国家工程研究中心或分中心。工程中心的组建和成果产业化均以资产为纽带，组成学校、企业、社会共同投入的有限责任公司。

（2）融资降险，加速高新技术的中试、放大及产业化进程。为解决学校高新技术项目中试、放大的资金缺口问题，加速产业化进程，从中试开始阶段学校便成立由学校、生产企业和用户共同组成的有限责任公司，把各方的责权利有机地结合在一起，形成风险共担、利益共享机制，取得很好效果。

（3）引凤筑巢，扶助企业建立校内科研基地。引强势企业的“凤”，在

学校“筑巢”，创办专项研究基地，将企业开发资金与学校的开发力量、研究设施有机地结合在一起，这是学校推进产学研结合的又一种模式。

(4) 借鸡生蛋，鼓励科技人才创办校外科研基地。打破围墙，把科技人才送到企业去，在企业创办联合研究所，是学校产学研结合的另一种尝试。学校同苏州第四制药厂签订了“华东理工大学一苏州第四制药厂基因工程联合研究室(所)”协议，该研究所建立在苏州第四制药厂内，总计投资400多万元，除了专门研究与该企业有关的技术外，还积极支持国家自然科学基金项目研究。

(5) 深化以科技成果为核心的科技体制和机制改革。这项改革的目的，是为了在遵循科技发展规律的前提下，适应社会主义市场经济体制的要求和增强学校的科技活力。在管理体制上，学校成立“高新技术成果转化中心”，实行以科技成果为核心的“立项、中试转化、产业”“三段式”一条龙管理，以市场为导向，充分发挥其技术开发、工程放大、工程设计和市场营销四大功能。

(6) 开拓产学研紧密合作的多元交流与合作渠道。加强和开拓学校与学校、学校与科学院、学校与企业的多元交流与合作渠道，这种交流与合作贯穿于”立项、中试转化、产业”的全过程，体现在项目、人才等的交流与合作中，特别要促使企业改变被动接受成果的现状，主动提出课题，主动要求学校攻关。

(7) 构建促进科技成果产业化的投融资体制。吸引投资关键在于提高技术的创新度、成熟度，降低金融机构、企业的投资风险，并形成合理的利益共享、风险共担机制。在这方面，学校已经进行了一些有益的尝试，积累了一些成功的经验。目前，正在同金融界、企业界进行洽谈，开拓学校高新技术中试、产业化的投融资渠道，构建相应的投融资体制，以进一步提高学校的科技成果转化率。

(8) 实施“以人为本”的科技创新工程。在科技成果产业化工作中，学校积极贯彻“以人为本”的思想，充分考虑科技成果发明人的利益，鼓励和倡导以科技成果发明人为核心，创办中小型科技型企业，将个人、学校、企业利益以股权形式结合起来，从体制和机制上保障科技成果发明人的利益。

四、产学研结合需要政府的扶持

我国正处在社会主义初级阶段，市场经济的体制尚不完善，许多高校、研究机构与企业都处于正在向市场经济方向的过渡阶段，因此实现两者结合的难度很大，只有把双方的观念、体制转到适应市场经济的轨道上去寻找新的突破口，教育和科技发展与经济建设才能有效结合。而政府在促进教育科技发展、推动产学研结合的过程中无疑起着十分重要的作用。

首先，产学研结合不能仅仅靠“自由恋爱”，有些要变成政府行为，即政府要做“红娘”。特别在早期的结合中，政府既不能包办代替，又不能不闻不问、放任自流，而且还要支持、推动和促进。其次是政策上的调控，如全面规划、制订和推行有关产业政策，组织协调各项重要环节和有关工作，创造条件促进科学研究走出实验室，实现产业化等等。

学校、企业和研究机构尽管隶属关系不同，但由于产学研三方有一致的根本利益和目标，这就为政府的指导、统筹和协调提供了良好的基础。政府的作用主要应表现在：计划导向、人才政策导向、税收扶持、信贷扶持、财政扶持和法律保障等方面。对于具体的合作过程，政府应尽量放手、少管，以充分发挥学校、企业和研究机构三方的积极性，以利其增强风险意识和竞争观念。

产学研结合是高校特别是工科院校面向新世纪、适应社会发展的一种新颖的办学体制，也是高校加强与社会经济联系的有效途径。把产学研结合融入高校办学体制和机制的改革中，对于筹措办学资金，增强办学活力，促进教育科技的创新等都是十分有效的。政府作为高校的举办者，应极力促成这种结合，以提高学校的办学质量和办学效益。

励精图治　外联内改*

我国正处在从计划经济向社会主义市场经济转轨的关键时期，国民经济和社会发展日新月异，对高等教育提出了更高、更新的要求。经过多年的改革与建设，我校的教育、科研取得了很大的进展，但也面临一些困难和挑战。其中既有教育投入不足等带有共性的问题，也有我校的特殊性矛盾。

近两年来，学校党政领导班子多次讨论研究，就求得进一步发展达成共识，并使全校干部和群众逐步统一认识：要正视困难，想方设法克服困难；抛弃“等靠要”的思想，发扬自力更生的精神；形成共同努力、共担风险的运行机制；确立“发展是硬道理”的观点，在事业的发展中解决矛盾和困难。首先，要强调对外开放，加强与社会的联系，要“走出学校小社会，面向社会大市场”。在对外开放和联系中，明确社会需求，深化内部改革和寻求生存发展之路。其次，要调整、完善和建立校内各项工作的良性运行机制，充分地调动全校教职

---

* 本文发表于《上海高教研究》，1997 年第 3 期，pp26～29。

工克服困难，开拓进取的积极性。特别在经济和校产方面，要下决心整顿治理，使之能在正确的轨道上，求得稳步和持续的发展。

由此，我们适时提出了“增实力、明需求、促联合”的思路和实施九大工程的计划，确立并实施“对外联合共建，对内深化改革”的工作方针，并在国家教委、上海市和中国石化总公司领导的关心和支持下，在锐意改革中求新，在克服困难中前进，在解决矛盾中发展，各项工作都取得了较为明显的进步，并保持了良好的发展势头。

一、集中精力，抓好四件全局性大事

我们分三阶段抓了四件全局性大事。

第一阶段，以1995年6月27日国家教委领导来校主持召开的全校党员干部扩大会议为契机，坚持解放思想、实事求是的思想路线，振奋精神，深化改革，促进发展。

第二阶段，一方面以争取国家教委与石化总公司共建我校和组建校董会为目标，对外联合共建走出坚实的关键性步伐；另一方面实施校内资源分配制度改革，努力形成全校教职员工共同奋斗、共担风险，既有激励又有约束的良性运行机制。

第三阶段，围绕迎接“211工程”部门预审，以制定未来发展目标、学校重新定位来凝聚和激励教职工再立新功，使学校逐步转入以学科建设和队伍建设为重点的新的发展阶段。

四件全局性大事是：

（一）采取各种措施，促使学校经济工作走上健康的发展轨道

我们的基本思路：一是在维持日常运行的前提下，处理好清消债权债务、确保学校最大需要和适度提高教职工待遇三者之间的关系；二是转变观念，在节流的同时，着重开源，发挥学校和学科两级的积极性，在积极推进对外联合共建中争取预算外的办学经费；三是坚持严格管理，量入为出，逐步形成活而不乱、严而有序的规范化财务管理制度。

采取的主要措施有：实行预算“硬约束”，坚决做到校级财政收支平衡；理顺经济关系，加强财务收支管理，有步骤地对校内各级各单位的财

务账目规范管理;合理使用共建资金,尽可能将相对有限的资金投入学校最急需之处,处理好维持日常开支与必要发展之间的关系;调整科研经费管理、成人教育办学经费管理各项政策,鼓励各单位多争取预算外资金;明确学校与校产的经济关系,对校产企业实行完全成本核算,使学校从校产中获得的收入能逐年稳定增长;明确学校与后勤的经济关系,在深化后勤改革的过程中,逐步减少学校对后勤的拨款。

(二) 推进对外联合共建,并取得突破性进展

1995 年 12 月,在国家教委和中国石化总公司的关心和支持下,实现了国家教委和中国石化总公司共建共管我校,跨出了联合共建的重大一步。国家教委副主任张天保在共建签字仪式上说:“国家教委和中国石化总公司共建华东理工大学,是国家教委与国家企业集团共同建设、共同管理委属高校的一次重大尝试,这在全国还属第一次,具有示范性。”这标志着我校在改革开放的洪流中,注入了新的生机和活力,以一种新颖的办学模式,开始了新的发展阶段。

紧接着学校利用这一重大的突破,乘势而上,加快联合共建的步伐,积极与中国石化总公司等各有关直属企业联合办学,并不断推动与上海市的共建工作以及各行各业紧密协作,取得了迅速的进展。1995 年12 月,与上海石油化工股份公司签订了教育科技全面合作协议。1996 年 1 月,与齐鲁石油化工公司签订了科技教育合作协议。1996 年 2 月,与上海市化工控股集团公司签订了研究基地建设和科技开发等方面的合作协议。1996 年 3 月,与河北威远实业股份有限公司签订了项目开发和人才培养合作协议。1996 年 4 月,与上海高桥石油化工公司签订了科技教育合作协议。1996 年 4 月,与兰州化学工业公司签订了科技教育合作协议。1996 年 6 月,与淮南化工总厂签订了科技开发和人才培养合作协议。1996 年 9 月,与吉化集团公司签订了科技教育合作协议。

国家医药管理局与国家教委也联合发文积极支持在我校共建制药工程学院。此外,学校还与上海浦东社会发展局共建浦东发展学院,与上海邮电管理局共建校园通信网络工程。同时,学校还成为上海汽车工业科技发展基金会的首届理事单位。在联合共建的基础上,建立了 20 多个单

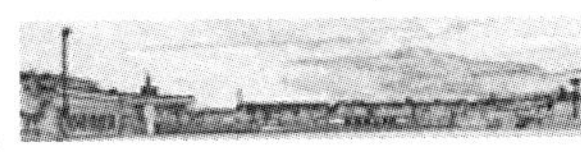

位组成的，以一些大型企业集团为核心的校董事会，中石化总公司常务副总经理任董事长，使学校得到社会各方的更多支撑，也使教育更贴近经济建设。

（三）深化内部改革，建立良好的内部运行机制

在积极推进对外联合共建的同时，学校坚持对内深化改革，以贯彻全国科技大会和上海科技大会精神、深化校内科技体制改革为先导，配套进行人、财、物资源配置工作的改革，以期通过此项改革达到形成机制、激发活力、增强实力和改善待遇的目的。

第一，改革过程中，逐步建立和完善校内各种规章制度，形成“以法治校”的良好氛围；第二，让富有活力、勇于开拓的科技人员充分施展自己的才智，破除平均主义、大锅饭，体现奖勤罚懒、赏罚分明的原则；第三，在改善教职工待遇的过程中，不搞齐步走，允许有先后，希望形成比学赶帮、你追我赶的局面，一部分卓有成就的单位和科技人员可以率先获得较高收入；第四，坚持破除“等靠要”的思想，促使教职工组织起来，共同努力，共担风险，开创新路。

学校从实际出发，在原有改革基础上，制订了七个配套文件：《关于教学科研编制的使用原则》、《关于校内工资性收入资金筹措、分配、管理办法》.《科研经费管理规定》、《基础研究人员基金暂行办法》、《科研工作奖励办法》、《教学科研用房暂行条例》、《关于基金管理暂行办法》。

为保障此次配套改革的平衡运作，学校设置了六个月的试运行期，并且在运行3个月后进行小结，6个月后进行总结，根据运行的实际情况，吸取广大教职工的意见和反映，再进行局部的调整和变更。1996年4月经校教代会审议通过后，学校已正式颁布实施。

一年多的运作表明，此次配套改革已取得相当大的成效，学校“蓄水库”已具备较为充足的资金储备，科研经费到款数较上年同期成倍增长，教职工收入也有较大提高。

（四）精心准备，顺利通过“211工程”部门预审

1994年上半年，学校党政新班子上任初，就把跻身“211工程”作为推动学校工作水平、上台阶的重点。推动学校对改革与发展作出全面规划，进一步增强学校凝聚力，调动广大师生员工的办学积极性，为学校提高教育质量、办学水平和办学效益打下较为坚实的基础，并争取较好的外部办学环境。为此，我们全面部署并实施迎接“211 工程”部门预审的准备工作：广泛动员、提高认识、统一思想；制订近期整体建设和发展规划，拟定评估报告；积极筹措资金、加强学校学科和基础设施建设。1996 年 6 月由国家教委和中国石化总公司共同组织了对我校进入“211 工程”的部门预审，专家组成员一致建议，通过我校申请进入“211 工程”的部门预审。

二、全校协力，成效明显

由于上级领导的关心和支持，全体师生的共同努力，学校执行正确的工作方针，一年半来在经济状况、教学、科研、校产及精神文明建设等诸方面均取得了喜人的实绩，与历年同期相比有显著进步，有些方面达到历史最好水平。

（一）经济状况明显好转

在加强债权债务清理的同时，多渠道筹集资金，学校大财务的资金“蓄水库”有了增加，财务状况明显好转。学校拨出相当经费用于校园网、图书情报网、重要实验室和教学设施建设，用于陆家巷征地的自筹款，用于校内电话网改造及光缆铺设，高科大楼配套工程变电房、大型教学用计算机房建设等。据统计，1996 年下半年学校教职工人均月收入比两年前增加约 250 元，并解决了 1995 年度公费医疗超支与上海市养老保险接轨所需资金等等。

（二）教学改革富有成效

近年内，学校改革已从管理体制的改革发展到以全面提高学生综合质量为目标的改革，从培养模式的改革发展到教学内容、课程体系和教学方法的改革。

积极参与“面向 21 世纪教学内容和课程体系改革”。我校教师申报的项目获得国家教委批准的正式立项项目和推荐立项项目数量居国内同类高校前列。理科获准 3 个项目，其中 1 个项目为牵头，2 个项目为参加单位；工科获准 6 个项目，其中 1 个项目为推荐牵头单位，4 个项目为主

持单位,1 个项目为参加单位。加大课程建设资金投入强度,对关系我校学生基本培养质量的 20 门课程进行重点建设。

1995 年建成的图书馆计算机文献检索系统是国内同类设备中最先进的,除了为图书馆读者提供公共服务外,还为全校 2 000 名学生开设"计算机文献检索"课程,使我校学生在文献检索方面能借助最先进设备受到训练。学校投资 120 万元建成的计算机基础教学实验室,配置了 100 余台计算机,可为在校学生提供超过 200 学时的上机时数,较好地解决了计算机教学中的急需。我校还投资 20 万元建设硕士研究生专用计算机房。

努力进行专业建设和改造,拓宽专业面。1996 年,根据国家教委引导性专业目录,经仔细研究,学校提出了 29 个专业的设置方案,使专业设置更趋合理,有效拓宽学生知识结构。为中石化及其下属公司等服务,举办工程硕士研究生课程进修班等共 6 期 200 人。

(三) 科研经费总额及承担国家重大项目经费总额均创历史最好水平

据 1996 年 10 月底的统计,我校科研经费已创多项历史新高:科技合同签约总金额为上年的 1.2 倍;科研经费到款数为上年全年的 2 倍;(其中纵向科研经费为上年全年的 2.1 倍,横向科研经费为上年全年的 2 倍)。目前,"九五"国家攻关项目经费已为"八五"期间的 3.1 倍;"863"攻关项目经费为上年的 2.6 倍;自然科学基金项目经费为上年全年的1.6倍。

科研成果的获奖数,连续两年保持较高水准。1996 年上半年我校与各大企业(集团)签订的合作协议中所设的三到五年内共计 3 100 余万元科研、教育基金,到 10 月底已签约落实近 1 000 万元科研经费。从 1994 年到 1996 年,我校共建成五个由国家计委、国家科委和国家中医药局批准的工程研究中心(或分中心)。

(四) 校办产业步入健康发展轨道

对校办产业,学校严格执行事企分开的原则,采取边整顿、边调整、边发展的工作方针,面上抓企业"上轨、鼓劲、发展",点上抓重点产品的规划和发展,逐步形成自主经营、自负盈亏、自我约束、自我发展的良好机制。

校办产业在 1995 和 1996 两年中奋力拼搏,已经走上稳步发展的良性轨道：到1996年10月底，实现利润总额比1995年同期增加约10%，预计1996年利润总额将超过1000万元；校产净资产总额，在清消债务数百万元的情况下，比1995年底净增28%，比1994年底净增100%；各校办产业严格实行事企分开，主动退出无偿占用的生产办公用房500多平方米，每年上缴学校条件设施费近200万元。

今年上半年学校成功地举办校产展示周，向校内外展示校办产业各种新产品和取得的实绩，获得了较高的评价。学校紧紧抓住重点产品的规划发展，目前轿车刹车片、超细粉末新材料、汽车尾气净化催化剂等产品均有广阔的发展前景。

（五）坚持精神文明和物质文明两手抓，广大教职工精神风貌焕然一新

近两年，校党政领导班子统一思想，坚持精神文明和物质文明两手同时抓，连续召开了科技工作会议、党建工作会议和德育工作会议，举办干部和党员的邓小平理论学习班，制定和颁布一系列文件，动员全体党员和教职工增强凝聚力，同心同德，艰苦奋斗。这使教职工队伍的精神面貌发生很大的变化：从萌生悲观失望情绪变为对学校发展前景充满信心，从消极的等靠要变为树立主动进取思想，积极依靠自身努力克服困难，队伍的凝聚力加强，在教学、科研、校产、后勤和管理诸方面工作兢兢业业，努力工作。

校党政领导在调查研究学校精神文明建设状况的基础上，及时贯彻党的十四届六中全会精神，又召开了精神文明建设工作会议，开展创文明班组、文明寝室的双创活动，号召从我做起，从实事做起，形成良好的校园精神文明环境和氛围，积极争创文明单位。

多元化人才培养模式刍议

——兼论自动化人才培养*

在人才培养目标确定的前提下，人才培养模式是培养高质量人才的关键。本文结合学校和自动化专业在培养人才中的一些做法和体会，对人才培养目标的定位，人才培养模式的多元化以及人才培养过程的优化等问题进行分析和探讨，提出一些看法和意见，抛砖引玉，供讨论和研究。

一、人才培养目标的定位

现代大学的人才培养，当以现代社会的人才需求为依据，其目标取向，一是面向 21 世纪的，能为高科技迅猛发展为特征的社会服务；二是具有中国特色，能为中华民族的振兴作出奉献。对于不同专业的人才培养，其具体培养目标的确定，可以从三个不同的角度来考虑，并将其落实到专业方向的设置、育人环境的构建、课程设计和教学计划的安排等方面。

---

* 本文的主要内容曾在 2003 年“中国自动化教育学术年会”上作大会报告。

1. 从社会需求看目标定位

社会的需求是专业培养目标定位的基础，它主要体现在专业的设置和方向的选择上。以自动化专业为例，在现今的各行各业中，不论工业生产过程、精益农业，还是航天、航空、国防安全以及人民生活都离不开自动化。自动化技术是实现信息化带动工业化的重要途径，一个国家自动化程度的高低已经成为衡量其发展水平的标志。因此，自动化人才在当前的经济社会发展中具有不可替代的重要作用。另一方面，社会对自动化人才的需求是多方面、多层次的，既有高端研究型、创新性人才，也有技能型、操作型人才的需求。

因此，学校在设置专业和选择方向时，要从社会的需求出发，因地制宜、因校制宜地加以考虑，科学地予以设置和选择。

2. 从人才基本素质看目标定位

大学是培养高质量人才的，每位大学生学习的专业可以不同，但都应达到一些基本的要求。“知识，能力，素质”被认为是高质量人才培养的三个基本要素，其中知识是素质的重要基础，能力是素质的外在表现，唯有素质，才是决定人格之内在品质。在诸多素质中，文化素质是一切素质的基础，而文化素质的核心，在于人文素质，也就是为人之道。人文素质的培养和教育，当以德为纲，育人为本。

因此，在培养目标定位时，学校要积极探索与建立以育人为核心的本科“素质教育”框架，营造良好的校内文化，既注重人格的养成，又努力开拓理、工、商、文相结合的途径与渠道，培养高质量的人才。

3. 从专业特点看目标定位

每一个专业都有其自身的特点，因此在确定目标定位时，除了考虑人才培养的共性之外，还必须考虑各专业的特殊性。例如自动化专业是一门具有丰富内涵及外延的信息类专业，它诞生于多学科交叉，并在与各类学科的结合中不断发展，它涉及到科学技术的各个领域，有着广泛的应用，可以说“无处不在，无时不有”。

针对自动化专业学科交叉的特点，在课程设置时，既要突出专业核心主干，又要体现学科知识的交叉性和广泛性。此外，由于自动化应用的广

泛性，容易造成“千校一面”的现象，因此各学校在专业方向的目标定位时，要努力形成专业的学校特色。华东理工大学是一所化工特色鲜明的学校，为了发挥学校化工学科的整体优势和自动化学科的传统优势，确定“过程控制”为专业特色。

以上三个方面是相互联系、相辅相成的，在目标定位时应综合考虑，以形成科学合理的、具有特色的培养目标。

二、人才培养模式的多元化

用新世纪对人才素质和教育质量的要求来审视我国高等学校人才培养的模式，还存在较大的差距，影响了人才培养的质量。有人把这些不足与问题概括为“九重九轻”，即：重专业，轻基础；重科技，轻人文；重智力，轻品行；重统一，轻个性；重书本，轻实践；重课内，轻课外；重灌输，轻主动；重知识，轻方法；重循规蹈矩，轻开拓创新。这是长期以来过分狭窄的专业教育思想、封闭办学和计划经济时代遗留下来的包得过多、统得过死的僵化的人才培养模式所导致的后果。因此，以创新的精神，改革人才培养模式乃是当务之急。

人才的培养模式是为人才的培养目标服务的。培养模式涉及培养计划、教学内容、教学方法、课内外教育协同、生产实践、科研训练、创新实践等一系列内容、措施、手段；也涉及学科专业结构、科研水平、学术氛围营造、校风、学风等环境因素。在人才培养上并无统一的模式，不同的学校、不同的专业、不同的师资和生源、不同的校园文化和环境，其培养模式都可以不同，我们应该在创新思想的指导下，通过实践形成多元化的人才培养模式。

自动化人才培养不能采用单一的模式，要坚持德才兼备和体现创新的思想。我们应以德育教育为中心，实践能力培养与创新能力培养为两翼，解放思想，创新我们的培养模式。充分有效利用已有的教育资源，追求效益最大化。以下根据我们的实践和体会，列举几种培养模式。

1. 通专结合的培养模式

我校在本科教育中，通过调整学科专业结构，树立通才教育的教育

思想,但不照搬通才教育的培养模式。实施一定专业背景下的通才教育,大力开拓复合型人才培养渠道。这种模式既有一定的专业要求,又要大力拓宽专业面,淡化专业方向,构筑大学科(学院)背景的宽专业课程平台,要求大学科所辖的专业在培养计划中的前两年或两年半,必须有相同的基础与技术基础课程平台,保证学科知识结构由"窄而专"转变为"宽而博"。

对自动化专业而言,要适应不同层次、不同类型的社会需求,通才与专才相结合的培养模式是其必然。在课程设置或教学内容的选择上,必须跳出传统专业体系的旧框架,拓宽传统的自动化专业的"小平台",构筑以信息科学与技术为背景的"大平台",同时辅以人文社科、经济管理等学科知识的课程。形成以工程为对象的各门课程知识的整合与集成,形成以核心课程为主线的教学内容与课程新体系。

我们培养的具有本、专科学历的自动化人才,应该是可以胜任各领域有关自动化系统的维护、设计、开发、管理以及自动化设备销售、技术服务的技术人才。培养的自动化专才应该是具有硕士研究生以上学历,应该是可以对自动化领域中某一方向进行深入研究或可以解决实际工程中关键性技术问题的专家。

2. 因材施教的培养模式

因材施教是教学中一项重要的教学方法,教师根据学生的不同认知水平,学习能力以及自身素质,选择适合于学生特点的、有针对性的教学方法。陶行知先生曾经说过:"培养教育人和种花木一样,首先要认识花木的特点,区别不同情况给以施肥、浇水和培养教育,这叫"因材施教"","人像树木一样,要使他们尽量长上去,不能勉强都长得一样高,应当是:立脚点上求平等,于出头处谋自由"。

在因材施教中,要体现"有教无类",以对每位学生负责的精神,培养大批合格的人才,也要注重培养少数杰出精英,特别要关注那些有这样那样一些缺陷的"偏才"、"怪才",要不拘一格选人才。我们在教育管理中的"循规蹈矩",往往会扼杀一些具有创新精神和创造能力的人才。

要做到因材施教,教师必须在教学过程中细心观察,分析学生的特

点，深入了解学生，在此基础上才能有的放矢地进行教学。教师之教，不在于全盘传授知识，而在于针对学生的不同特点，予以诱导和启迪，调动学生学习的自觉性和积极性，开启学生的“兴趣之门”和“智慧之门”。只有这样，才能让每个学生都能获得成功，让每个学生鲜亮的个性得以张扬。

在自动化人才培养上，我们树立以学生为本的教育理念。努力培养学生的学习兴趣，改变学生被动学习、被动接受知识的状况，给学生搭建多款课程平台，充分提供选择性，鼓励学生自主设计，完成规定的学分，并区别不同情况，实行弹性学制。例如达到一定的学分，即可提前毕业或进入硕士研究生学习阶段。学校也可以通过举办优秀生班等措施，为有能力或特长的学生，提供有针对性的教育，使他们的才智得到充分的发展。

学生好比是来就餐顾客，应能为其提供多种丰富可口的饭菜，以满足不同口味需求。这样，我们的“餐馆”才能门庭若市，我们自动化专业的生源才会兴旺。这里的关键是如何配好“菜单”。美国麻省理工学院把全校2000多门课程都在网上公开，建立 Open Course Way(公开课方式)，为学生创造了可以灵活、自由、自主、主动学习的环境。这种做法，我们应当借鉴。

3. 学、产、研结合的培养模式

教育规律和人才成长规律表明，人才培养是一个系统工程，是由教育情境、教育资源与条件、教育过程与方式等构成的系统活动。高校作为教育系统的一部分，其教育功能高效简捷，这是它的优势所在。但它的劣势在于缺乏真实的知识和技术创新的氛围和训练过程，这使它实际上又难以真正完成培养学生实践能力和创造性能力的任务。从优势互补考虑，让大学与企业以及科研机构以合作的形式共同进行人才的培养，即构建学、产、研合作的教育系统，无疑将有利于高素质创新人才的培养。

在学、产、研结合的培养模式下，就可以对长期以来囿于课堂的传统教育方法进行改革和创新，使学生跳出学校的“小课堂”，置身于科技和生产实践的社会“大课堂”，把书本知识应用到实践中去，通过社会实践，培养学生的实践能力、分析问题和解决问题的能力以及竞争能力和自信心等综合素质。

近几年来，华东理工大学在建立学、产、研合作教育的新模式方面进行了有益的探索。如紧紧围绕企业生产中的实际问题，由师生组成课题小分队，进行毕业实习—毕业设计—毕业就业一条龙模式；又如学生下厂实习经过一段时间的学习和训练，直接“顶岗”，以工作者的身份进入企业各部门，着力培养学生独立解决问题的能力。实践证明这些形式不仅教学效果好，而且深受企业的欢迎。学生通过下厂实习也充分感受到了创新能力与实践能力的提高。

在自动化专业人才的培养中，我们强化了实践性教学，开发学、产、研基地，完善了大学生课余研究计划(USRP)。通过实践课及 USRP 计划，给学生以个性化发展的空间，充分调动学生参加工程实践、主动学习的积极性。有的课程可在教室内采用边讲、边实验、边讨论的灵活方式，让学生成为课堂上的“主动者”。在实际运作时，学生将所学的课堂知识应用于实际，制作了电子水平仪，声光报警熔断器，温控小儿奶瓶等实用新型产品，其中部分取得了专利。此外，鼓励学生的毕业论文在企业实际中完成，既增强了学生的实际工作能力，又为同学今后的工作就业打下了基础。有的企业在毕业论文阶段就将学生送出国外培训，也有的企业在学校设立了奖学金。

这种培养模式，对学校而言，吸引了社会力量参与办学，开辟了培养人才的新渠道，也减少了教育经费的投入；对企业或科研院所而言，缩短了新进人员的见习期，也增强了科技创性的活力；对学生而言，丰富了自我，提高了实践能力和创新能力，也为就业创造了机遇。

4. *学科交叉的培养模式*

长期以来，高等学校根据社会经济发展中各行各业对专门人才需求的预测决定各专业类别的招生数量，按照各专业方向对学生进行专业化教育，毕业后让他们按专业方向“对口就业”。这是高等教育中通常的运作模式。但随着科学技术的迅猛发展，学科的交叉融合已成为当今科学发展的必然趋势，科学前沿的重大突破，重大原创性科研成果的产生，大多是多学科交叉融合的结果。因此，如何培养出高质量的具有学科交叉

融合背景的“复合型”人才，成为高等教育面临的十分突出的问题，引发了高等教育人才培养模式的变革。

复合型人才通常是指具有两个或两个以上专业(或学科)的基本知识和基本能力的人才。复合型人才包括知识复合、能力复合、思维复合等多个方面，他具有基础宽厚，知识面广和知识融合的特征，而且在能力上具有综合性和创新性，可以通过对不同学科知识和能力的融合而达到对原有知识和能力的超越。

目前各高等院校都在形成多学科交叉融合的优势，这种优势不仅应体现在科学研究上，也应当体现在人才培养上，利用这种优势为培养复合型人才创造条件。培养复合型人才可以采用多种途径，工理商文等各学科都可以交叉复合，这种复合可以通过开设第二专业来培养“双专业”的复合型人才，也可以通过拓宽专业面和交叉学科课程的设置来培养知识复合或能力复合的复合型人才。

华东理工大学较早开始试办第二专业，开设了包括英语、计算机、工商经济、数学等 8 个第二专业课程，提供给 10%～15%的优秀生选修攻读。近年来通过大力拓宽专业面，实施课程体系改革，探索交叉学科的公共基础课和选修课，全校从原先的 42 个专业调整合并为 28 个专业，实现了系设专业、系办专业的新格局。在实现系办专业基础上，学校调整了办学的组织机构，成立了相关的学院，对招收的新生按学院(学科大类)统一集中培养，以利于开拓学生知识与能力结构的新内涵，实现加厚基础，注重能力，提高素质，开拓创新的目标。

自动化学科是学科交叉的典型，其拓宽后的培养方案，加强了基础，拓宽了专业，按一级学科和《专业目录》中电气信息大类进行培养，以适应学科交叉的互动发展，为鼓励学生学双专业，取双学位创造条件。同时，按广博教育的培养理念，单凭工科的优势是不够的，还应学习文、法、艺术、管理等学科的知识。如选修世界历史、中国通史、数理经济、文化艺术、说文解字、唐诗宋词等讲座，并将一些高雅文化艺术，渗透到育人环境，使学生既有人文的素养又有自动化专业的科学素养，使其知识结构更趋全面、合理，为培养具有多学科交叉融合背景的创新型人才奠定基础。

5. 国际合作的培养模式

随着我国改革和开放的不断深化和发展,高校与国外的交流和合作迅速发展,为培养人才的国际合作创造了条件。目前,通过引进国外经典教材,引入国外师资,推行双语教学,采用"走出去、请进来"相结合的办法培养本科生和研究生已经成为国内许多高校的普遍做法。通过国际合作培养人才,对于培养学生具有国际意识、宽广眼界和国际交往能力具有重要意义。在合作的过程中,可以学习和借鉴国外的成功经验,结合国情和校情,推动高校的教育改革,开创学校教学工作的新局面。

华东理工大学开展了广泛的国际合作和交流,在 2002 年中,就有哥伦比亚教育部、美国犹他州立大学、俄罗斯门捷列夫化工学院等近二十个海外代表团来访;与美国、英国、德国等七所院校新建合作关系;有计划地派出骨干教师、管理干部、优秀学生出国学习、进修或挂职,全年共有 252 人次出国学习、访问。目前我们正在与澳大利亚的 Central Queensland University(CQU,中央昆士兰大学)洽谈硕士研究生的联合培养事宜。一年在我校读学分,另一年在 CQU 进行论文工作,可以授予我方学位也可授予对方学位。

三、关于人才培养过程的优化

从系统和控制科学的角度看,人才培养的过程可以归结为一个具有约束的复杂系统的优化控制问题。其优化的目标是人才培养的质量,质量的标准是多元的,主要体现在学生的知识、能力和素质上;约束条件包括:社会环境、学校教学的软、硬件条件及生源条件等,约束条件是动态的、可以变化的;为了实现目标的优化,学校可以实施的调控策略主要来自"教"与"学"两个方面,教与学之间又是相互联系、相互耦合、相互促进的。由此,学校培养人才的过程,可以描述为:在一定的动态约束条件下,寻求"教"与"学"相互关联和相互促进的策略,实现多元培养目标的优化,即培养质量的提高。这是一个典型的求解具有动态约束的,多目标、多策略的复杂系统的优化控制问题。

学生质量的高低主要取决于教与学两个方面,提高质量的优化策略

可以从教和学两个不同的角度加以考虑，从“教”的角度看，教学思想、教学内容、教学方法，培养模式、教师队伍，教学计划、课程设置，学分制及教学管理系统，教学互动、教学相长以及校园文化建设等都是可供选择的优化途径。从“学”的角度看，学生的学习目的、人生观、价值观、为人之道，学习的积极性、主动性，学习方法、治学之道，实践能力、创新能力以及文化素质等都是可供选择的优化途径。此外，“教”与“学”之间的相互配合与促进是实现优化的至关重要的因素。

由上可知，可以通过多种渠道来提高培养学生的质量，在优化过程中，要坚持改革精神、创新精神，对学校的教与学进行全面深入的改革，也要坚持从实际出发，不能照搬国外学校的做法，要因校制宜、因人制宜。以下结合学校和自动化专业的一些做法，从几个侧面来探讨人才培养过程的优化。

1. 构建以德育为核心的素质教育的新框架

人才的培养，需要良好的校园文化环境，人才的质量首先体现在以德育为核心的文化素质上。“德育是 21 世纪教育的灵魂”，“欲成才，先成人，不成人，宁无才”等观念已成为教育界的共识。为此，学校成立了文化素质教育指导委员会，对学校的德育、“两课”教育、人文教育、经济管理类知识教育、第二课堂活动、假期社会实践，精神文明活动、校园环境营造等有机糅合，形成全方位、多渠道、立体化的德育网络体系。“两课”教育强调实效性，突出邓小平理论“三进”；人文社科类教育，致力开拓教育与教学的新形式，课内外结合，校内外结合，营造浓郁的校园文化氛围，开设大量高水平、高质量讲座，引进高雅文化艺术展演，组织社会考察与社会调研，活跃社团活动，充实每年举办一次的“三大节日”活动(学术思想节、文化艺术节、体育节)的内涵，所有这些，都要重实质，重内容，而不流于表面和形式；把课堂教育、环境熏陶、社会实践有机结合，一些课堂教学的课时，可以通过课外活动与社会实践来完成；一些课外活动与实践，可以形成“隐性课程”，纳入人才培养计划，给予无学时学分；只有把文化素养升华为学生的心理品质，成为他们人格的一部分，才能使高质量人才的培养奠基于扎实牢靠的基础上。

2. 激发学生学习的兴趣，热爱是最好的老师

孔子曰："知之者不如好知者，好知者不如乐知者"。俗话说："热爱是最好的老师"。教育家苏霍姆林斯基说："只有能够激发学生进行自我教育的教育，才是真正的教育。"

在人才的培养过程中，首先应该培养学生的学习兴趣，这个观念应贯穿于本科四年的教育中。在一年级新生中开设《自动化专业概论》是一个很好的方法，这可以使学生了解自动化的起源、发展、存在问题以及今后的研究方向，激发学生对自动化专业的热爱，提高其学习的动力，坚定其胜任自动化工作的信念。对自动化的粗线条了解可以使自动化专业的学生平稳地完成由中学到大学的阶跃过程，使他们树立起新的学习目标。

在高年级的教育中，开展实例教育与特色培养。要让学生知道学校的专业特色；让学生了解我们的教师做过哪些实际课题，哪些是我们的优势和专长，让学生了解案例中存在和尚需进一步解决的问题，给学生以实践、创新的方向。成功的应用实例会增强学生对专业的兴趣和自豪感，实际课题中存在的问题可以激发学生的钻研精神和攻克难题的探索激情。对于有能力的学生，可以采取提早参加教师的科研工作或企业的实际项目，进一步激发他们的学习自觉性、实践能力和创新能力。

3. 减负松绑，少而精、学到手

传统的人才培养模式的最大弊端，在于把学生作为"塑造"的对象，一切听从教育管理者和教师的安排，"包"、"抱"得太多，统得非常死，在培养计划制定中，只做加法，不做减法，致使学生置于"满负荷"甚至"超负荷"下运转，只能疲于应付，自觉或不自觉地照着"现有的模子"塑压成型，培养的人才"千人一面"，自主化、个性化发展及创造性发挥，根本无从谈起。因此，要提高人才培养的质量，首先要给学生减负松绑，使学生有较大的学习自主性和个性发展的较大空间与时间的自由度。减负的措施，一是压缩培养计划的总学时，目前控制在 2 500 学时以下；二是区分各类课程的要求，即按照各门课程和各个教学环节在整个人才培养目标与计划中的地位与作用，将之分为核心课程、普通课程与目标控制课程三大类，对于核心课程，要求学生倾注较多精力，确保学深、学透、学到手，达到"优

秀”目标;对于普通课程,则可以放开一些,达到“合格”目标即可。

4. **优化教师队伍,提高教学质量.**

教师队伍素质的优劣,是教书育人、教学质量的关键。加里宁说过:“加强对培养人的培养比直接培养人更重要”。为了提高教学质量,教师队伍质量率先要得到保证和不断地提高。

作为一名教师,首先要有良好的教师职业道德,人常说“业高为师,德高为范”,教师不仅是学业的传授者,而且还是学生道德品质的典范。此外,教师对教学工作的投入是教学质量提高的前提,目前在高校中,较普遍存在的问题是教师对教学的投入不够。许多老一代的名师,他们不仅学问好,还潜心研究教学,精心备课,以高度负责的精神上好每一堂课。这种典范和精神要大力弘扬,形成良好的教书育人的风气。

我们要鼓励知名教授给本科生开课;要鼓励青年教师攻读博士学位;要建立教师任课上岗制度;要对教师实行定期培训制度;要拆掉围墙,通过产学研的结合,向全社会聘用任课教师。要邀请国内、外自动化学科的名家经常性地进行专题讲座,营造良好的教、学氛围,促进教师队伍的整体水平提高。

在教学中,要突破传统的以教师为中心、以课本为中心、以课堂为中心的三中心传统教学模式,应推行师生双主体、双向互动,多媒体、多信息源并重、课内外相结合,从封闭走向开放的教学方式。

美国卡内基教学促进基金会下属的美国研究型大学本科生教育委员会提出的重建本科生教育中,关于改革本科生教育的十条途径,可以借鉴,作为对优化培养人才的质量的一些措施。这十条途径如下:

使“研究为本的学习”成为标准;建立“探索为本”的新生年;巩固新生基础;消除跨学科教育的障碍;将交流沟通与课程学习结合起来;创造性地运用信息技术;塑造顶峰体验;培养研究生成为实习教师;改革教师奖励机制;培养共同体(Community)归属感。

我国已进入全面建设小康社会,加速社会主义现代化建设的新阶段,对人才的培养提出了更高的要求,在目标明确的前提下,根据“加强基础、拓宽专业、注重能力、因材施教、分流培养”的指导思想,我们要与时俱进,不断地改革和探索，努力提高人才培养的质量。

自动化教育事业是科学、哲学、技术、艺术的结合，只要我们目标明确，勇于实践和创新，我们的自动化专业一定会越办越好，一定会为国家培养出更多的德才兼备的创新型自动化专业人才。

关于研究生教育改革若干问题的思考*

20 世纪 90 年代以来，随着我国经济体制改革的深入，研究生教育的改革迈出了比较大的步伐，改革取得了一些成就，但也面临不少问题，这些问题需要我们认真研究。下面我就当前研究生教育改革的几个突出的问题谈谈个人的看法，与大家共同探讨。

一、研究生教育收费问题

研究生教育的收费问题是最近几年讨论得比较多的问题，总体上看，大家看法都比较一致，在收还是不收的问题上，大家都认为研究生教育收费势在必行；在如何收的问题上，大家也提出了不同的方案，大多数人认为，为减轻由于研究生教育收费所造成的学生经济负担过重的问题，可以通过完善“奖、贷、助、减、免”等配套措施来进行；在实施收费的步骤上，大家认为可采取先试点、后推广的做法。

教育收费制是当前我国高等教育改革的不可

* 本文发表于《上海研究生教育》，2001 年第 4 期，pp1～5。

逆转的趋势，也是20世纪八、九十年代以来国际高等教育改革的潮流。世界上许多国家都实行研究生教育收费制，其理论基础是“人力资本理论”所主张的“谁受益、谁出钱”和“成本分摊”原则。

收费制的积极意义比较明显：有利于减少政府财政压力；有利于扩大研究生教育规模；有利于促进研究生教育的效率。但它也存在消极的一面，即它必然会带来学生及其家庭的经济负担加重，如果缺乏有效的配套措施，还可能会导致一些学生因经济条件的不允许而放弃受教育的机会，这一方面会导致研究生生源受一些影响，使得因为缴学费而把经济困难的优秀学生拒之门外，那么，这种收费制导致的社会投入的节省将远不能抵消社会收益的减少；另一方面，这使受教育的机会与个人及家庭的经济状况挂钩，在一定程度上不利于教育机会均等原则的实施。

因此，研究生教育收费制应在发挥其积极意义的同时，尽量避免其消极影响。这就要求我们必须解决好两个问题，一是如何收费的问题；二是如何完善配套措施的问题。

在如何收费的问题上，根据我国当前国民收入的分配格局与个人承受能力，收费时应注意两点：第一，在国家、企业、个人三方分担研究生教育成本时，确定各自应承担的不同比例。一般认为个人承担20%～30%是比较恰当的比例，个人承担的比例不能过高，否则一方面会使得一部分本科生“望钱止步”，放弃考研的打算；另 ·方面，能够承受者也不得不到处打工挣钱，因而影响学业。由于当前我国高校会计制度没有实行成本核算制，还不能准确测定研究生教育的成本，故可以参考本科教育的收费标准，上下浮动不宜太大。第二，应体现专业的差别。对基础学科专业，国防、农、林、师学科专业，以及其他社会需要但市场回报率不高的专业，应少收或不收。对于文科类研究生，由于其培养成本要低于工科，也应少收。而一些回报率高的热门专业，则可收取较高的费用。

在完善配套措施方面，应采取有力措施改进“奖、贷、助、减、免”等制度。国外高等教育收费制得以推行，主要是有五花八门的奖学金与各种资助措施作为配套。而我国现行的奖学金制度，在管理模式、资金来源等方面都不能适应收费制的顺利实施。其不足主要表现为：金额不高；受益面小；种类不丰富；管理相对落后，奖学金的作用不明显。所以，当前应积

极探索可行的措施，完善我国的奖学金制度，包括：拓宽奖学金来源；改进奖学金管理；优化奖学金结构等措施。当然这需要一个过程，尤其是在目前奖学金来源还非常有限的情况下，我们在贷、助、减、免等方面还必须大力改进，这样才能最大程度的减少收费制带来的弊端。

总之，研究生教育收费制势在必行，但在推行的过程中，我们必须采取适当策略，策略不当，好事可能变成坏事。一方面要注重收费的合理性与合法性，另一方面要积极完善配套措施。在配套措施功能不全的情况下，我们应谨慎行事，以避免这项政策的推行可能带来的负面效应。

二、研究生教育质量保障问题

这是当前非常突出的一个问题。质量问题之所以引起广泛的关注，原因有几个方面：①研究生招生数连年扩大，而导师数目增长不大，导致每个导师所带的研究生越来越多，生多师少。②扩招可能带来的研究生总体生源素质下降，在学生素质下降的情况下，培养目标能否实现也成了人们担心的问题。③在整个社会市场化的背景下，导师与学生都忙于挣钱，放在学术研究上的精力越来越少，这必然会造成导师与学生学术水平及科研能力下降的问题。④在教育权限下放的情况下，能否找到有效的方式，保证研究生教育的质量。⑤研究生教育培养的是最高层次的人才，质量好差关系重大。

质量是研究生教育的生命。研究生教育的质量问题不仅是我国当前面临的问题，也是世界各国研究生教育普遍重视的中心问题。各国都把保证质量作为研究生教育管理的中心任务。只是这一问题在我国当前表现得特别突出。现在大家都在探索建立新的质量保障体系的问题，一些专家建议，研究生教育质量保证体系应包括质量管理体系、质量监督体系和质量反馈体系三部分。质量管理体系包括招生、培养、论文答辩、学位授予、思想政治教育、就业指导等各个环节，也包括师资队伍建设、教学条件建设、教学环境建设等方面；质量监督体系应加强学位评定委员会和各个学位评定分委员会的监督职能，加强自我评估；质量反馈体系主要包括对毕业生的跟踪调查和用人单位对毕业生的反馈信息。

上述三部分的主体分别为培养单位、政府主管部门、社会（用人单位），我们必须在明确各方职责的前提下，充分发挥三方主体的作用。在当前情况下，以下四项措施是必不可少的。

(1) 创造良好的质量保障环境。包括给导师提供良好的待遇，提供良好的实验及教学条件，保障研究生有可靠的生活来源，为研究生提供宽松的培养环境，使其不必承受太大的压力。这应是保障研究生教育质量的根本性的措施。

(2) 转变观念，形成新的培养思路。顺应当今高等教育的发展趋势，改变"师傅—徒弟"的传统培养方式。首先，使培养中的老师为主体变为以学生为主体，强调学生的自学，充分发挥学生的主动性；其次，发挥导师组的作用，使一个学生不但受到自己的导师的指导，还可以从导师组任何导师那里接受指导；再次，发挥学生集体的作用，提倡研究生之间的交流，通过交流相互学习，起到共同提高的作用。后两点可以概括为发挥团体的作用；达到有限资源利用效益的最大化。这一点在当前师少生多矛盾突出的情况之下，具有很强的现实意义。

(3) 调整对硕士生与博士生的质量要求。与国外相比，我国对硕士生的水平要求较高，而对博士生要求偏低，所以博士生的水平与硕士生的水平差距拉得不够大，尤其是博士生的创新能力不足，培养质量有下降的现象，因此，怎样提高博士生培养质量，提高其创新能力，是当前研究生教育中的重要问题。而随着国际间人才交流与教育交流的不断增加，客观上也要求对我国的学位制度进行调整，使我国的学位制度能与国际接轨，在这方面我们要淡化中国国情，强化国际惯例，总的趋势是适当降低对硕士生的要求，提高对博士生的要求，尤其要提高博士生论文质量与创新能力。

(4) 必须建立适当的淘汰机制。我国的研究生培养是严进宽出，学生进校后几乎都能毕业并获得学位，这是很不合理的。从管理的角度看，要保证质量，存在一定程度的淘汰率是必不可少的。没有淘汰率，造成许多学生没有压力，因此缺乏动力，课程考试是走过场，论文随便应付即可通过。国外的研究生教育都有比较高比例的淘汰率，如美国高达50%，这方面的经验值得我们借鉴。所以，我们除了对入口要适当调整外，出口也要适当地收缩。

三、研究生教育管理体制问题

研究生教育管理体制的改革是研究生教育体制改革的难点和重点。20世纪90年代后期，我们在这方面的改革迈出了比较大的步伐。经过改革，中国研究生教育工作的管理体制已初步形成以培养单位为基础、省级统筹为主、国家分类指导管理的三级管理体制。

国家教育部统一领导全国的研究生教育，实施宏观指导和管理，负责统筹规划、政策指导、组织协调、监督检查和提供服务。各有关部委、省（自治区、直辖市）的教育委员会、高教局（厅）负责领导和管理本部委或本省（自治区、直辖市）范围内有关高等学校的研究生教育工作。科研机构的研究生教育工作按其隶属关系，由各主管部门负责领导和管理。

高等学校由校（院）长或一位副校（院）长主管研究生教育工作。按研究生教育的规模和实际需要设立专门的管理机构，如研究生院（或部、处、科），具体负责全校研究生的日常管理工作。从改革的方向看，研究生教育摆脱了过去高度中央集权的行政管理体制，管理权限正逐步向省一级、培养单位一级转移，权限下移的趋势比较明显，尤其是强调培养单位的依法办学的自主权和发挥社会中介组织的作用。

为适应政府转变职能的需要，政府扶持了学位与研究生教育方面的社会中介机构和组织。如成立了学位与研究生教育评估所。全国学位与研究生教育发展中心、各专业学位教育指导委员会、研究生院院长联席会议等。为在学校面向社会依法自主办学和市场经济条件下加强社会对高校办学行为和质量的监督，行业自律开始进行尝试和探索。

在增强培养单位办学自主权方面，改革成效也比较明显，但在具体的操作上，有些方面还不尽如人意，在有些问题上政府还没有摆脱过去的思维方式。研究生教育管理体制改革的核心问题是如何确立学校、政府、社会的关系，尤其是学校与政府的关系。当前，政府与学校的关系还远没有理顺，高校依法面向社会办学的自主权还没有充分落实。

在政策问题上，过分强调全国的政令统一，而忽视了各地情况的差异性。以招生问题为例，现行的全国统考的方式弊端很多，进行改革的呼声很高，上海市也提出了改革方案，但实质性的改革仍难以进行。国家最高教育行政部门过分强调政策的一致性，忽视了各地的差异性，使得不少过时的、不合理的政策得不到及时改进，造成政策滞后于经济、社会的发展。究其根本原因，还是教育权限下放得不够多。

在资源配置的方式上，也有欠妥之处。国家手里掌握了过多的资源，而资源的分配上，向某些学校与学科倾斜得太多，有悖于公平原则与效率原则。在2000年一次以几所高校的教授、副教授为主要对象的调查中，在要求回答“政府教育经费在高校间的分配标准”时，认为应“在高校间平均分配”的占3.0%、“向重点大学倾斜”的占14.2%、“向重点学科倾斜”的占21.7%“依据高校办学效益和办学水平进行分配”的占61.1%，大部分调查对象认为应依据高校办学效益和办学水平分配教育经费。所以，现行的以“赶超”、“创一流”为目标的“扶强”政策是急功近利的做法，是有悖于公平原则的，也不符合效率原则，从长远看，是不利于高等教育的发展的。

权力过分集中，也容易产生负面效应，衍生一些不正之风。希望有关部门进一步深化改革，转变职能，调整政策，为各培养单位积极性的发挥创造良好的环境。

四、加入WTO带来的研究生教育国际化问题

在世界经济全球化的背景下，随着高等教育产业化的趋势日渐明显，高等教育的国际化步伐也正在加速。一些高等教育发达的国家在向国外输出商品的同时，也努力地输出高等教育，许多高等教育不发达的国家，成为他们输出教育的主要购买者。高等教育发达的国家把高等教育当做一个产业来经营，相互间的竞争也越来越激烈。美国、英国、德国、日本、澳大利亚等高等教育发达国家纷纷提出自己的吸收外国留学生的计划，其性质不是作为福利提供，而是通过市场的方式提供。比如澳大利亚在出口额居前100位的企业中，居然有几个是高等学校。英国诺丁汉大学聘请复旦大学的杨福家教授担任荣誉性质的校长职务，其中也含有扩大该校在中国的影响，以吸收更多的中国留学生的意图。这不仅是教育领域的争夺，也是对人才的争夺。

中国已经加入WTO，教育属于《服务贸易总协定》规定将对外开放

的12项服务领域之一。加入WTO后,会给我国的研究生教育带来什么样的影响,这是我们普遍关注的问题。

从现在的情况来看,加入WTO对研究生教育的冲击尚不能完全准确预测。普遍的观点是认为,与其他领域相比,入世对我国研究生教育的直接冲击是有限的。由于我国在教育主权与开放教育市场方面所持有的谨慎态度,西方国家的国际性跨国公司或教育机构,主要致力于举办国内教育机构无力实施的管理人员培训,在一定程度上填补了国内人才培养的空白,随着加入WTO后履行服务市场进入中国教育市场的切入点,然后再拓展其他方面业务。

加入WTO对研究生教育的影响将主要是间接的。实质问题是WTO所带来的经济全球化趋势,使中国高等教育在适应经济的领域变革,直面发达国家日益与经济、社会发展密切结合的高等教育的挑战时,相形见绌,必须采取一种积极的姿态,借鉴发达国家的高等教育发展经验,以寻求高等教育与经济、社会发展的紧密结合,采取措施顺应经济全球化趋势,推进研究生教育的改革。

我国的研究生教育水平与发达国家有很大的差距。为此,我们应以加入WTO为契机,积极改革研究生教育。改革应从以下几个方面入手:

首先,大力推进研究生教育体制的改革。尤其是大力下放研究生教育管理权限,增强学位授权单位的主体地位,使高等学校在研究生教育方面有更多的自主权。学位授权单位不仅要面向政府,更要面向经济,面向社会。现行的管理体制下,政府管得太多,高校权限太少,这束缚了高校的手脚,妨碍了其积极性、主动性的发挥。这种状况若不改变,我国高校的办学水平、研究生教育的竞争力很难提高。这是改革我国研究生教育的前提条件。

其次,应积极促进研究生教育与经济、社会的结合。研究生教育必须是一个开放的系统,必须与经济、社会的发展保持密切的联系。研究生必须从经济建设与社会发展的需要出发,及时调整专业设置、招生方式、培养模式、科研模式等,使研究生教育能够对经济增长、社会发展起到更大的推动作用。

再次,应顺应国际高等教育发展的潮流,努力推进研究生教育的国际化。包括学习国外的研究生培养模式与管理经验,实行英语教学聘请国外优秀师资,开展与国外大学合作办学,使我国的研究生教育也能与国际接轨,获得国际认同,进而为开拓国际市场打下良好的基础。

对于研究生教育的国际化趋势,我们认为这是挑战,更是机遇。我们在看到它有利于我国研究生教育的发展与改革的同时,也应该看到其必然会给我国的高校带来一定的影响,在各方面应做好准备,迎接这一挑战。

在这方面,我们看到了一些可喜的现象,我国的一些高水平的大学也开始走出国门,到国外办学,开拓海外市场,这有利于扩大我国的高等教育在国际上的影响。同时,我国的来华留学生也有快速增长的趋势,留学的目的由学习语言转向学习专业知识,人员构成也由过去主要来自发展中国家变为发达国家与发展中国家皆有的现象。

以上是有关我国研究生教育改革的几个问题,我们必须引起足够的重视,认真研究并采取有效措施,以促进我国研究生教育的健康发展。

扩大“孵化”人才的能量*

面对新的形势和机遇，如何进一步实施“科教兴市”，是今年上海人代会上代表们关注的一个重要话题。我以为，这中间，如何处理好科教兴市与振兴科教的关系，值得我们深思。

兴市与兴科教之间存在着辩证关系。科教系统作为社会经济大系统的一个子系统，它不能脱离大系统而生存和发展。国力不强，何以兴科教。反之，科教不兴，又难增国力。说通俗点，这似乎是一个“先有鸡还是先有蛋”的“怪圈”，不少时候，也就难免使人困惑。

所以，处理好这对矛盾具有很大的现实意义，对于上海尤为重要。经过十年的快速增长，上海已大变样了，已积累了相当的经济实力，同时上海科教事业也取得了突飞猛进的发展，积累了相当丰富的改革经验。这就为研究和解决这一问题创造了一定的条件。上海要率先基本实现现代化，就必须率先走出这一“怪圈”，走向良性循环。

从世界范围和历史上来看，突破这一“怪圈”，

---

* 本文发表于《文汇报》，第3版《文汇时评》栏目，2002年2月27日。

“以人为本”和“以己为主”的战略，往往起了关键的作用。美国的经济大约从1870年起花了43年赶上了当时最先进的英国。日本经济从二战之后，花了约40年实现了对美国的一次成功追赶。其中知识创新和技术创新最为关键，说到底其实就是人的因素。因此要实现赶超战略，我们必须牢固地确立科教兴国的思想，确立教育的优先发展地位。

另一方面，有必要处理好“硬”投入和“软”改革的关系，实施硬软两手抓的策略。根据专家研究，教育投资具有超前增长的特点，这是各国经济发展的基本趋势，为此政府加大对教育的投入是十分必要的。同时，我们还应当通过各种改革措施来释放蕴藏着的潜能。

从目前情况看，我们应在以下两方面多做些工作、一是转变政府职能，在政府、社会和学校之间，恰当定位合理分工，真正落实高校的办学自主权，其关键是让学校在招生、培养和毕业的各个环节中具有直接面向社会、面向求学者的决定权，进一步调动和发挥学校和教师的积极性；二是要着力解决科教系统与社会其他各系统间的“边缘问题”。以学生公寓的建设为例，在政府、学校、社会企业的共同努力下，上海短短几年所建的公寓数量，就超过了以往几十年的总数。这个高校后勤社会化中的难题得以较好的解决，究其缘由，因素很多，但政府的领导和协调是一个关键。其他如高校科技成果产业化和科教人才的有序流动问题都具有这种“边缘特性”，也应着力促成潜能的释放。

当然，面对新的形势，科教系统自身还存在着诸多的不适应之处。从高等教育看，我以为，当前要特别注重科学合理地规划和走内涵发展的道路，强调投资效益，讲求结构、特色和质量。

比如，培养人才要避免“一窝蜂”，学校的设置和发展也要避免一种模式。其实作为国际大都市的上海，人才的需求应该是综合性的。每一种人才好比一首交响乐中的一个音符，高低不同，但缺一不可、只有合理、巧妙地搭配，方能成为美妙动听的乐章。每一所学校都应成为培养人才的高地，且要形成特色，一如苏东坡诗句“横看成岭侧成峰，远近高低各不同”所描绘的那种生动壮观的景象。这就有必要充分调动社会各方面的力量，探索多种不同体制和机制的办学模式。

培养高素质人才，提高教育质量，关键还在于转变教育观念。教育应

该从单纯的传授知识为主，转变为对学生的全面素质教育，强调思想、道德、文化、科技和身心健康等教育的一致性，而且这种转变和一致性还必须与时俱进。同时，要科学、合理地评价培养质量，我们还应建立和完善社会评价体系。其中评价标准尤为重要。应区别不同情况，建立一种定性与定量相结合、相对与绝对相结合、投入与产出相结合、社会效益与经济核算相结合的综合评价标准，以引导和鞭策各级各类学校提高教育质量。

构筑人才高地，是科教兴市的能量源和突破点。教育“孵化”人才，人才促进科技，科技创造未来。只有掌握适应社会发展的人才培养规律，运作才能成熟。而成熟的实践，必将铸就上海明天的辉煌。

实施“人才强校”战略 加快高校人才队伍建设*

随着我国加入WTO和知识经济的兴起，人才竞争日趋激烈，人才资源已成为第一战略资源。为应对入世后高等教育国际化的挑战，适应国际化办学的需要，承担起科教兴国的历史重任，高校必须加快人才队伍建设，实施“人才强校”战略，推动学校的长足发展。“人才强校”的核心，在于通过观念更新和制度创新，建立有利于吸引人才、激活人才的用人机制；创造有利于优秀人才成长，调动广大教职工积极性和创造性的制度环境和政策环境；建设一支结构优化、富有创新性和国际竞争力的人才队伍。我国高校人才队伍建设中存在的主要问题包括：用人制度存在局限性、创新学术团队建设薄弱、人才队伍整体学历水平和国际化水平不高、重引进轻培养、人才队伍学缘关系不尽合理、学科建设和人才队伍建设投入不足、人才队伍市场价值体现偏低等。因此，实施“人才强校”战略，加快高校人才队伍建设是摆在我们面前的一

---

* 本文发表于《国家教育行政学院学报》，2004年第3期，pp18～20。

项艰巨任务。

一、更新观念，拓展人才资源优势

观念更新是行动创新的先导。高校要促进教学、科研和学科建设实现跨越式发展，必须切实转变观念，将人才资源作为第一战略资源，坚持"以人为本，事在人为"的理念。要树立"大人才观"，放眼全球，在世界范围内延揽和使用人才；要确立"不求所有，但求所用"的原则，灵活使用不同国家、不同所有制、不同单位的人才，为创造国际化、高素质的人才队伍拓宽择人、用人渠道；要强化对人才的投入意识，为各层次人才特别是高层次人才的长足发展提供良好的物质基础和价值体现。对人才的投入，是有效而富有远见的投入，是尊重人才价值的体现，逐渐从对物的投入转移到对人的投入，可以最大限度地激活人才队伍。

二、创新制度，优化人才成长环境

用人环境是人才成长十分重要的软环境。为吸引人才、用好人才、激励人才，必须重视软环境的建设，从事业发展的高度把握用人政策环境、工作环境、生活环境和人文环境建设，不断进行体制机制创新，不断强化竞争机制、激励机制和流动机制。通过体制机制创新，促进拔尖人才队伍和骨干队伍建设与稳定，实现"事业发展人、政策激励人、环境吸引人、感情留住人"的成才格局和环境。

体制机制创新中，分配机制创新和用人机制创新是重点和难点。

分配机制创新，就是通过制度创新，改革分配机制，强化激励机制，逐步建立岗位工资与业绩工资相结合的薪酬框架，体现"多劳多得、优劳优酬、特劳特酬"的分配原则，在资源有限的情况下，重点加大对关键人才和骨干人才的激励力度。可以将生产要素参与分配，以体现社会主义市场经济体制下的高校人才价值。同时，由于高校人才劳动的特殊性，应建立尽可能科学合理的人才考核评价机制。

创新用人机制，就是要形成高校教师队伍"能进能出"的合理的流动机制，保障人才队伍充满活力。在目前高校冗员难以流出校门的情况下，可以考虑采用专兼职结合的用人机制，合理、充分利用流动编制，通过聘任研究生担任“三助”(助教、助研、助管),聘请国内外著名学者来校讲学,接受国内访问学者,大力发展博士后规模等手段,提高编制的使用效益,进而提高学校的办学效益。

我校从1989年起即开始对教师实行岗位聘任制;1999年首次实行全员工作聘用合同制;2001年和2003年又分别进行了新一轮岗位聘任。通过实行全员聘用制和专业技术职务聘任制,大大转变了教职工的观念,为优秀人才的脱颖而出创造了良好的条件,增强了学校的发展活力。为进一步优化队伍结构,强化择人和用人的机制效应,2003年学校出台了人才派遣制度,首次对本科及本科以下人员实行人才派遣。

在分配机制创新方面,我校不断加大收益分配改革力度,健全分配激励机制。在资源有限的情况下,注重对关键人才和骨干教师的激励,设立了校级学术骨干、中青年骨干教师激励津贴、研究生导师津贴、博士学位津贴等。2001年底,学校按照“效率优先,兼顾公平”的原则,出台了“华东理工大学岗位激励津贴制度实施方案”,对于不同的岗位,给予不同的岗位激励津贴,岗位激励津贴具有一定的强度,岗位间的激励津贴具有一定的级差,教师可以竞聘上岗。

岗位激励制度的实施对激励和稳定人才队伍发挥了重要作用,教职工的工作积极性和责任感显著增强。2002年,我校获准国家自然科学基金的经费为2001年的3倍多;科研到款经费2002年比2001年增加2000多万元,2003年又比2002年增加了近5000万元。根据2003年89所211重点建设的高校教师人均产出排名,我校排名第17位,在上海高校中排名第三位。

三、海纳百川,加强人才国际交流

应对入世所面临的高等教育国际化竞争与挑战,必须采取非常措施,提高人才队伍的国际化程度。

加大对海外高层次人才的引进力度,以适当的条件吸引他们来校工作,充分发挥他们的学科带头人作用,在当前形势下不失为是一种好的选择,但要注意妥善处理海归人才与国内人才的关系,正确处理好引进人才与校内人才的关系。采取“请进来,走出去”的措施,邀请国际著名学者

(包括诺贝尔奖获得者)来校兼职，聘请外籍教师来校授课；派教师出国进修、访问；鼓励开展国际学术交流、合作研究等，拓宽人才成长的国际化舞台，也是一种有效的方式。同时，高校也可以利用校内外语教师资源，广泛开展对专业教师的外语培训，以提高人才队伍参与国际竞争的能力。

四、着眼未来，重视中青年人才引进、培养和使用

中青年骨干人才队伍是学校的中坚力量，具有较强的活力、事业心和创新精神，是学校的未来。为着学校的长远发展，高校应加强中青年人才队伍建设，赋予中青年人才以更大的责任和发展机遇，为其创造更大的发展空间，使学校发展充满活力。

中青年人才队伍建设的重点，是注重对中青年学术带头人和骨干教师的引进、培养和使用，着重加强对关键岗位中的中青年高层次优秀人才的引进和培养力度，加快他们的成长，为关键岗位中青年高层次优秀人才脱颖而出创造条件。中青年人才队伍建设中，还要注重对“潜在人才”的培养，形成良好的各层次人才成长空间，并注意妥善处理老中青人才间的关系。

在办学经费紧张的情况下，我校设立了专项经费用于人才引进和师资队伍建设。对长江学者及其科研梯队，学校提供专项科研配套经费和岗位激励津贴。为进一步提高学校中青年高层次人才浓度，学校于2002年出台了“华东理工大学特聘教授岗位制度”，为特聘教授配套科研经费、岗位津贴、助手津贴和优厚的生活待遇。我校现已聘请了两位海外归国人员为首批特聘教授，其中凌立成教授(原中科院优秀百人计划获得者)被评为全国留学回国人员先进个人，受到胡锦涛、温家宝等党和国家领导人的亲切接见。对新进校的博士研究生，学校设立了专项科研启动经费、博士学位津贴制度，并为他们的健康成长提供良好的发展条件。学校还设立了青年教师进修专项经费，鼓励青年教师在职攻读高一级学历和出国进修。

经过多年的努力，学校的中青年人才队伍结构显著改善，高层次人才的比例有了很大的提高。中青年教师中有博士学位者的比例近21%、长江学者4名、校特聘教授2名、有突出贡献的中青年专家4名；有12人入

选“跨世纪优秀人才计划”,26 人被评为教育部优秀青年教师,55 人被评为上海市优秀青年教师,2 人被评为全国留学回国人员先进个人。

五、张弛有度,注重可持续发展

近年来,随着“科教兴国”战略的不断贯彻和深入,教育事业得到了长足发展,高等院校的规模不断拓展。在高等院校得到长足发展的同时,高校师资紧缺的问题突出地显现出来。一些教师几乎成了上课机器,很少有时间参加科研工作和进修提高,以至于知识结构老化。研究生导师队伍更是严重不足,有的导师需要同时指导几十名博士和硕士生,教育质量受到了一定的影响。在教学和科研的双重压力下,教师透支现象严重,影响了教师和学校的可持续发展。因此,当前高校师资队伍建设中的一个值得注意的问题是,要倡导教师(尤其是骨干教师)张弛有度,注重可持续发展。及时补充高水平师资、普遍提高教师的学术水平、实行“学术休假制”等,是保持人才队伍知识结构更新和旺盛创新能力的有效方式。

人才队伍建设始终是贯穿学校建设和发展的一个重大课题,需要我们下大力气、花大工夫去完成。相信,随着“科教兴国”战略的不断贯彻和深入,高校结合自身发展实际,不断转变观念,创新制度,实施“人才强校”战略,进一步加大人才队伍建设力度,走可持续发展之路,我国的高等教育就一定会迎来更加光辉灿烂的明天!

关于高校科技成果产业化的一些看法与建议*

如何促进高校科技成果的产业化是实现科技创新,促进科技与经济结合的一个重要方面。它不仅是一个理论问题,也是一个实践问题。本文结合工作的实践和思考,对高校科技成果的产业化中存在的问题进行分析并探讨解决的方略。

一、问题分析

高校科技成果产业化所存在的问题,既存在于"成果"之中,也存在于"产业化"之中,对此作一简要分析。

高等学校在"成果"方面存在的问题归结起来主要有以下几点:从成果的分类看,学术性的成果多,产品性的成果少,这反映了成果的"市场性"差;从产业化的要求看,"半成品"多,"成品"少,这反映了科技工作的"彻底性"和成果的"可转化性"差;从成果的贡献看,属一般改进性的多,属创新性和突破性的少,这反映了成果的"显示度"不高;

* 本文是在2003年一次研讨会上的发言稿。

从知识产权看，鉴定多，报奖多，申请专利的较少，这反映了科技工作者的法制观念淡薄，成果的“产权性”差。

在成果的“产业化”方面，主要存在下述问题：在项目的选择上，存在着“被动、自发、盲目”的倾向。高校和企业中都还存在着等待对方、依赖对方的问题，缺乏共同协作的主动性和科学论证；在资金的投入上，缺少风险机制，往往只许成功，不许失败，顾虑重重，以至于丧失机遇；在合作模式上，学校、企业和成果发明人谁为“主体”，教授当经理好，还是企业的人员当经理好，在股份和分配上如何处理等等，往往难以协调；在企业的规范运作上，由于实现成果产业化的企业主要是由事企二个不同性质的单位组成，其骨干人员，特别是科技骨干人员往往是由学校人员组成的，在这种情况下，如何处理“事企分开、一仆二主”的问题，就成了新的难点。

上述问题，究其缘由，因素诸多，既有内因也有外因。主要与高校内部科技工作的特点有关。目前，我国高校科技体制主要是以课题组长负责制的模式运行。这对于激发个体活力，争取科研经费和增加科研成果起了巨大的推动作用，但也带来了“小型、分散、自发”的弊端，出现了“小打小闹”，“宁为鸡头，不为凤尾”的现象。在思想观念上，由于长期以来计划经济体制的束缚和传统教育思想的影响，高校多数科技工作者在成果产业化方面还缺乏强烈的愿望和付诸实践的能力，还难以把实现学术抱负和追求经济效益有机地统一起来。

事实上，上述的各种问题，是在当前新的形势下，产学合作内外部关系的反映。在产学合作中，必须遵循两条基本规律：社会主义市场经济规律和科技发展的规律。要遵循双重规律并处理好产学两者之间的关系并非易事。在长期计划经济的体制下，产学之间“围墙”重重，在当前经济转型期间，人们认识到要冲破“围墙”，加强合作，但却缺乏理论指导和实践经验，往往使这种合作流于形式、无序，不能持续发展。此外，产学的有机结合，相互促进是以产和学都具有一定的“活力”为基础的，这是产学双方“生产力”的体现。目前不仅相当一部分企业缺乏活力，科教系统也缺乏活力。因而，它们结合起来的“化合反应”是不充分的，效率也不会高。这也是发展中国家必然会经历的过程。

二、对策和建议

以上分析的种种问题，是我国经济和科教改革与发展中的问题，是产学结合过程中出现的问题。因此，从战略上讲，这些问题只有通过改革的深化和进一步的发展去克服和解决，也只有在产学结合的过程中去完善和解决。具体而言，有以下几条对策和建议：

(1) 深化高校科技体制和机制的改革。这项改革的目的是遵循科技发展规律的前提下，适应社会主义市场经济体制的要求和增强学校的科技活力。

建议实行以科技成果为核心的“三段式”一条龙管理，即“立项、中介、产业”，并分别设立不同的机构进行管理。

“立项”由校科研处负责，其主要任务是从科技前沿和市场需求出发，通过多种渠道确立课题，争取经费，促进科技创新；

“中介”由校科技成果转化中心负责，其主要任务是充当“科技经纪人”，为成果进行产业化的“包装”和“推销”，使“半成品”变“成品”。它是成果和产业之间的桥梁。

“产业”由校科技实业总公司负责，其主要任务是受学校法人委托，管理学校投资于各种独资和合资企业的资产，委派董事参与各投资企业的工作，促进学校科技成果的产业化。重点抓好财务监督、投资回报、政策协调以及学校在企业人员的跟踪管理等。学校独资或与其他单位合资的企业内部的各项工作，均由各企业独立面向市场进行。这个机构的成立有利于解决行政干预企业，事企不分等问题。

以上“三段式”管理模式，我校正在试点运行。在实践中，我们感到，现阶段“中介机构”在促进科技成果产业化方面起关键作用。

(2) 加大科技投入，包括设立风险基金。这些投资现阶段应重点投资于人，投资于基础设施。通常，科技体制的改革较为偏重于解决科技和经济的“脱节”问题，这是十分必要的。但是，如果忽视了对人的投入，改革和发展将难以奏效。被用于产业化的成果，仅仅是科技人员研究进展的阶段性标志，处于相对静止的状态，而拥有这些成果的人是实现成果转化和产业化的最活跃和最本质的因素。

目前,我国一方面科技人才缺乏,另一方面人才外流的现象非常严重。这与科技投入低,特别是对人的投入低有很大的关系。此外,对基础设施的投入也严重不足。所有这些问题都严重影响了科技人员积极性和创造性的发挥,有“显示度”的成果难以诞生。

(3) 要鼓励和倡导以科技成果所有者为核心,创办中小科技型企业。科技型企业应是以知识资本为主体的企业,成果的所有者应该成为企业的核心,与传统企业不同,这种核心作用不一定表现在企业的经营层面上,而主要体现在它能不断提出新的技术、新的产品和新的思想。这种企业也应是一种“学习型”的企业,其生命力在于科技成果转化的速度和科技创新的能力,在初始阶段,不必追求企业的规模和雄厚的固定资产。

创办这类企业的关键是要让科技成果所有者正确“定位”。主要包含以下几点:

在工作关系上,他们既是学校的教授(或其他职称),又是企业的股东或经营者,在学校和企业协商一致的情况下允许“双重聘任”。

在收益分配制度上,贯彻“从事到钱,论功行赏”的原则,学校和企业根据各自任务的需要,进行合同聘任工作并给予相应的报酬。

在工作用房、仪器设备等资产管理上,在事企分开的前提下,执行“有偿使用”的原则。

在成果的享有权上,根据知识产权的有关规定,“一事一议”,具体问题具体分析。对于为职务发明作出贡献的人员,学校将根据其实绩给予一定的权益上的奖励。认真执行“上海市促进高新技术成果转化的若干规定”。

(4) 要加强学校和企业的双向交流。高校要主动邀请企业家进校与学校的有关人员共同组成“专家组”,“诊断”已经形成产业的校办企业,以改变“小打小闹”的局面,求得“放大效应”。这是一种“引进企业资源,激活高校科技存量”的方式。另一方面,高校要大力参与创建上海市的高新技术开发区,吸引社会的风险投资企业家到大学周边兴办高科技产业。高校也要更多为企业提供高技术改造和人才培训的服务。

这种双向交流应贯穿于“立项、中介、产业”的全过程,特别是企业要从被动接受成果,变为提出课题,主动要求学校攻关。同时,要在人员上

双向交流,可采用挂职、兼聘等形式,学校科技人员可带着成果短期或长期进入企业。

我校在与企业共建,双向交流方面,也取得了一些成功和经验。通过科技成果的产业化,既推动了学校学科建设和人才培养工作,又促进了企业效益的提高。

(5) 加强政府的调控和保障作用。学校和企业尽管隶属关系不同,但却有着一致的根本利益和目标。这就为政府的指导、统筹和协调提供了良好的基础。

政府的作用主要应表现在:计划导向、人才政策导向、税收扶持、信贷扶持、财政扶持和法律保障等方面。对于具体的合作过程政府应尽量少管,以充分发挥产学双方的积极性,以利其增强风险意识和竞争观念。

高校科技成果产业化是一个十分重要的问题。改革开放 20 年来,在邓小平建设有中国特色社会主义理论的指导下,坚持改革开放,不断创新,各高校在这方面已经取得了巨大的成果并积累了丰富的经验。面临未来知识经济时代的挑战,人们更强烈地呼唤产学研结合,企盼着知识创新和高新技术成果的产业化。站在发现、传播和转化知识最前沿的高等学校,更应寻求新的对策,为国家的经济和社会的发展做贡献。

评估三议*

一、关于评估的目的

评估是为了检查和促进工作，帮助各类学校把教育工作搞得更好。评估只是一种改进和促进教育的手段，而不是教育本身的目的。正如我们每天都要照镜子、每年都要进行身体检查一样，是为了端庄仪表或检查身体，及时发现问题，以利于仪表得体或身体健康。这是一个非常浅显的道理。

但是，在现实中的评估，往往忽视甚至背离了评估的目的，将手段当成了目的。就以高校五年一轮的“本科教学评估”为例，其用意和目的都是好的，也取得了一定的成效。但是，也反映出一些值得注意的问题：为了迎接评估，高校无不进入紧张状态，所有机构都围绕评估转。为了迎接几天的评估，往往要准备一年以上，投入了大量的人力、财力和物力。高校领导最担心的是怕被评为“良”，因为几乎所有高校的评估成绩都是“优”。

---

* 本文部分内容曾在 2008 年 7 月上海教育评估院“高等教育评估研讨会”上交流。

为了获得“优”的成绩，学校极尽全力，有的不惜搞形式做表面文章，甚至造假以获得好的成绩。事实上，一切为了得“优”成为唯一的目标。

教育或教学的评估无疑是非常必要和重要的，正如每个人需要照镜子和体检一样，学校也要“照镜子”和“体格检查”。但是如果将“手段”和“目的”混淆或颠倒，就失去了评估的本来面目和意义。

教育的评估与体育竞赛不同，体育竞赛是要分出名次的，教育评估是不拟或不必分出名次的，因为学校与学校之间不具备体育竞赛所设定的可比性。而且，由于教育的特殊属性，也很难设计出如体育比赛那样如此刚性的定量指标。

为了突现评估的真正目的，纠正某些不良的倾向，在今后一段时期的评估中，建议取消评估的综合“分数”（优、良等）和“排名”，以“写实性的评估”为主，切实做到：发现问题、改进工作。当然，对好的工作，也要加以肯定和总结，但应以发现问题为主。

有朝一日，学校欢迎评估如同个人欢迎体检一样，评估的目的必将达到并大放光彩。

二、关于评估的指标

对于评估指标体系的设计和构建有以下二点看法：

第一、针对不同类型、不同层次、不同投资状况的学校，设计不同的评估指标体系。目前，我国高等学校的实际状况差别很大，很难用同一个标准去衡量，区别不同情况，分类评估是比较合适的。

第二、在指标的设置时，要采用“从定性到定量的综合集成方法”（简称综合集成方法）。这是钱学森先生在研究和处理开放的复杂系统时所提出的方法论。学校是以教书育人、培养人才为主的，是与人打交道的，这是一个典型的开放的，极为复杂的系统。评价一个学校或一位教师的教育或教学科研水平是不能完全用定量化的指标来衡量的，不同的教师上同样一堂课或发表一篇论文，所蕴含的辛劳和水平是可以完全不同的，教书育人的工作是不能完全用定量化的指标去衡量的。目前，在指标的设计中，存在着追求定量化的倾向。这是一种用简单化的方法来处理复杂系统的思路，它并不能反映复杂系统的本来面目。

三、关于评估的实施

目前的高校评估，一类是政府教育主管部门或主管部门委托有关评估机构对学校的评估，具有检查工作、检查投资使用状况的性质；另一类是社会或民间组织对高校的评估。这二类不同角度的评估，其实施过程也是不一样的。后者主要是以可能得到的与被评学校有关的各种数据（包括问卷调查）为基础，是一种“基于数据的评估”，当然对学校的干扰很少。前一种评估除了基于数据之外，还要听取汇报和实地考察。无论实施哪一种评估，其首要的任务是获取真实的情况，否则评估就毫无意义。评估实施过程中可能存在的最大问题就是：情况是否真实？

如何才能获取真实的情况？评估者和被评估者对评估真实性的一致认同是最重要的，正如体格检查时，医生和被检查者对目标的认同是完全一致的：真实的检查身体状况。一个正常的人是不会为了“名”（如：显示我身体最好！），而故意弄虚作假的。如果将评估与“名和利”脱钩或者淡化两者关系，也许有助于实施评估的真实性。

通过评估是可以促进建设的，但在实施过程中也要防止被引入“评估来了，才去建设”或“抓住评估机会，赶快建设”的误区。事实上，学校的各项建设是学校发展的需要，如教书育人的需要、学科发展的需要、学校招生规模扩大的需要等等，它似乎与评估并无直接的关系，不搞评估学校也是要建设的。学校加大投入、加强建设的根本目的并不仅是为了达到评估指标的要求，而是学校教育自身的需要。应该引导和提倡学校自觉的、日常的、经常性的抓建设，而不是“应急性”的抓建设。况且，目前设计的评估指标体系还存在不足，很难反映各类不同学校的“达标”要求。用这样的指标体系来衡量各类学校，也未必都能起到“促进”建设的作用。

通过评估来促进建设的思路与通过考试来促进学生学习的思路有类似之处。当老师的都知道，用“应试”的办法来促进学习，能起到一定的作用，但并不是育人的好办法，也并非治学之道。这种做法容易引导学生单纯追求分数，而忽略了对知识的真正理解和掌握以及对综合素质和学习自觉性的提高。学生中出现的“高分低能”现象就是这种教育方法弊端的反映。通过评估的实施来促进建设，若处理得当，能起到一定的作用，但不是好办法，也未必能持续发挥作用。

讲话选编

增实力，明需求，促联合，切实提高办学效益和教育质量*

我国正在经历从计划经济体制向社会主义市场经济的“转轨”时期，探索适应社会主义市场经济体制要求的办学新路子，无疑是当前学校深化改革的首要任务。我校八年的综合改革，经过广大干部和群众的不懈努力，教育体制、教育质量、学术水平、管理服务等方面已取得显著成效，校办产业也有了进一步的发展。然而，从我校的实际状况和发展的需求来看，总体实力依然不足，存在着办学体制不活、开放力度不够及教育经费严重短缺等问题。

在学习《中国教育改革和发展纲要》和全国教育工作会议精神的基础上，我们分析了学校所面临的形势，认识到当前学校正处于改革和发展的关键时期，必须审时度势，开辟深化改革的新路子，才能使学校步入办学的良性循环。这就需要在新形势下，加大改革力度，内外兼修，增强实力，

* 本文曾在国家教委直属高校工作咨询委员会第五次全体（扩大）会议上作交流发言，1994 年 10 月。

进一步提高办学效益和教育质量。

一、抓住"转轨"机遇，把握三个要素，开辟改革新思路

我国正在加快建立社会主义市场经济体制和现代化建设的步伐，同时也明确要把经济建设转到依靠科技进步和提高劳动者素质的轨道上来。这对我们高等学校来说，既是一种挑战，也带来了难得的机遇。如果我们思想明确、措施得当而有力，就能够抓住这一"转轨"的机遇，在发展中克服困难，赢得主动。

我们认为，在社会主义市场经济条件下，高等学校的办学，必须把握三个要素：

一是增强自身实力。这是发展的内因，是最基本的实力，既是指学校的师资水平、仪器设备、经济状况等"硬"的实力，也包括整个学校的运行机制、师生员工的精神状态等。这些方面，我们要在多年积累的基础上继续加快发展和建设。

二是明确社会需求。国家经济体制的转轨必然要求高等学校直接面对外部社会，主动适应外部的变化，从外部的需求来推动学校内部的教育改革。对于这一点我们过去做的还很不够。

三是促进联合办学。要面向社会，积极寻找外部社会各方面的支持，同时在合作中直接获得社会需要的反馈信息，从而使学校循着正确的方向发展，不能关起门来自我完善、自我发展。高等学校自身的实力毕竟有限，必须借助外部力量的支持，才能更迅速地提高办学效益。

总之，通过"增实力、明需求、促联合"，才能使我们能够适应当前教育事业发展的需要，并在更坚实的基础上，提高办学效益和教育质量。

在这种情况下，就要求我们转变思想观念，开辟新的工作思路。

首先，要强调对外开放，加强与社会的联系，要"走出小社会，面向大市场"，在对外开放和联系中，进一步深化学校内部的改革并求得迅速的发展，不能仅仅停留于学校内部小社会的自我调整和完善，要主动出击，既在对外开放中寻求支持，也在对外开放中弄清社会需求。

其次，要充分调动学校内各学院、各系、所的办学积极性和主动性，亦即内部要搞活。从学院、各系、所这一层来说，着重要转变"等、靠、要"的

思想，积极行动起来，增强办学活力，寻找合作伙伴，争取形成由社会力量参加的多种形式的办学体制。从学校这一级来说，要转变“统”、“包”过多的思想观念，一要进一步放权，二要制定适当的政策，更好地调动各单位的办学积极性。学校则主要抓目标控制和分级分类的管理，亦即：一要把握办学的方向和培养目标，二是向各学院、单位配置好人、财、物等各方面资源，三要通过监督、评估，检查办学质量。也就是说，学校要通过宏观调控，做到放而不散，活而不乱。

第三，面对激烈的竞争，学校在进一步放权的同时，还要加强协调和组织，抓重点、抓专项，把相关学科或专业的力量根据社会需求适当组合起来，形成“拳头”，一致对外。另外，也要根据社会需求，开辟一些新的生长点，以适应学校未来发展的需要。

二、实施九大工程，提高办学效益和教育质量

根据上述的工作思路，我们确定了学校在近年内要抓好的九项全局性和综合性的“重点工程”，经过努力，其中有几项工程最近已经取得初步的成果。

1. 改革办学模式工程，即形成“联合”、“共建”，走合作、合资办学的新模式。具体而言，有 5 种模式可以探索和运作：

(1) 全力争取国家教委和上海市联合共建华东理工大学。我校地处上海，又适逢上海“开发浦东”的难得机遇，我们要积极投入与参与，加强与上海市支柱产业的紧密联系与结合，更直接取得上海市各级领导对学校工作的领导、指导与支持，才能求得更大的进步与发展。目前已正式提出了申请。

(2) 学校已与地处上海西片的上海交大、上医大、中纺大、华师大、上海农学院和华东政法学院等七校联合，开展全方位、多层次、长期稳定的校际合作，优势互补，资源共享，以提高办学水平与效益；在一般性联合基础上，还考虑若干具体的合作项目；同时，也积极与市内外的其他高校加强联合，开展多种形式的联合办学。

(3) 积极寻求企业或企业集团的支持，探索多种形式的学院制办学模式，走合作和合资办学的道路。拟选择工商经济学院和原化学工程学

院及有关的系所筹建化工学院为试点单位。

(4) 与外省市联合办学。最近我校已与河北省邯郸市签署了在人才培养、科研开发等方面进行实质性全面合作的协议。

(5) 与中国科学院系统的研究院、所联合办学。

2. “四重”工程,即加速建设重点基地、重点学科、重点实验室和重点课程,意在为进一步提高教育质量打下坚实的基础。

(1) 重点基地,包括超细颗粒材料国家工程中心(已与几个大企业集团联合,注册资金2800万元)、金桥工程、松江高科技基地、筹建校内防腐工程中心等。

(2) 重点学科,化学工程学科作为全国重点学科,要在原有基础上进一步提高;信息学科(含计算机)、材料学科、生物化工、机械工程等学科,要制订学科建设规划,争取社会各方支援,尽早进入全国重点学科行列。

(3) 重点实验室,抓好生物反应器国家重点实验室的后期建设,迎接国家的验收;加快固定床反应器国家重点实验室的二期建设,扩展为多相反应器国家重点实验室。

(4) 重点课程,已确定19门基础课和技术基础课为校级重点建设课程,今年已筹集100万元作为课程建设基金,争取3～5年内,重点建设课程中的80%成为全国优秀课程;着重抓好有机化学、物理化学、生物化学等3门化学系列、应用化学专业系列课程和化学工程高分子材料、化工工艺专业群的课程内容与课程体系的建设,力争进入国家教委“21世纪课程内容和体系建设”重点项目。

3. 组建“集团军”工程,即瞄准国家,特别是上海市的重点产业,由学校牵头,相关学科联手组建汽车、医药、煤炭、环境、农业等方面的“集团军”,这是我们内外结合的典型之举。

①“车”,汽车非金属材料及其加工。着重于工程塑料、复合材料、特种玻璃等领域。②“药”,医药新品开发。发扬学校传统优势,多方位出击,着重于生物制药、药物制剂、农药、中药工程及生物反应器等领域。③“煤”,煤炭综合利用。着重于城市煤气化工程、煤化工、清洁燃烧、联合循环发电等领域,最近将与上海焦化总厂签订全面合作协议。④“净”,环境保护。着重于汽车尾气净化器开发、系列环境催化剂研制、

废塑料处理、脱硫、无害化工艺、水处理、生物技术在环境治理中应用等领域。⑤“农”。农村经济发展综合技术开发。着重于农村能源、农副产品加工、农村环境治理、乡镇企业产品更新换代、生物技术的农业应用等。

4. “教育一条龙改革”工程，即从招生、内部机制至毕业分配，形成互相衔接的改革步骤与措施，希望藉此推动教育思想、内容、方法的改革以及教育管理制度的完善，以适应社会主义市场经济对人才培养质量的要求。

①在总结今年自主招生改革试点经验基础上，进一步完善招生改革，尽可能吸引优秀学生报考，提高生源质量。②在积极探索办学新模式同时，加大教学改革力度，全面提高本科生教学质量，争取 2～3 年内达到普通工科院校“教学工作优秀”水平。③继续深入抓好已列入上海市“两课”改革试点工作；抓好专业群的规划和建设，以能力培养为主线，方法论教育为重点，完善培养“复合型人才”的各种措施，提高毕业生择业竞争力，扩大毕业生的社会声誉。④以完善学分制为核心，带动专业结构调整和各类课程建设，建立严、活结合的教育管理体制，激发教和学两方面的积极性。

5. 人才建设工程，即在人才培养和队伍建设方面，重点抓四件事：

①选拔 100 名左右的青年骨干，作为我校的跨世纪人才，包括教育、科研、管理、产业和后勤诸方面的人才。②近年内引进 10 位左右相当博士生导师水平的高层次人才。③继续做好人员分流和优化组合的工作，使学校的人力资源尽快发挥积极效益。④加强政策导向，在住房、职称、科研基金、收益分配等方面向优秀人才倾斜，巩固和完善激励机制。

6. 产品、技术与资源开发工程，即在学校校办产业前几年取得很大发展的基础上，从独立经营为主转向充分利用学校的产品、技术和资源，探索联合共建的道路，加速科学技术向生产力的转化，对内则按照现代企业制度进行严格管理，贯彻事企分开的原则，注重成本核算，以取得更高的效益。

7. 后勤实事工程，即以企业化、校内社会化为方向，搞好住宅、通讯、计算机网络以及筹建“大型仪器分析测试中心”等实事的建设。

8. 智囊决策工程，即在学校工作思路发生重大转变的情况下，制订与新的实际情况相适应的新政策和一系列规范化制度。学校要建立一个智囊决策班子来研究各种问题,在作出总体性重大决策前,要做好可行性研究。

9. 凝聚力工程,即在我校改革与发展的关键时期,以学校的事业发展目标和一系列有效的政策,凝聚人心,激励干部群众为学校的建设与发展贡献力量。近阶段拟集中力量抓好几件广大教职工关心的实事,以行动和事实来说服群众,使学校的改革与发展成为群众关注的"热点"。

我们相信,在国家教委和上海市政府的领导和支持下,全校师生员工奋起开拓,艰苦努力,在 2000 年以前一定能使华东理工大学再展新貌,迎接 21 世纪的到来!

深化科技体制改革　开创学科建设和科技工作新局面*

这次科技工作会议，是我校改革与发展进入关键时期之际召开的一次具有全局性意义的重要会议。在今年5月召开的全国科技大会和不久前召开的上海市科技大会上，中央和上海市确定了我国及上海市科技工作的大政方针和战略部署，中央领导关于“深化科技体制改革必须坚持‘稳住一头，放开一片’的方针”的批示，基础性研究要“有所赶有所不赶”的批示，必须使企业成为技术开发的主体的批示，上海市委、市府领导关于实施科教战略，加速科技进步，必须在思想上确立四个观念的批示，关于形成新的高新技术支柱产业的决策，为我们这次会议指明了方向。这次会议的主要任务是，广泛宣传并认真贯彻全国和上海科技大会的精神，研究确定我校深化科技体制改革的方案和措施，讨论制订我校学科建设的发展战略和目标，鼓舞和动员全校教职工振奋精神，统一认识，齐心协力，开创我校学科建设和科技工作的

* 本文是在校科技工作会议上的讲话，1995年9月29日。

新局面。下面,我着重讲三方面的问题。

一、我校学科建设和科技工作进入新的发展时期

几年来,我校在稳步提高教育质量的同时,始终极其重视学科建设和科技工作,不但逐年增加科研投入,而且制订和采取各种改革措施,激发广大教师从事科研开发工作的积极性。校和学科两级领导亲自动手抓科研基地建设,抓大项目申报和实施,使我校学科建设和科技工作有了长足的进步,科研实力大大增加,已步入新的发展时期。

1. 学科建设水平稳步提高

(1) 科研开发基地建设进展迅猛

国家重点实验室、国家工程中心是承接国家重大项目、开展基础和应用研究、加速科技成果产业化的重要基地,高校建成国家重点实验室、国家工程中心的多寡是衡量其科研实力的重要标志。

我校从1990年首批建成化学反应工程国家重点实验室以来,经积极申报、组建,国家有关部门已经批准或将批准一个国家重点实验室和五个国家工程中心,发展速度是相当快的。它们是:生物反应器国家重点实验室;国家超细材料工程中心;国家自动化工程中心华东理工大学分部;国家生化工程技术研究中心上海中心;水煤浆气化与煤化工国家工程中心华东理工大学开发研究部;国家中药制药研究工程中心华东理工大学分部。

根据高校研究机构进入企业集团的精神,我校还积极与企业共建以企业为主体的国家工程中心。例如,我校作为以上海石油化工股份公司为主体的国家化纤工程中心的成员单位,将参与该中心聚合部的组建工作。此外,我校正与齐鲁石化公司、上海氯碱公司、上海市化工局洽谈共建工程中心,并已取得实质性进展。

(2) 完成和争取国家重点攻关项目成效显著

“八五”期间,我校承担和完成国家重点攻关项目情况良好,以国家科技攻关项目和“863”高科技项目为例,项目数和经费金额,与“七五”、“六五”相比都有较大幅度的增长。

“八五”期间的 1991 年到 1994 年,我校获得的纵向经费总额始终保持较高的水平。特别值得高兴的是,我校基础研究进展较快,获得国家自然科学基金的项目数和经费总额均保持稳定的较高水平。

同时,“八五”期间我校教师发表的科技论文数逐年增加,多项科技成果获得国家和省市级的各类奖励。值得注意的是,我校从 1994 年下半年起就着手组织“九五”国家攻关项目的立项申报,经国家有关部门组织专家多次论证,目前已取得鼓舞人心的初步结果:已通过专家组论证立项的有 2 项;已通过部委论证申报立项的有 7 项;还有多项正在申报论证之中。

这次我校预计可获得的九五攻关项目,无论数量还是经费总额都将大大超过已往,创造历史上最高水平。这些项目技术含金量高,经费支持强度大;我校在这些项目大多是牵头单位或主要承担单位,这从另一侧面说明我校科研实力的增强。

2. 科技开发工作稳步发展

几年来,我校根据科技工作必须面向经济建设、面向企业的方针,采用多种形式努力将技术成果转化为生产力,技术开发和推广工作稳步发展,“八五”期间横向四技合同到款数年年递增,许多项目在企业产生了巨大的经济效益和社会效益,也有不少高新技术与企业相结合,形成产学研一体化的技术创新项目,1994 年我校有 5 个项目被上海市认定为产学研项目,占全市认定项目数(21 项)的 23.8%。

3. 与企业联合共建初见成效

最近两年,我校与国内一些省、市、地区和一批大中型企业集团联合共建,在技术开发、技术转让等方面形成了互惠互利的长期而稳定的合作关系,为我校研究机构进入企业集团,技术成果顺利转化为生产力开辟了道路。

总之,这些年来我校在学科建设和科技工作中成绩很大,步子较快,但也不能不看到,与国内先进院校相比,我校确实存在一些差距和问题:一是总体科研实力,无论从科研条件还是科研经费总额来看,还比较差;二是相当一部分教师在研究开发方面的潜力远未得到充分发挥;三是就校内而言,发展是不平衡的,一些有着远大前途的新学科尚待发展和建设。

从根本上说,要缩小与先进院校之间的差距,解决上述问题,就要求我们深化校内科技体制改革,发挥各方面的积极性,力求形成良好的科技工作运行机制。

二、关于深化校内科技体制改革

在全国科技大会上,江泽民总书记指出:党中央指出的"稳住一头,放开一片"的科技体制改革方针,体现了市场机制与宏观管理这两种促进科技进步的手段的结合。他说:"要按照'稳住一头,放开一片'方针的要求,积极稳妥地调整科技队伍结构,认真做好分流工作"。李鹏总理则具体阐述说:"稳住一头",就是保持一支精干的科研力量,从事基础性研究、有关国家长远利益的应用研究、高技术研究以及重大科技攻关活动。这些研究工作,以政府投入为主,也要实行开放、流动、竞争、协作的运行机制,以增强科研工作活力。"放开一片",就是在国家政策引导下,发挥市场机制的作用,让大批从事技术开发、技术服务的机构面向市场,从事科技成果转化工作,逐步走上自我发展的道路。

黄菊同志在上海科技大会上也明确指出:当前以及今后一段时间,上海深化科技体制改革的重点,是要按照"稳住加强一头,放开搞活一片"的原则,抓好科研组织结构调整和科技人员的分流。

如果深入分析我校存在的差距和问题的原因,不难发现,中央和上海市领导的批示精神完全适用于我校的实际。

因此,为了发挥学校科研开发人员的积极性和创造性,促进科研人才的成长,多出成果,出大成果,并使这些科技成果实现产业化,就必须贯彻全国和上海科技大会精神,深化校内科技体制的改革,进行科研组织结构的调整,实施校内资源分配制度的改革。

1. 关于我校的科研开发体系建设

我们认为,我校应当形成内外结合,兼顾现实与未来,纵横交叉、多层次的科研开发体系:

首先，在学校一级，要瞄准国家，特别是上海市的重点、支柱产业，跨学科组建若干支科研集团军，以大手笔抓重大项目，成立相应的研究开发机构；

其次，在学科一级，同样要根据外部需要，组建精干的研究开发机构，在本学科领域内对外争取较大项目；

第三，学校还要建设若干个科研"孵化器"，支持青年科研人员主持的有发展前途的科研项目，一旦这些项目"孵化"成功，或者以此为基础组建校级集团军，或者成为学科科研机构的中坚，或者以青年研究开发人员为主创办高新技术产业，将科技成果直接转化为生产力；

最后，我们要鼓励校内科研人员以各种形式进入校办产业，鼓励他们与社会企业联合形成"产、学、研"一体化的新体制，在校内外某些有条件的领域实现技术开发、设计、生产、销售或技术开发、设计、施工一条龙，实现科技成果转化为生产力。

2. 关于校内资源分配制度的改革

邓小平同志早在 1985 年就曾经指出："经济体制、科技体制，这两方面的改革都是为了解放生产力"。《中共中央关于科学技术体制改革的决定》(1985 年 3 月)也明确指出："科技体制改革的根本目的是，使科学技术成果迅速地广泛地应用于生产，使科学技术人员的作用得到充分的发挥，大大解放科学技术生产力，促进经济和社会的发展。"

我们校内科技体制改革的根本目标，同样是为了解放科技生产力，校内科技体制改革的一个核心问题，是人、财、物资源配置方式的改革。资源的配置，应以"稳住一头、放开一片"的方针为指导，把市场机制与学校宏观调控相结合，通过此项改革达到形成机制、增强活力、改善待遇的目的。具体地说，就是形成既适应社会主义市场经济、又符合科学技术自身发展客观规律的自我约束、自我发展、自我完善的运行机制，从而增强我校群体和个体的活力，进而切实地改善广大教职工的待遇。

在制订此项改革的有关政策时，指导思想上着重考虑了以下几点：

第一，应当在改革过程中，根据"稳住一头，放开一片"的方针，逐步建立和完善校内的各种制度、规章，在我校形成"以法治校"的良好氛围；

第二，资源配置方式的改革必然触及一部分人利益的调整，要在改革中让富有活力、勇于开拓的科技人员充分施展自己的才智，就必须在人、财、物的配置中破除平均主义、大锅饭，体现奖勤罚懒，赏罚分明的原则；

第三，在改善教职工待遇的过程中，不搞齐步走，允许有先后，希望形成比学赶帮、你追我赶的局面，一部分卓有成就的单位和科技人员可以率先获得较高收入；

第四，要坚决破除"等、靠、要"的幻想，促进研究开发人员组织起来，共同努力，共担风险，开创一条新路。

为此，我们从学校的实际情况出发，制订了有关教学科研编制的使用、工资性收入资金筹措、分配及管理、科研经费管理、基础性研究基金管理、科研和校产工作奖励和教学科研工作用房管理等一系列制度和办法。这些制度和办法都与校内资源配置方式相配套，针对性很强，并且还将通过今后的实践不断加以完善。

最后，根据运行的实际情况，吸取广大教职工的意见，6 个月后再总结，进行局部的调整和变更，以使这项改革更好地发挥作用。

在深化校内科技制度改革的过程中，应当把握和明确几个关系我校科技工作全局的重要问题。

第一，关于对内优化调整与对外联合共建的关系问题。应当看到，我们如果脱离了对外联合共建的既定方针，关起门来搞研究机构的建设和自我完善，必将走入死胡同。不论我们在组建校和学科两级科研机构和队伍时，还是挑选可作为"孵化器"的苗子时，都必须眼睛向外，瞄准企业集团发展中迫切需要解决的关键问题，以各种形式与企业集团相结合，共同攻关。

第二，关于基础性、探索性科研和开发性研究的关系问题。毋庸置疑，面向企业，开展横向四技服务等开发性研究是适应了当前市场经济形势的需要，也可使研究开发人员较快得到实惠，应当创造条件，调动更多教师从事这一工作。但基础性和探索性研究，是推进我校学科建设上新台阶的动力源泉，也是我校科技工作保持较大后劲的重要保证。我们要目光远大，调配一定人力、财力和物力资源，确定有限目标，贯彻"有所赶、有所不赶"的方针，使基础性的探索性研究得以健康发展。

第三,关于提高科研成果转化率的问题。目前我校科研成果转化为生产力的比例约为10%,虽与全国水平相仿,但仍不高。要解决这一问题,一是应当总结我校与企业集团联合共建研究机构的经验,鼓励研究机构采用走出去、请进来等方式,进入企业集团;二是鼓励有活力的青年教师走自负盈亏、自主发展的道路,创办高新科技企业。

第四,关于坚持实事求是的工作作风和勤奋求实的校风问题。校内外的客观形势要求我校科技工作有一个较大的发展,但也应当避免盲目超越客观可能性和自身实力争取和承担科研项目,到头来严重损害学校声誉,更应坚持"勤奋求实"的优良校风,坚决杜绝在科研上弄虚作假或剽窃他人成果的恶劣行为。

第五,关于集全校之力加强学科建设和科技工作的问题。应当看到,学科建设和科技工作是我校上水平、登台阶的关键所在,决不能仅仅依靠有关科研机构、科研管理部门的科研人员的积极努力,而需要全校教职工共同关心、共同努力。各学科(学院)的党和行政组织要充分重视科技工作,广大教职工要理解和支持学校为推进学科建设和科技工作而制定的一系列改革方案。

三、关于我校学科发展和建设的目标与战略

从现在起至2010年,学校发展与建设的总目标是:坚持社会主义办学方向,全面贯彻党的教育方针,坚持"三个面向",努力把华东理工大学办成"以工为主,化工特色,工、理、商、文结合、多科发展"的国内著名大学,并在国际上有一定的影响。

学科发展和建设的目标是:在基础理论研究、高新技术研究、研究成果转化为生产力等方面,要有新的、重大的突破,使学校整体水平处于国内先进,部分学科达到国际先进。

为了实现这一目标,我们必须紧紧抓住对外开放、联合共建这个纲,瞄准重点、重大科技项目,一手组建科研集团军和建设高水平科研开发基地,一手支持发展前景广阔的探索性研究,同时,积极推进科技成果的产业化。

1. 推进与中石化总公司、医药总局的联合共建，切实抓好一批共建项目

从5月份开始，我校努力推进国家教委与中国石化总公司共建华东理工大学，共建的目的是使我校成为中石化总公司“支撑行业发展的带头学校”。中国石化总公司是我国最具活力的和蓬勃发展的中央业务部门，是我国石油化工及相关行业中最大的企业集团。国家教委与石化总公司共建我校，体现了“强强联合”，有助于优势互补、达到共同提高与发展的目的。

企业是技术开发的主体，通过共建，要探索我校科研机构与石化企业集团紧密联合的新体制，通过调整结构，在我校形成若干个面向石油化工为主的、综合性开发研究的重要基地，力求在石油加工、新型材料、生物工程、工业反应过程与反应器开发、流程工业计算集成制造系统、石油精细化工等领域做出高水平和高效益的研究成果。

积极推进我校与国家医药总局共建药物工程学院，使我校的化学制药、生物制药、化学工程等学科在发展医药工程方面得到国家医药总局的支持。

2. 围绕上海市支柱产业的发展需要，形成若干个学科群体

目前上海市科技发展的目标之一：要在已经形成的汽车、电子信息设备、电站成套设备、石油精细化工、钢铁和家用电器等六大支柱产业的原有的基础上进一步向提高创新度和外向度的方向发展，与此同时，要进一步加快现代通信工程、计算机及其软件、现代生物工程及医药等一批高新技术和产业化步伐。

我们应当围绕上海市新老支柱产业的发展需要，形成以下集团攻关的学科群体：

我校的材料、化学工程、机械等学科，应积极进行与汽车工业紧密联系的复合材料及其加工过程研究、工程塑料及其合金开发、汽车用材料与零件的研制、车用燃料及代用品研制、汽车用尾气净化催化剂开发等项目，形成与汽车工业相关的研究群体。

我校的生物技术、化学工程、精细化工等学科，要积极开展与现代生

物医药工业挂钩的新型药物研制、药物制剂研制、基因工程与酶工程产品开发，生物反应器开发，生物活性物质有效分离等领域的研发工作。在生物与医药领域，我校的学科群体是大有作为的。

我校的信息学科（含计算机），要围绕上海现代通信工程，计算机及其软件等新兴支柱产业，组织精兵强将，承接 CIMS、CIPS、智能化大楼、“信息国道”建设等大项目。

3. 根据学科发展的总体思路，今后几年学科发展仍然坚持“以工为主、化工特色、工理商文多学科发展”的方针

化学工程重点学科建设，继续保持国内先进水平。化学反应工程分学科要在国家重点实验室的基础上，将煤炭气化工程、石油加工中的反应工程、聚合物反应加工工程、环境反应工程扩大进来，经过几年努力达到国际一流水平。

我校的信息（含计算机）、机械工程学科，以及从化工延伸出来的材料、生化、精细等学科，都应该以国家重点学科的标准要求，争取上一个台阶，进入国家重点学科的行列。

要加强应用理科的建设，理科的发展要与工程学科的发展互依互存互相推动。要采取特殊政策，稳定应用理科中的基础研究队伍。应用理科要按照“有所为，有所不为”的原则，瞄准前沿，突出重点，选择有一定优势的课题，集中力量，取得成果。

大力加强工商管理与文法学科的发展。这两个学科要把科学研究与专业教育结合起来，把理论研究与实践研究结合起来，提高研究水平与专业教育水平，密切与社会各方面的联系。

4. 全力争取“九五”期间，国家攻关、高新科技与基础研究有较大突破

今年是“八五”攻关的最后一年，要认真完成“八五”任务，迎接验收。同时，要继续组织力量争取“九五”攻关。“九五”攻关总的形势较好，但攻关合同都没有签订，决不能松劲。联反所的环境反应工程“烟气脱硫”、技物所的“超细颗粒材料”、无机化工所的“水煤聚合化与煤化工”、“生物技术”、自动化所的“过程控制”等要争取“九五”比“八五”有较大的突破。其他几个领域，如石油加工所的“特种润滑油”，化工所的“膜分离”、“超临界萃取”,精细化工所的“新型农药”、化机所的“安全评估”都要争取挤入“九五”。

要加强高新科技与基础研究项目的研究。高技术研究是现代经济发展的先导,“八五”期间我校在材料、生工领域有几个“863”项目,“九五”期间,信息学科正在争取“863”项目,要像前几年培育“几朵金花”一样,选几个高新技术领域,布置新的生长点。在基础研究方面,要争取组建国家级基础研究所,并努力在自然科学基金中争取重点项目与重大项目。

5. 加强科技基地建设,建好新的重点实验室与工程研究中心

近年来我校科技基地建设的势头良好。在国家重点实验室方面,固定床反应工程重点实验室已拓宽为化学反应工程国家重点实验室,几次评估均为A级,9月25日又通过了今年的评估,反应很好。生物反应器国家重点实验室正在紧张建设,明年初验收。我校还将争取精细化工、材料化工国家级或教委开放实验室。

在国家级工程研究中心建设方面,要按期完成全国首家股份制的超细粉末材料国家工程研究中心的建设,完成工业自动化国家研究中心分部的建设,申办与规划好生物技术工程研究中心,落实好水煤浆气化与煤化工国家工程研究中心“九五”的攻关项目,积极争取进入国家化学纤维工程研究中心,中药工程研究中心,校内自建防腐工程中心,环境催化剂工程中心与新材料柔性加工系统工程中心。

我们要抓住教委与石化总公司共建我校的机遇,有关研究所应主动与总公司或总公司的相关企业联系,组建压力容器保障工程研究中心,材料成型加工研究中心,精细石油加工工程中心。我校的国家级认证量单位——分析测试中心与图书馆信息检索中心,要进一步发展,拓宽工作领域,再上新的台阶。

6. 强化技术开发,形成关键技术,促进科技成果的转化

加速科技成果转化是我校科学研究的重要任务。目前我校每年鉴定的科技成果或申请的专利大致有七八十项,真正转化为生产力的比例不高。应重视成果转化工作。

随着我国科技体制的改革,成果的转化与推广也已实施市场机制。

在学校与企业的关系上，主要是学校要主动适应企业发展的需要，争取多开发一些关键技术，以适应市场的需要、企业需要。我校科技成果受企业欢迎的程度还不够高，横向合同(即四技转让)的增幅太慢，这种情况应该得到改变。各学科要重视量大面广的技术推广工作，要加强单项科技成果转让的力度，使本学科成为国内化工产品与技术转让的重要源头之一。

7. 重视农业领域科学研究，加强环境、生态和资源保护方面的技术开发

农业领域的科学研究，环境、生态和资源利用方面的科学研究是国家特别重视的两个领域，也是我校科技工作中比较薄弱的领域，同时也是我校成为理工大学后必须加强的领域。

我校可开展的为农服务的科技工作是多方位的：应用生物技术进行动、植物新品种的选育，研究新型农药以防治病虫害，针对各地区农产品的特点开展农产品加工与综合利用的研究，新型化学肥料的研制与化肥的合理施用，农用高分子材料(如大棚薄膜、无滴薄膜、大棚支柱材料)的开发，大型畜牧场环境的治理等。在农业科学研究方面，我校可做的事情很多。以前虽做了一些，但远远不够。中央领导同志把大力推进农业与农村的科技进步作为一项突出位置的工作，我校各学科应为此作出响应与努力。

开展环境、生态和资源利用方面的技术开发对推动社会发展有重要意义。我校的环境工程、反应工程、分离工程等学科都大有可为，各工程与工艺新技术开发应该与“无污染技术”、“零排放工艺”挂起钩来。在这些方面，虽然已有所涉及，但总的说来不够明朗，发展速度也不够快，应得到重视与加强。

8. 积极开展国际合作和交流，促进我校科学研究和技术开发赶上和超过国际先进水平

在继续加强与我校已建立合作关系的国外几十个高等院校和科研机构合作的同时，积极拓展国际合作与交流的广度与深度，争取国外大企业对我校科研工作支持，采取“请进来，派出去”的多种办法，使我校科研开发队伍在与国际间合作、交流中迅速成长壮大。

9. 加强科研、开发队伍的建设

队伍建设的核心在于人才培养、选拔和引进。我们要充分发挥广大教师的聪明才智，发挥学有专长的老专家作用，特别要注意选拔跨世纪的中青年学术骨干。为此，学校将采取如下措施：

结合重点基地、重点学科、重大实验室建设，引进高层次优秀人才，特别要注意引进中青年学术带头人，同时做好师资队伍的补充、稳定和进修、培养、提高工作；根据学校发展规划，做好跨世纪人才和学科学术带头人的遴选、培养和考察工作，着重培养 100 名跨世纪的青年骨干，争取在短期内形成较为完备的后备队伍；完善聘任制与合同制相结合的人事管理制度，在定编复核的基础上，调整梯队的层次结构、知识结构、年龄结构，实现校内人才资源的合理配置。

同志们，从现在起到本世纪末的五年，是我校改革与发展关键的五年，希望与困难同在，机遇与挑战并存，让我们切实贯彻全国和上海科技大会的精神，开创我校学科建设与科技工作的新局面，为跻身“211 工程”创建国内著名、有国际影响的社会主义大学而努力奋斗！

在国家教委、中国石化总公司共建华东理工大学协议签字仪式上的讲话*

各位领导，各位来宾，同志们：

今天，国家教委与中国石化总公司在这里正式签订共同建设、共同管理华东理工大学的协议，这是一个值得庆贺和具有重要纪念意义的日子，也是华东理工大学建设和发展历史上的一件大事。请允许我代表我校全体师生员工，向出席今天签字仪式的国家教委、中国石化总公司和上海市的各位领导和各位来宾表示热烈的欢迎和衷心的感谢！

国家教委和中国石化总公司决定共建共管我校，不仅打破单一隶属关系的限制，开创了一条由国家教育主管部门和国家企业集团共建高等院校的高教体制改革的新路，也是我校建校 43 年来在改革办学模式上的一次重大突破，为我们更好地面向社会、面向经济建设主战场开辟了广阔的道路。

在我校从一所单科性院校发展成为工、理、

* 本讲话发表于 1995 年 12 月 4 日。

商、文相结合的综合性全国重点大学的历史进程中，我们始终得到教育部和国家教委的精心指导和全力支持，近年来国家教委领导更为我校的改革、建设和发展倾注了大量心血。同时，中国石化总公司对我校给予大力的支持。我校与中国石化总公司及其下属企业在教育、科研方面的合作，都有良好的历史渊源。据不完全统计，我校向中国石化总公司系统输送的各类高层次人才数以千计，中国石化总公司的各级领导岗位上都有我校毕业生在辛勤工作，我校与中国石化总公司及其隶属企业合作进行的科研开发项目数以百计，这些项目的研究成功，不仅促进我国石化事业的发展，也为推动我校科研开发工作发挥了良好的作用。

实行国家教委和中国石化总公司共建共管以后，我校将在国家教委和中国石化总公司的领导下，根据党和国家“科教兴国”的发展战略和教育体制改革、科技体制改革的要求，更好地为国民经济建设服务，为振兴和建设石油化工这一国家支柱产业服务，在办学质量、办学水平和办学效益上有新的突破和提高。我们将为中国石化总公司培养和输送更多高层次、高质量的人才，促进石化企业的科技进步，也为中国石化总公司系统内部教育体系的建设和发展作出应有的贡献。

我校地处上海，始终得到上海市委、市府和上海市教委领导的诸多关心和支持，学校在改革和发展过程中，所取得的每一个成绩和进步都离不开上海市委、市府和市教委的领导、关心和支持。今后我校也将一如既往地融入上海市“一流城市必须办一流教育”的发展战略之中，抓住上海改革和发展的机遇，在为上海市培养和输送高质量人才方面，在促进上海市各支柱产业的技术进步和技术创新方面，为上海市、特别是浦东新区的建设和发展作出新的贡献。我们期望上海市委、市府和市教委的领导继续在各方面给予我校以更多的关心和支持。我们全校师生员工也迫切希望进一步实现与上海市的共建，最终实现国家教委、中国石化总公司和上海市三家共建我校。

通过共建，我们很高兴能和金山石油化工高等专科学校密切了关系，我们将在国家教委和中国石化总公司的领导下，加强协调，进一步在金山办好华东理工大学石油化工学院。

“长风破浪会有时，直挂云帆济沧海”。让我们抓住机遇，在新的起点上,奋发图强,充分发挥我校的办学优势和特色,为迎接明年"211 工程"的部门预审,为把我校建设成为国内一流的全国重点大学而努力奋斗!

最后,向今天光临我校的各位领导再次表示衷心的感谢,感谢今天到会的各位来宾,感谢新闻界的同志参加会议,并祝愿全体与会的同志们工作顺利,身体健康!

谢谢大家。

回顾与规划*

本届校领导班子从 1994 年 3 月上任以来，在全校教职工的支持下，已经工作近两年了。今天，我就过去两年的工作情况、学校今后工作的规划和设想，向本届教代会作总结性汇报，并提请教代会审议。

我的报告分三个部分：首先回顾总结过去两年的工作，其次就学校改革与发展中的一些关键问题谈谈我的观点和想法，最后阐述我校下阶段的工作打算和“211 工程”建设规划。

一、回顾与总结

1. 近两年来着重抓的全局性工作及其成效

1) 学校的经济工作

关于学校经济状况的分析及其对策在 1995 年 6 月 27 日的全校党员干部扩大会议上我已作了分析和报告。国家教委和上海市教委领导也已给出了明确的意见。在国家教委和上海市领导的关

---

* 本文是在校四届二次教代会上的报告，1996 年 1 月 12 日。

心和支持下,在全校教职员工的共同努力下,目前的状况可概括如下:已从经济严重困难状态,逐渐回升,基本上维持了经济的正常运行,并开始向好的趋势发展;学校已全部归还了教职工的“集资款”和应当退还教职工的“售房款”,学校欠教职工的个人款问题已基本解决;学校办学经费严重短缺、债务沉重的问题尚未解决,教职工的平均待遇尚处于较低水平。

因此,学校经济发展的任务仍然十分艰巨,必须按照“对外联合共建,对内深化体制改革”的方针,进一步“开源节流”,依靠全体教职工的共同努力,在事业的不断发展中,使学校的经济形势进一步好转。

2) 对外联合共建,改革办学模式

1995 年 12 月 4 日国家教委和中国石化总公司签署了共建共管我校的协议,形成了学校办学的新模式,开创了学校进一步改革和发展的广阔前景。在与社会各方的联合办学方面,也取得了较大的进展:与浦东新区社会发展局联合成立了华东理工大学浦东发展学院;与上海市石油化工股份有限公司签署了全面合作办学的协议;与上海市西片七校联合办学;各学院(学科)也广泛开展了多种形式的联合办学。

3) 进一步深化校内资源分配制度改革

此项改革旨在有利于形成校内经济分配的良好机制,有利于增强各学院(学科)的办学活力,有利于改善教职工的待遇。目前校行政部门已与各学院(学科)共同核算和研究,结果表明可以有半数以上学院(学科),通过实施学校提出的工资性收入筹措、分配、管理办法,教职工待遇能得到不同程度的提高。

4) 以迎接“211 工程”部门预审为抓手,制订学校的发展规划

新班子上任之初,就提出了努力奋斗、跻身“211 工程”建设行列的目标,并成立了“211 工程”建设领导小组,开始了前期的准备工作,并于 1995 年 1 月,正式向国家教委提出申请报告。在国家教委决定 1996 年 3 月对我校进行“211 工程”建设部门预审后,学校召开了全校动员大会,全面部署了制订“211 工程”建设规划和迎接预审工作。目前学校整体建设与发展规划草案已基本形成,将在此次教代会上广泛征求意见并提请审议;各学院(学科)的规划草案和学科群的拟建规划已基本完成;与“211

工程”预审有关的其他各项材料和准备工作正在紧锣密鼓进行，进展顺利。

2. 各系统的工作进展

1）教育工作

近两年来，教育工作始终坚持“面向企业为主，提高学生综合质量”的办学思想，从实际出发，进一步加强德育教育，深入进行教学体系、教学内容和教学方法的改革与建设，努力提高学生的综合素质、工程实践能力和创新能力。

教育工作的总体状况良好。在 1994 年 12 月的普通高等学校本科教学质量评价试点工作中被评为优秀；大学生数模竞赛 1994 年获全国一等奖 1 名，上海一等、二等奖各 1 名，1995 年获全国一等奖 1 名，二等奖 1 名，上海一等奖 2 名，二等奖 4 名，获奖名次和人数居上海高校二、三名；电子设计竞赛首次参赛 5 个队 3 个队获二等奖；大学英语四级考试，在全市名列前茅；英语八级考试 1994 年获全国第一，1995 年名列前茅；体育和第二课堂等方面也取得了较好成绩。

以邓小平同志建设有中国特色的社会主义理论为指导，加强“两课”教育，取得了明显成效。在上海市高校学生学习邓小平理论论文评级及经验交流活动中，我校参评学生全部获奖，成为获奖最多的高校之一。

实施“教育一条龙改革工程”，进一步改进和完善了从招生、内部管理至毕业分配的相互衔接的管理制度和运行机制。根据社会对人才的需求，本着面向上海为主、面向企业为主、面向优秀生源地为主和服务全国的思想，调整了生源结构并加强了招生基地的建设；进一步完善学分制的管理，给学生以更多的学习自主权；按大类制订教学计划；加强第二专业管理；强化毕业环节管理，特别是毕业小设计和文献检索的管理等；加强毕业生的管理，精心组织和设计了一系列毕业前的教育活动，收到良好效果。

加强学风和教风的建设，促进学生成才的自觉性和教学质量的提高。在学风建设方面，主要抓了考风和严格学籍管理；在教风建设方面主要抓了基础课、技术基础课和专业主干课和优秀讲课教师的评选，推动了教风的建设。课程建设工作取得了良好的进展。在国家教委“面向 21 世纪课程体系和教育内容、教学方法改革计划”项目申报中，我校获准项目居国内同类高校的前列，其中：理科获 1 个牵头项目和 1 个参加项目；工科获 1 个牵头项目和 4 个主持项目。

2）学科建设和科研工作

在稳步提高教育质量的同时，学校始终极其重视学科建设和科技工作，不但制订和采取措施，激发广大教师从事科研开发工作的积极性，而且花大力气抓科技体制改革，抓科研基地建设，抓大项目申报和实施，使我校的学科建设和科技工作有了长足的进步，主要表现在：

(1) 科技体制改革进一步深化。根据全国科技大会和上海科技大会精神，从学校的实际出发，着重从科技组织的建设和科技资源分配制度改革两个方面进行。以学科分类和瞄准支柱行业为目标，组建和完善校内科技组织的结构。新组建了洁净煤技术研究所、防腐材料工程中心等研究机构，正在规划和筹建石油化工、绿色化学与煤洁净技术、汽车非金属材料和化学品、生物技术与制药工程、超细材料、农用化工、信息技术与工程等多学科交叉的学科群。

1995 年 9 月学校召开了科技工作会议，会上提出了关于校内资源分配制度改革的若干文件，包括教学科研编制的使用，工资性收入的资金筹措、分配及管理、科研经费管理、基础性研究基金管理、科研奖励、工作用房管理等一系列制度和办法，正在试运行中改进、完善和实施。

(2) 科研效益取得了突出成绩。1994、1995 两年内，我校共获省、部以上科研成果奖共 55 项，其中“有机合成色素的光电与光生物分子工程”、“出土铁器文物脱盐缓蚀保护研究”、“合成氨和尿素装置优化控制与调度”和“中国：国发收入的分配格局”等四个项目获一等奖。根据1994 年国家教委直属高校办学基本情况数据的分析，在论文著作、鉴定成果、技术转让，SCI、EI、ISTP 收录、获奖及经费投入产出比等 10 项指标的人均数综合指标排序中，我校名列理工科大学第三名。在科研成果各项数量综合指标排序中名列理工科大学第五名。

(3) 基础研究和重大项目有较大进展。我校获得的国家自然科学基金经费，在全国高校的排名，已从 1990 年的第 52 位上升到 1995 年的第

33位;被EI收录的论文在全国高校的排名,从1993年的第26位上升到1994年的第6位。

随着我校科技工作的进步和科研实力的提高,与“八五”攻关相比,我校争取“九五”重大项目取得显著成效:“八五”攻关,我校承担了45项合计经费927万元;“九五”攻关,到目前为止,仅已批准的“SO_2废气回收净化新技术的工程化”项目一项经费就达1 000万元;作为“九五”第一项获得的863CIMS项目“沧州化肥厂CIMS应用工程”经费140万元;另有近10个项目即将立项,预计“九五”攻关,我校可获科研经费将大幅度上升。

(4) 科研基地建设有新的进展。1994年以来,学校仅有化学反应工程国家重点实验室一个。两年来,经积极组建申报,已批准或通过验收的科研基地有:生物反应器国家重点实验室;超细材料国家工程研究中心;水煤浆气化与煤化工国家工程研究中心华东理工大学开发部。即将批准的有:国家生化工程技术研究中心上海中心;国家中药制药工程研究中心华东理工大学分部。另外,我校还在积极与企业共建以企业为主体的国家工程中心,并已取得初步进展。

3) 校办产业工作

我校校产负债情况十分严重,制约了校产的发展。基于校产工作的现状,为使校办企业健康发展,学校采取了“边整顿、边调整、边发展”的校产工作方针,面上抓企业“上轨、鼓劲、发展”工作,点上抓重大产品的规划和发展。主要做了以下几方面工作:

根据现代企业制度的要求,完善企业内部管理。推出了《华东理工大学校办企业财经工作的几点意见和实施细则》,按照现代企业制度和市场经济要求,产权明晰、事企分开、责权分明、严格管理,对校办企业提出了明确要求,保证了国有资产的保值增值。

规划调整校产结构和体制。学校创造条件,适度规划调整校产结构、体制和内外关系,集结力量,壮大阵容,将“工程设计院”、“维达公司”与“华方公司”合并成立了新的设计院,使设计院获乙级总承包资质,提高了市场竞争力。

抓新生长点开发和科技成果转化。学校紧紧抓住企业与各学科的合作与分工,背靠各学科,搞校内联合,有计划地布点,既大力开拓现有产品的市场，又不断有新产品面世。目前，摩擦片产品、净化器产品、植宝十八产品，不同程度地有所进展，各企业也陆续有一批新产品进入市场。

抓企业与社会的联合共建。校办企业的发展壮大，需要充足的资金保证。为此必须以市场为导向充分发挥校产的综合资源优势，促成校办企业与社会的联合。华明公司通过改制，让社会大企业参股，吸收新资金2 000万元。这样既减轻了学校负担和风险，又保证了企业得到进一步发展。

4）后勤工作

近两年来，后勤工作从实际出发，通过深化改革，加强管理，努力办好实事：

房改"接轨"顺利完成。在国家教委、上海市领导和市房改部门的支持下，在全校教职工的谅解和支持下，我校顺利完成了与上海市房改政策接轨的售房工作，并于去年底开始分批清退了1993年的售房款。

基建工作进展正常。高科技大楼共8 000余平方米，可于今年春季如期完工；20°、21°教工住宅（3 500平方米）已于1995年12月完工；22°教工住宅（2 600平方米）1995年12月开工，将于今年内完工；行政住宅区完成审批立项和设计等前期工作，正进一步做好动迁工作。

节能、降耗工作成绩显著。全校范围的水、电、煤气设施已加装表具，并按表数收费或考核；家属住宅电话已基本改为程控直线，校部承担的水、电、煤气、电话费负担大大降低。

供水、供电设施得到改善。更换了部分学生宿舍及教室楼的自来水管，局部缓解了用水高峰时的断水现象；家属区供水系统增建三个贮水池和泵房，并将移交市自来水公司直接管理，避免了学校家属区用水学校补贴0.20元/m^3的沉重负担，并可避免罚款；家属区的电力增容已完成，今年用电矛盾可望缓解。

5）队伍建设

在做好常规工作的基础上，队伍建设着重抓了以下几项工作：制订、试行了校内资源分配深化改革方案；结合资源分配制度的改革，逐步推行并扩大流动编制的使用，完成新一轮的聘任工作；加强青年教师的培养和选拔工作，遴选学校跨世纪人才培养人选；1995年实现了与上海市养老保险制度的接轨。

二、关于学校改革与发展中若干问题的思考

我校已进入改革发展的关键时期,希望与困难同在,机遇与挑战并存,探索适应社会主义市场经济体制要求的办学模式,走出一条具有特色的办学新路,使学校进入发展的良性循环,是今后两年乃至本世纪末工作中面临的重大课题。以下,结合两年来工作中的体会,就学校进一步改革与发展的思路谈几点看法。

首先,要从现状和今后发展的目标,去分析和认识所存在的问题和差距,主要有:经济方面,办学经费严重短缺、债务沉重、"蓄水库"存量不多,教职工待遇的平均水平较低;人才培养方面,学生的综合素质和能力还不能完全适应面向 21 世纪的要求,研究生的培养规模和质量与一流学校有较大差距;科学研究和学科建设方面,科研经费、高水平成果、重点学科和重点实验室等的数量较少,综合实力相对较弱;队伍建设方面,队伍不够稳定,高水平人才浓度不高;学校的支撑保障体系上,设施陈旧、配套不全,住宅供需矛盾较大;管理工作方面,制度化、规范化的严格管理和服务质量尚存在着较多不足。

在分析了各方面工作中存在的问题之后,必须寻找最为核心和根本的问题,我认为,当前制约学校进一步改革和发展的最主要和核心的问题是两个方面:经济问题和队伍建设问题。这两方面的问题又是相互联系,相互制约的,为了解决这些问题,我认为在思路上要从以下三个方面去考虑:

1. 继续深化办学模式和校内管理体制的改革

国家教委与中石化公司共建共管我校,开创了一种新的办学模式,当前的首要问题是要抓落实,抓成效。在此基础上,要进一步与社会各方面广泛联系开展多种形式的"联合共建",走合作、合资办学的道路。

我们要在与社会的联系中求得经济和办学各方面的支持。同时,也在对外的开放中,锻炼和培养一支具有开放意识和活力的教师队伍,更好地为国民经济服务。与对外"联合共建"相适应,同时也是学校内部发展

的需要，下阶段要逐步建立和完善校、院二级管理体制，进一步理顺关系，在“责、权、利”上合理分工和协调。在这过程中，学校要进一步放权和制定相应的政策，更好地调动各单位的办学积极性，进而增强学校的办学实力。

2. 进一步建立和完善具有自我约束和激励作用的良性运行机制

机制的转变是要破除“等、靠、要”、“大锅饭”和“齐步走”的弊病，必须组织起来，行动起来，共同努力、共担风险、开创一条新路。我校资源分配制度改革的用意就在于此。下阶段将继续试行学校已出台的改革方案，并在实施中逐步改进和完善，真正达到“建立机制、增强活力、改善待遇”的目的。必须清楚地认识到，教职工待遇的提高，不可能同步进行，差距和先后是现实的。

上述体制的改革和机制的转变，其根本目的是为了解放生产力，充分地调动广大教职工的积极性和创造性，只有这样，学校的事业才能发展，并在发展中解决存在的各种问题。

3. 认真研究学校可持续发展的战略

学校是一个小社会，同样存在着是否可持续发展的问题，这对我校是有现实意义的，我们应从学校发展的经验和教训中去认识和研究这一十分重要的问题。

从学校的实际出发，我们需要认真考虑三个关系：局部与整体、当前与未来和各方面工作的协调性。为此，在队伍建设、资源分配和规划、学科布局、专业结构调整、校办产业、体制改革和新机制建立等方面都应引入可持续发展的观念，这也是在“211 工程”规划中应着重考虑的问题。

在学校经济发展中，更应避免短期行为、急功近利，正确处理学校事业发展和提高教职工待遇的关系；在队伍建设中，除考虑队伍的稳定、过渡和发展之外，更应着重考虑学术带头人和干部骨干的更替和发展。

三、关于今后工作规划的说明

关于今后工作的规划，我想从两个方面来说明：一是今年的工作设想，二是“211 工程”规划的说明。1996 年对我校的发展而言是十分关键的一年,我们要认真学习邓小平同志建设有中国特色社会主义的理论,继续贯彻对外联合共建、对内深化管理体制改革的方针,增实力、办实事、上水平、促发展,并把发展作为今年的核心任务来抓。具体地说,要抓好下面四方面的全局性工作:

1. 进一步深化校内管理体制改革,建立良好的运行机制

继续试行和完善校内资源分配制度改革方案,并在上半年正式全面实施,以建立能有效促进发展的、共同努力、共担风险的竞争、激励机制,充分调动和发挥广大教职工的积极性;健全和理顺校、院二级内部管理体制,以充分发挥校、院二级的积极性,增强办学活力,加强严格管理,提高办学的质量和效益。

2. 继续积极推进对外联合共建的工作

今年的目标是:争取实现国家教委与上海市共建我校;进一步落实与中石化共建的具体项目,使此项共建取得更大实效;广泛开展学院(学科)与企业、集团公司、政府部门、地方政府的联合办学;努力开拓与海外企业集团、高等院校和科研机构的合作办学渠道。

3. 办好若干实事,切实改善办学条件和教职工的生活和工作条件

抓紧安居工程建设,争取使教职工住房条件尽快得到改善;通过共同努力和执行校内资源分配制度改革方案,争取使教职工收入有所增加,有活力教职工可以获得较高收入;搞好支撑保障系统基础设施的建设,包括:争取逸夫大楼建设上半年启动,研究生楼上半年立项,年内启动,周边土地征用和规划年内完成等。图书馆、大型计算机房、校园网、分析测试中心的完善与建设。

4. 精心组织和落实“211 工程”部门预审和各项准备工作,使预审顺利通过

“211 工程”部门预审工作,关系到学校的定位和未来的发展,此项工作时间紧、任务重,抓落实、抓组织是当前工作的重点,要动员广大师生员工以饱满的精神状态迎接预审工作,并以此为契机,推动各项工作上新台阶。

关于教学、科研、后勤、校产、机关、队伍建设诸方面的今年工作重点，在书面材料中已有说明，请各部门认真研究和组织实施，做好今年的各项工作。

结束语

同志们，过去的两年是极不平凡的两年，我们在克服各种困难中前进，在解决各种矛盾中发展。我们曾为学校的前途深深地担忧，也为所取得的每一个突破和成绩而感到欣慰和鼓舞。过去两年的历史，证明了一条真理：华东理工大学是有实力的，华东理工大学的干部和群众能够经受风浪的考验，有能力战胜前进道路上的一切险阻。

这两年的校长生涯给予我很多的磨炼和启示，新的挑战需要我们付出更大的努力。我向两年中风雨同舟的同志们致谢！向支持、帮助和理解我工作的教职工致谢！向在我校最困难之际给予有力支持的上级领导致谢！我坚信，困难终将过去，光明的前途必将属于华东理工大学！

在国家教委与上海市人民政府共建华东理工大学发布仪式上的讲话*

各位领导、各位来宾、同志们:

今天,我们在这里欢聚一堂,隆重举行国家教委与上海市人民政府共建我校的仪式。首先,请允许我代表学校党政领导,与全校一万三千名师生员工向出席这次共建仪式的各位领导、各位来宾表示热烈的欢迎与衷心的感谢。

国家教委与上海市政府联合共建我校,是继1995年国家教委与中国石化总公司联合共建我校后,我校办学体制上又一新突破,使我校先后成为国家教委、中国石化总公司和上海市三家共建共管的学校。与此同时,我校还与十几家大型企业集团联合办学。这是我校改革与发展史上的一种新的创造与探索,无疑对我校事业的发展具有极其重要的意义。

共建的基础是贡献,实行共建共管后,我们将进一步积极面向和服务于上海市地区经济、支柱产业和社会发展,同时,发挥学校的学科特色,为

* 本讲话发表于1997年10月25日。

我国和上海地区的石油化工事业作出贡献。我们将更自觉地纳入上海市经济建设与社会发展规划的轨道，特别是在化工、生物工程、制药、材料、信息和环境等方面的高新技术支柱产业，要遵循十五大文件所提出的“大专院校要以不同形式进入企业同企业合作，走产学研结合的道路，”推动企业的科技进步，促进国民经济的发展。并以此体现我校的办学特色。

共建是我校师生员工的共同愿望，共同心声，我们十分珍惜这一改革成果，深深感谢上级领导在我校 45 岁生日之际，送给我们的最珍贵的礼物。我们将努力学习和贯彻党的十五大精神，在新的办学体制下，坚持对外联合共建，对内深化改革的工作方针，振奋精神，团结奋斗，以崭新的姿态迎接 21 世纪的到来，为把我校办成社会主义一流重点大学而奋斗！

谢谢大家！

在庆祝华东理工大学建校45周年大会上的讲话*

各位领导、各位来宾、各位校友、同志们：

今天，我们隆重集会，热烈庆祝我校建校45周年。请允许我代表学校党政领导和全校师生员工向前来参加校庆大会的各位领导、各位来宾、各位校友们表示热烈的欢迎和衷心的感谢！

回顾我校45年的成长历程，我们感慨万千。1952年的今天，在江湾平昌街举行华东化工学院暨第一学期开学典礼起，我们学校就随着社会主义祖国的前进步伐，不断壮大和进步，经过45年的建设和发展，我们学校已从单一的化工学院发展形成了一所以工科为主体，化工特色鲜明，工、理、商、文结合的多科性全国重点大学。1996年我校顺利通过了国家的“211工程”部门预审。今天上午，也就是在一个小时前，举行了国家教委与上海市共建我校的仪式。1995年，国家教委与中国石化总公司签订了共建共管我校的协议。这样，我们学校就建成了国家教委、地方政府和国家企业集团三家共建的办学新体制，这一模式在全国高校中尚属首例。

---

* 本讲话发表于1997年10月25日。

45 年来，学校不断改革，初步形成了校院两级管理体制，使学科布局更趋合理，管理机制也逐渐完善。目前学校已建立了 14 个学院，其中包括化工学院、生物工程学院、理学院、商学院、信息科学与工程学院等等。在国家教委与中国石化总公司共建我校后，地处上海金山的原上海石化高等专科学校又发展成为我校石油化工学院。在今天发给大家的校报上，我们对 14 个学院作了介绍。

目前学校有 10 个博士点和 33 个硕士点，涉及理、工、经济、文、法、医药等学科门类。在化学化工领域中，我校博士点及硕士点的覆盖面居全国高校的首位。此外，还有一个覆盖 5 个博士点的博士后流动站。学校建有国家重点学科、4 个上海市重点学科、30 个研究所、2 个国家重点实验室、1 个国家教委开放实验室、5 个国家工程中心或分析中心。在师生人数上，我们可以作个比较，1952 年建校时，教工人数是 268 人，现在达到 4 044 人；学生数当时是 723 人，现在已达到 9 508 人。

45 年来，经过广大师生员工与历届校友的努力，学校的教育、科研、产业、后勤等方面都有很大发展，自党的十一届三中全会以来，深化改革已成为我校各项事业发展的推动力。我们遵循邓小平同志的“发展是硬道理”、“改革是发展的动力”的教导，学校经过不断的探索和实践，已形成了以下主要特色：

特色之一：积极探索与建立以“联合共建”为核心、产学研相结合的办学新体制

近几年来，学校提出了“走出小社会，面向大市场”，建立与国家经济体制转轨相适应的办学新体制。实行了“对外联合共建，对内深化改革”的工作方针，既在对外开放中寻求支持，也在对外开放中明确社会需求，并以此作为深化内部管理体制改革的出发点。

近两年来，除实现了“三家共建”以外，还先后与 14 个大型企业联合办学，建立了以大型企业集团为核心的校董事会，使学校探索了一种由大中型企业参与的多元化联合共建的办学新体制。这在我国建设具有中国特色的社会主义高等教育中是一种新的探索。

特色之二：积极探索与建立以育人为核心的本科“素质教育”新框架

百年大计，教育为本。学校一贯重视教学工作，重视人才培养质量。

学校以社会需求为导向,坚持"面向企业为主,提高学生综合质量"的办学方针,努力造就合格加特色的人才,我校培养的具有复合知识结构的毕业生受到社会极大欢迎。近几年来,我校取得了一大批令人瞩目的教学成果。1994 年 12 月,我校本科教学的教学质量在国家教委实施的普通高等学校教学质量评价试点中,被评为优秀。

特色之三:积极探索与建立以"基地建设"为核心的学科建设与发展的新途径

我校坚持以基地建设为核心,融学科建设、基地建设与队伍建设为一体,注意多学科的交叉和渗透,根据各类学科的不同特色,确立适当的发展目标,使一批多学科交叉的学科群已显雏形。通过组建科研集团军,瞄准高新科技积极攻关,取得了一项又一项的重大成果,并努力使之产业化。从 1980 年至 1996 年累计承担科研课题 2 700 余项,通过评审或鉴定有 929 项,获奖成果有 302 项,其中获国家级奖 28 项,省部委级以上的科技奖 217 项,获国内外专利 121 项,科研经费逐年上升。

特色之四:积极探索与建设技术先进的教学科研支撑保障体系

这主要体现在我校在 1995 年 8 月建立了上海首家 ATM 技术支持中心。校园信息服务网建设已基本完成。在图书文献检索方面,已建成目前具有国内最大的以化学化工为主的文献数据库。此外我校的分析测试中心和珠宝检测中心是上海市高校中唯一通过国家计量认证的,具有较强的技术优势。目前,学校正在建造逸夫楼和由中国石化总公司资助的研究生大楼等,为教学和科研提供了更好的条件。

在党的十五大精神指引下,学校正在进一步深化改革,积极探索一条产学研相结合的办学之路。我想,这也应该是我们学校的又一大特色,而且我们也有能力,也有这个条件实现这条办学之路,因为我们广大校友遍布全国各大企业,而学校的发展离不开校友的支持。我们学校所取得的所有成绩,都与几代人和广大校友的支持、努力和关心是分不开的。今天,这么多校友回母校共度校庆,这充分表明了校友们对母校的真挚情感,也是对母校发展的最大关心和支持,我在这里再次向广大校友表示深深的谢意,也希望校友们能经常回母校,学校永远是你们的家。

谢谢大家!

总结四年历程　拓展改革思路 加快学校建设与发展*

各位代表,同志们:

下面,我就学校四年来的工作思路、重大举措、各项工作所取得的进展以及今后的改革思路和设想,向教代会做总结汇报,并提请教代会审议。

一、确立坚持改革与发展的工作思路,抓好五件全局性大事

回顾1994年初以来的历程,我校的发展大致可划分为以下三个阶段:

第一阶段,从1994年初到1995年中,是坚持党的实事求是的思想路线,认清外部形势,摸清内部家底,剖析矛盾,努力保持各项工作正常运转,并针对经济上等严重问题探索走出困境之路的阶段。

第二阶段,从1995年中到1996年中,是以1995年6月27日国家教委领导来校主持召开全

* 本文是在校四届四次教代会上的工作报告,1998年1月9日。

校党员干部扩大会议为契机，提出并实施“对外联合共建、对内深化改革”的工作方针，以国家教委与中石化共建我校，通过“211 工程”预审为标志，学校初步扭转不利局面，走上良性发展道路的阶段。

第三阶段，从 1996 年中至今，是最终实现国家教委、中国石化总公司和上海市三家共建我校，校第八次党代会的召开，校院两级管理体制初步形成，各项工作卓有成效，迈上新台阶的阶段。

四年来的实践证明，我们之所以能走出困境，各项工作取得明显进步，是因为我们坚持党的“解放思想，实事求是”的思想路线，遵循小平同志“发展是硬道理”的指示，深化改革，开拓进取，形成了比较符合国情、校情的工作思路。

从 1994 年初到 1995 年中，学校面临严峻形势。一方面，前些年学校改革与发展过程中潜伏着的一些矛盾与问题，集中爆发；另一方面，“211 工程”预审迫在眉睫，学校的发展处于不进则退的关键时刻。

在这一紧要关头，全校干部和群众就如何渡过难关、求得进一步发展逐步统一认识，并转变了观念，确立了四条指导思想：要正视困难，又不怕困难，在困难中奋发，想方设法克服困难；抛弃“等靠要”的思想，既要争取上级的支持，又要发扬自力更生、奋发图强的精神；迫切需要形成共同努力、共担风险的良好运行机制，克服平均主义、大锅饭，让校内有活力、肯努力的部门和单位率先走出困境；确立“发展是硬道理”的观点，要在事业的发展中逐步解决各种矛盾和困难。同时，我们剖析了之所以造成经济困境的根本原因，并深入思考和总结历史经验和教训，理清今后工作的思路。根据当时实际，我们认为，应着重在以下两方面进行工作：

首先，要强调对外开放，加强与社会的联系，要“走出学校小社会，面向社会大市场”，在对外开放和联系中，明确社会需求，深化内部改革和寻求生存发展之路。其次，要调整、完善和建立校内各项工作的良性运行机制，充分地调动全校教职工克服困难、开拓进取的积极性，特别在经济和校产方面，要下决心整顿治理，使之能在正确的轨道上，求得稳步的和持续的发展。由此，我们适时地提出了“增实力、明需求、促联合”的观点，确立并实施“对外联合共建，对内深化改革”的工作方针。

四年来，我们始终把握学校发展大局，牢牢抓住稍纵即逝的机遇和当前的主要矛盾,集中精力、分阶段抓实、抓好与之密切相关的全局性工作并使之不断取得阶段性成果。我们主要抓了以下五项全局性工作。

1. 财经工作

我们从严格财经管理,形成活而不乱、严而有序的规范化财务制度入手,坚持量入为出原则,在节流的同时着重开源,以形成多渠道筹资办学格局,在维持日常运行的前提下,注意妥善处理好清消债权债务、确保学校当前发展必需和适度提高教职工待遇三者之间的关系,控制了学校财政收不抵支的局面,彻底改变了学校原来的财经状况。我们扭转了财政赤字局面,1996 年、1997 年连续实现了校级财政收支平衡;实现了各项资金收支逐步规范管理,资金“蓄水库”得到重建,主要财务状况指标趋优。

2. 联合共建工作

我们把积极推进对外联合共建作为深化管理体制改革的重要抓手,通过开展多种形式、多种层次、多种对象、多种内容的联合办学,在为区域经济和行业经济服务并作出贡献的同时,尽可能多地争取社会各界对学校的支持,借此加速学校的建设和发展,在以下几方面取得了明显的成效:

形成了国家教委、中国石化总公司和上海市人民政府三家共建共管我校的格局;组建了以大型企业集团为核心的校董事会,并设立了校董事会基金;与 10 多个发展势头强劲的企业(集团)实现强强联合,教育科技合作协议基金达 3 490 多万元;与国家医药管理局、上海邮电管理局、上海浦东新区、上海化工研究院、上海汽车工业集团等政府机关、事业单位或企业开展了各种形式的联合共建,组建了不同的实体或机构;最近以来,与上海市有关部门,上海纺织控股集团公司等大型企业共同推进产学研合作办学,取得初步进展。

3. 深化内部改革工作

在积极推进对外联合共建的同时,学校坚持对内深化改革,配套进行了人、财、物等资源配置改革,以期通过此项改革,达到形成机制、激发活力、增强实力和改善待遇的目的。通过改革力求形成既适应社会主义市场经济,又符合教育和科学技术自身发展客观规律的自我约束、自我发展、自我完善的运行机制。事实证明,此项改革成效显著,达到了预期的目的,为学校下一步实现校院二级管理体系奠定了物质基础。

为进一步探索适应社会主义市场经济体制的办学模式,我们根据社会需求、学科发展和现有基础条件,逐步组建校内二级学院,试行并逐步完善校院二级管理体制,以期通过理顺体制、简政放权,增强基层组织活力,巩固并深化资源配置改革,进一步调动教职工的积极性。目前,校院二级管理体制框架已基本形成,学院一级的办学积极性不断增强,学院的办学经济基础已初步形成。到 1997 年底,各学院拥有各类资金 500 余万元,其中各项消费性资金结存款为 400 余万元,发展资金结存近 60 万元。

学校的后勤社会化改革逐步深化并取得了明显成效:转型、转制工作进展顺利,已从纯福利型向经营服务型转化,管理模式也相应从行政管理转向企业化管理;在不降低服务水平的前提下,逐年减少了学校对后勤的投入;抓住了上海市推进高校后勤社会化改革的机遇,积极参与社会竞争,拓展了后勤服务市场。

4. “211 工程”部门预审和建设工作

1994 年以来,我们全面部署并实施迎接“211 工程”部门预审的准备工作,精心准备学校和学科规划、自评估报告等。在全校各部门和全体教职工的通力协作下,学校于 1996 年 6 月顺利通过由国家教委和中国石化总公司共同组织的“211 工程”部门预审。学校准备的各项材料、校长的主报告、优美的校园环境、热情周到的接待等均得到了预审专家和领导的高度评价。

随后,学校又进一步组织专家进行重点学科建设论证,为“211 工程”立项作了精心、充分的准备。目前,学校的“211 工程”立项正在落实之中。

5. 精神文明建设工作

学校始终把精神文明建设作为全局性的重点工作,坚持以邓小平理论为指导,以育人为宗旨,围绕提高师生思想道德素质和科学文化素质开展工作,将精神文明建设工作落到实处。通过开展“双学活动”、举办各类培训班等,不断提高党员、干部的思想认识和理论水平,坚定对党的理想

信念，增强全局观念、组织观念和群众观念，形成爱岗敬业、为学校“211工程”建设和学校长远发展而努力奋斗的精神状态。在分专题开展校精神文明建设现状调查的基础上，学校召开了精神文明建设工作会议，就“教书育人”、“新时期党员的人生观、价值观、世界观”、“学生思想文化素质教育”等方面，提出了新的对策和思路，颁布了《华东理工大学社会主义精神文明建设若干规定》，明确以“双创”活动作为精神文明建设的抓手，在全校范围内掀起“教职工争创文明组室、学生争创文明寝室”的活动。

二、全校同心协力，各方面工作迈上新台阶

四年来，学校坚持贯彻“对外联合共建，对内深化改革”的正确方针，经济、教育、科技、后勤、校产、精神文明建设等方面工作均取得可喜的成绩，并在一些方面创造了学校历史最高水平。

1. 校级财政收入稳步增长，总体财力明显增强，教职工收入逐步增加

通过清理债权债务，加强财物管理，校办企业实行完全成本核算，深化后勤改革，调整科技和教学服务收益分配政策等措施，鼓励预算外收入增长，构筑多渠道筹资格局，学校总体财力明显增强：校级财政收入逐年增长，1997年超亿元，比1994年增长86%；全部资金收入逾2亿元，比1994年增长99%；资金蓄水库为1994年的近10倍。清消债权债务4126万元，回笼各类债权资金692万元。解决了关系教职工切身利益的养老金、公积金以及地方津贴的“接轨”，教职工平均工资收入有较大幅度增长。教职工工资单平均工资及教职工平均收入（包括各项结算），1997年比1994年分别增长63%和78%。

2. 坚持并拓展以全面提高学生质量为目标的教学特色和内涵，教育改革和教学水平不断迈上新台阶

学校倡导和坚持“面向企业为主，提高学生综合质量”的办学思想和办学特色，不断深化教育改革，拓展教育改革内涵，从管理体制改革深入到以全面提高学生综合质量为目标的改革，深入到课程体系、教学内容和教学方法改革，使教育改革和教学水平不断迈上新台阶：

“面向二十一世纪研究项目”成绩喜人。获得国家教委批准的“面向

21 世纪教学内容和课程体系改革计划"立项项目共 11 项。各研究课题进展迅速,工科化学课程重组课程体系,更新教学内容,据此编写的新教材已投入试用实践;工科化工类、材料类和理科应用化学专业的培养模式研究,已于 97 级中试点;计算机基础教育方案已在全校 96 级学生中实施,得到国内同行肯定。

教学改革富有成效。1997 年国家教委公布第三届优秀教学成果评选的结果,我校有三项目获得全国优秀教学成果二等奖。1996 年上海市评审中,我校上报 20 项成果,全部入选,其中一等奖 8 项,二等奖 5 项,三等奖 7 项。1997 年开展的教学思想研讨,为新一轮的教学改革奠定了基础。1998 年的教学计划将在加强基础、增强能力;人文素质培养、经济管理类知识教育;给予学生较大学习自主性以及相应的教学管理等方面进行新的探索实践。

教材建设取得丰硕成果。1996 年第三届优秀教材评选,我校有 14 种教材获奖,获奖数量和等第在全国同类院校中居前列;已列为九五期间国家级、部委级重点教材 22 本,获资助 40 万元左右。

教学实验室建设不断加强。工科化学教学基地被批准为国家级的教学基地,外语教学中心被批准筹建标准实验室。通过实验室用房调整、组建校级实验中心等措施,逐步实现了实验室人财物的统一管理,使教学实验室建设得到促进和加强,投资效益得到增强。首批建设的校级实验中心有工科化学、计算机、外语、电子电工、机械基础、化学工程工艺等 6 个。

现代教育技术发展令人瞩目。学校改建的多媒体教室在教学中发挥重要作用,得到全校师生认可。"大学物理"、"计算机基础教育"和"化工原理"等课程采用多媒体教育技术获得成功,我校编制的"化工原理——流体输送机械"和"数学方法软件包"获国家教委 CAI 协作组优秀软件二等奖。

专业调整和拓宽不断深入。调整后的专业设置拓展了专业口径,使专业设置更趋合理;采取按专业大类培养的方法更是有效拓宽了学生知识结构,增强了学生的就业适应能力;新办了工业外贸、会计学、投资经济、机械电子工程、计算机应用、通信工程、城市燃气工程、行政管理学、社会工作、药物制剂、市场营销等 11 个专业,有力地改善了学校的专业结

构，提高了生源质量。

学生培养质量稳步提高。大学英语保持较好成绩，大学生数模竞赛连续多年保持突出成绩，1997 年我校学生在国际数学模型竞赛中获我国参赛学校唯一的 1 个特等奖和 1 个一等奖、2 个二等奖，历年来参赛成绩居上海市和国内参赛高校前茅；大学生电子设计竞赛，我校首次在上海赛区获得一个一等奖；开设第二专业课程，帮助学生用组合的方式形成复合的知识结构，增加学生在人才市场上的竞争力。

研究生工作进步明显。研究生招生情况大为改善，在校生总规模大为扩大，研究生奖学金从无到有，现有近十种，最高获奖者可达近 1 万元/年；重建了研究生会，强化了研究生的奖惩制度及学位授予的管理工作。

成人教育取得长足发展。1996 年通过上海市函授、夜大学教育评估，并被授予优良办学单位；成人教育规模有较大发展，1997 年成人学历教育招生数达近 1 000 名，为前两年招生数的两倍；充分利用学校化工特色的优势，为中石化系统和上海地区举办各种高级研讨班和紧缺人才培训班等。

3. 学科建设和科学研究取得长足进步，多项指标不断创历史新高

学校重视并不断加强学科建设和科学研究工作，通过组织队伍、加大投入、政策调整等措施，使学校的学科建设、基地建设、科技工作等取得丰硕成果，多项指标不断创历史新高。

学科建设取得长足进步。新增四个上海市重点学科和五个硕士点；新增文学类硕士、工程硕士、MBA 和 EMBA 学位授予权；通过开展博士点、硕士点自评整改、严格执行导师上岗条件和重新遴选硕士生、博士生导师等项工作，使我校全部硕士点、博士点通过了全国学位授予点评估；作为全国总牵头单位，起草化学工程与技术一级学科点培养规划。

科研基地建设成绩喜人。1994 至 1997 年间，学校建设了一批国家级科研基地（已完成 5 个）；国防军工基地建设全面启动，进展顺利，正在为进入国家级行列作最后的拼搏；珠宝检测中心通过了国家计量认证和国家实验室认可；与外单位合作的基地建设已实现了实质性启动，如分析测试中心与企业合作建立了应用分析实验室，“上海市汽车非金属材料工

程研究中心”已正式在我校挂牌，获建设资金 240 万元。

科研工作保持较高水准，多项指标连续创历史新高。学校的科研经费到款数(指进入财务处的款项)再创历史新高。据 1997 年 12 月的统计，科研到款数已达 6 031 万元，比 1994 年的 1 941 万元增加 211%，其中纵向科研经费为 4 321 万元，比 1994 年的 934 万元增加 363%。横向科研经费为 1 710 万元，比 1994 年的 1 007 万元增加 70%。九五攻关项目总经费名列委属高校第五位、上海市工科大学第 1 位。国家自然科学基金经费大规模上升。军工项目增加迅速，1997 年比 1994 年增加 405%。1996 年教师发表论文被 SCI、EI 收录、引用，分别名列全国高校第 30 位和第 13 位。四年来，学校获得国家级、省部级科技进步奖共 93 项。校学报获上海市科技书刊一等奖。

国家攻关项目进展顺利，产学研结合大项目取得突破。“钛白紧缺品种制备技术的工程化研究与产品开发”、“二氧化硫废气回收净化新技术的工程化”、“新型(多喷嘴对置)水煤浆气化炉开发应用基础研究”等九五重大攻关项目分别通过中期考核，“GMT 增强塑料纤维材料工程研究”等“八六三”项目进展顺利；以“年产 10 万吨乙苯脱氢制苯乙烯工业化项目”等为代表，为行业、地方经济服务的产学研究项目取得质量上的突破。

实验室管理进一步加强。实验室“让利收费”机制和用房状况调查跟踪，促进了实验室的合理使用；按“统一、规范、集中、开放”原则实施的实验室布局大规模调整，促进了实验室的改造和建设，各相关单位自主投入经费共约 1 500 万元，用于实验室的改建；实验室逐步推行了物业化管理。

4. 教育科研支撑保障体系和生活服务设施不断改善

近两年来，由于多渠道筹资办学格局初步形成，学校校级财政收入稳步增长，因此，学校加大投资力度，对学校当前教学、科研、生活等的急需及事关学生培养质量和学校今后发展大局的项目予以重点投资。

基建投资累计超过 1 亿元，既解决了当前教学科研用房急需，又考虑到了学校今后的发展，教职工住宅需求矛盾得到缓解。基建投资 1994～1997 年总计 100 070 万元，其中自有资金为 6153 万元，教学科研用房竣工面积为 12 965m^2，教职工住宅房竣工面积为 52 749m^2，上述 4 项与前

4年相比分别增长180%、1350%、134%和176%。

投资1870万元用于国家级工科化学基地建设、学生基础计算机房、外语语音实验室、多媒体教室、图书馆计算机文献检索系统以及科研基地建设等,有效地保障了教学和科研工作的正常开展。

投入1700多万元用于校内电话网改造和校园网的初步建设,家属区水、电增容改造以及学生食堂、餐厅和学生商业网点等,改善了学校后勤的生活设施,推进了后勤工作的社会化进程。

5. 校办产业逐步进入良性运行轨道

针对校办企业存在的问题,学校根据国家教委的指示和要求,严格执行事企分开原则,按照边整顿、边调整、边发展的工作方针,面上抓企业“上轨、鼓劲、发展”,点上抓重点产品的规划和发展,逐步使校产形成了自主经营、自负盈亏、自我约束、自我发展的良性运行机制,走上了稳步发展的道路。

至1997年11月止,当年实现销售收入9090.8万元、净利润1109.1万元,分别比1994年增加79%和52%。校产净资产总额,在清消债务数百万元的情况下,1997年比1994年净增128%。校办企业自行负担职工的工资福利和养老保险,按实际使用量核交水、电、气费用和条件设施费等,使校产企业实现了真正意义上的完全成本核算。

1994年至1997年间,被认定为高新技术企业有4家;获国家及上海市高新技术产品23项,获国家级火炬计划项目1项,上海市级火炬计划项目8项,获上海市科技博览会金奖12项、银奖1项,获上海市经委系统优秀新产品奖一等奖1项、二等奖2项,无论是数量上还是质量上均有大幅度提高。

重点产品的规划取得进展,轿车刹车片、生工成套技术、导电高分子材料及技术、精细氟科技等项目有较为远大的发展前景,有望成为新的经济增长点。

6. 师资队伍建设取得实效

学校始终将师资联合会建设作为学校上水平、上台阶的一项重点工作,想方设法,促进师资队伍的稳定和整体素质的不断提高,取得了实效。

师资队伍整体素质不断提高。在当前人才竞争激烈而教师待遇普遍偏低的情况下，广大教师甘于奉献，致力于学校的建设与发展，创造出了一项又一项值得称道的优异成绩，有效地提高了学校的综合实力。

中青年骨干教师比率增大，成长迅速。学校现有 40 岁以下的教授 15 人，35 岁以下的副教授 86 人；中青年教师中有 2 人获“国家杰出青年基金”，3 人入选“国家教委跨世纪人才培养计划”，3 人获上海市“曙光计划”资助，10 人列入上海市“启明星计划”，其中 3 人列入启明星跟踪培养计划、2 人列入优秀学科带头人计划；四年来，又有 2 名教师获“国家级有突出贡献中青年专家”称号，引进 1 名“国家级有突出贡献中青年专家”，有 1 人获上海市科技精英称号，1 人获上海市劳动模范称号，有 25 人被评为上海市优秀青年教师。

骨干教师“年龄断层”现象趋于缓和。通过加强选拔、职称评聘工作向中青年骨干教师倾斜等措施，骨干教师队伍特别是副高级职称的教师“年龄断层”现象趋于缓和。师资队伍结构渐趋合理。通过引进、调入、选录等措施，师资队伍的年龄结构、职称结构、学历结构渐趋合理，教学科研队伍中，40 岁以下的青年教师已占 42.2%，40 岁以下的副高职已占副高职总数的 25.4%，具有研究生学历者已达到教学科研队伍总人数的 40%。

师资队伍的表彰激励机制初步形成。校级、省部级、全国各类先进的评选、奖励已成为常规工作；每年核拨 15 万元专用于青年骨干教师的奖励已形成制度；此外，学校还拓宽渠道，通过上海市育才奖、宝钢教育基金奖、焦化奖、立达奖、齐家珊奖和英特尔奖等各种奖项，对骨干教师进行表彰、奖励，使得四年来全校获得上述各类奖励达到 1000 余人次，有效地促进了师资队伍的稳定和建设工作。

教师教学水平不断提高。通过设立“课程指导教授”岗位、教学评优、教学监控、建立退休教师顾问团、青年教师培训制度、设立重点基础课程和技术基础课程建设岗位津贴(30 万元/年)等措施，有力地促进了教师教学水平的提高，完善了师资队伍建设措施。

7. 精神文明建设不断取得新成绩

在学校面临较大困难的时刻，学校领导班子统一思想，坚持物质文明

和精神文明两手抓，起到了明显的效果。部分教职工曾一度萌生的悲观失望情绪和消极的“等靠要”思想已逐步消除，转变为对学校发展前景充满信心，进而树立了主动进取思想，队伍的凝聚力不断增强；师生员工积极依靠自身努力，克服困难，精神文明建设工作不断创造出新成绩。

两课教育依然保持领先势头，在上海高校中率先使邓小平理论进入课堂，并组织全校学生投入学习，荣获上海市第一届（1995 年）、第二届（1997 年）大学生学习邓小平理论“优秀组织奖”。通过邓小平理论学习，极大地激发了广大学生努力成才，以知识奉献于人民，以能力服务于社会的积极性。1997 年我校毕业生就有近 50 人自愿到祖国最需要的地方去，到艰苦的地方去，受到上海市教委的好评，并在各大报刊上给予宣传。

大学生参加志愿者服务队，已成为全校学生的一种自觉行动。学生们喊出了“不要问社会给予了我什么，而要问我为社会做了什么”的响亮口号，热情服务于社会，得到社会各界的广泛好评。校大学生志愿者服务中心获上海市青年志愿者行动“优秀组织奖”；在八运会志愿者组织工作中，校团委获“优秀文明啦啦队”称号，商学院志愿者服务队获“先进集体”称号，3 位学生获“优秀志愿者”称号。

贫困生帮困和勤工助学指导工作取得很大进展，1997 年为学生提供了 4 561 人次岗位，发放酬金 251 万元，较好地解决了这些学生学习、生活中的困难，培养了他们自强自立、艰苦奋斗精神，得到上海市的好评。学校于 1996 年、1997 年二次被评为“上海市勤工助学先进集体”称号。

机关工作人员发扬奉献精神，恪尽职守，勤奋工作，在“211 工程”部门预审、对外联合共建、制订并实施内部改革方案等工作中发挥了重要作用。在学校发生困难时依然较好地完成了管理、服务、参谋等任务，不少部门的工作取得了突出的成绩，如校档案管理工作被评为国家一级等，受到上级的表彰和奖励。

学校体育工作一直居上海高校领先地位，分别被上海市体委、上海市教委授予“百万市民健身活动先进单位”、“群众体育示范单位”、“全民健康优秀学校”、“群众体育先进单位”、“上海高校群众体育先进单位”等，并于 1997 年八运会上，再次荣获《全国群众体育先进单位》称号。

学校治安综合治理工作成绩显著，通过加强教育、管理，建立技防、物防和人防相结合的防范网络等措施,刑事犯罪率和火灾发生率持续下降,学校被授予“上海市社会治安综合治理先进集体”称号。校园环境整治取得实效,校园“十不规范”、学生商业区整改,卫生脏乱差现象的治理,进一步优化了育人环境。

学校的教书育人工作也取得积极成效,基础教育学院被评为上海市教书育人先进集体,许多教师获得各级各类先进和荣誉称号。

正是由于学校坚持物质文明、精神文明“两手抓”的方针,各项工作均取得了突出实绩,上海市人民政府于1997年授予学校“上海市文明单位”称号。

四年来,学校的形势发生了根本性的好转。这不仅仅反映在经济形势上,更主要的是,使学校能健康、持续发展的各项有利因素已经逐步汇聚,学校的建设和发展有了可靠的保障和充足的后劲。分析形势转变和成绩取得的原因,主要有以下几个方面:

第一,这是国家教委、中国石化总公司、上海市的各级领导关心和支持我校,在校党委领导下,学校各级党政领导班子团结一致、共同奋斗的结果;第二,这是我校教职工同心同德,正视和克服困难,勇于接受挑战,主动进取,以扭转不利局面的结果;第三,这是我们遵照小平同志“解放思想,实事求是”的思想路线,坚持开放,锐意改革,确立和执行了正确的工作方针的结果;第四,这是我们不失时机地抓住这几年来的一些重大机遇不放,乘势而进的结果。

三、展望未来,认清形势,勇于改革,大胆创新,为实现学校持续发展而奋斗

展望21世纪,国际间日益激烈的经济竞争、科技竞争乃至综合国力竞争,实质上是智力和人才的竞争,高等教育必将扮演特殊重要的角色。未来的高等学校必将与社会经济发展更加紧密结合,必将要面对全世界科技飞速发展的重大挑战。很明显,我校目前的现状还远远不能适应未来形势发展的需要。

今天,当我们取得了一些成绩和进步之际,更应根据江泽民总书记“教育要全面适应现代化建设各类人才培养的需要”的指示,冷静地思考

和分析学校还存在哪些阻碍我们顺应形势变化、以崭新面貌步入新世纪的困难和问题，并提出克服困难、解决矛盾的思路和方略。

我们认为，学校发展和建设面临的两大主要困难和矛盾是：第一，学校建设和发展的需要与投入不足的矛盾仍然十分突出；第二，稳定队伍，提高队伍素质和水平，将成为我校进一步深化改革的重点和难点。此外，在学校教学、科研等各个方面还存在许多差距和问题。

在教学方面，教师队伍的整体素质有待提高，课程体系、教学内容和方法亟待改革，不断适应新世纪对人才培养的要求，研究生培养规模有待进一步扩大，教学设施陈旧老化，亟待更新和完善，教风和学风建设需进一步加强。

在学科建设和科研方面，面对新的形势，如何贯彻"有所为，有所不为"的精神，合理布局，突出重点，协调发展仍需进一步落实和调整；目前，具有优势的学科和博士点相对较少；横向科研经费相对比例不高；高科技水平成果数量不多，成果转化工作有待迈上新台阶；实验室仪器设备的更新和建设亟待加强。

在校办产业中，如何加强与各学科的紧密合作，加速高新技术成果的产业化，已产业化的项目和产品如何尽快形成规模效益等已成为急需通过改革和实践来解决的关键问题。后勤社会化步伐仍比较艰难，整体上仍未改变学校办小社会的局面，后勤基础设施因长期缺乏足够投入而形成积重难返的局面，教职工的工作和生活条件尚需不断改善。

各项管理工作中，在如何真正发挥管理、服务、参谋三项职能方面还存在许多不足，人员素质仍需不断提高，特别是为适应新形势的需要，要进一步加强规范化、科学化和现代化的管理。

我们认为，要适应新世纪对高校的要求，从根本上解决学校办学中存在的上述困难和矛盾，唯有遵循党的十五大精神，进一步加大"改革、开放"的力度，处理好"改革、发展、稳定"三者关系，坚持实事求是，大胆创新，才能使学校工作开创新的局面，走上持续发展的强校之路。

江泽民总书记在十五大报告就"产学研结合"，进一步解放和发展生产力，实施科技兴国战略等问题，作了精辟的概括和指示："有条件的科研机构和大专院校要以不同形式进入企业或同企业合作，走产学研结合的道路，解决科技和教育体制上存在的条块分割、力量分散的问题”。“突出重点，有所为，有所不为，加强基础性研究和高技术研究，加快实现技术产业化，加强应用技术的开发和推广，促进科技成果向现实生产力转化，集中力量解决经济社会发展的重大和关键技术问题。有重点有选择地引进技术，增强创新能力。”“一切符合‘三个有利于’的所有制形式都可以而且应该用来为社会主义服务。”“公有制实现形式可以而且应当多样化。”“一切反映社会化生产规律的经营方式和组织形式都可以大胆利用。要努力寻找能够极大促进生产力发展的公有制实现。”

根据党的十五大精神，结合我校的实际情况，我们认为，我校今后几年的改革可以围绕下面三方面思路展开：

(1) 学校办学一定要开放，要适应社会主义市场经济发展的需要，不是学校办社会而应是适应社会、服务于社会和依靠社会办学校，在与社会的结合中开创新的天地。

(2) 学校改革首先要解放思想，增强主动创新意识，发扬开拓进取精神，继续破除大锅饭，充分调动广大教职工的积极性。

(3) 我校是以工科为主的学校，要加强与企业紧密结合，面向企业，走“产学研”相结合的道路，实现教育、科技与经济的紧密结合。

根据上述办学和改革的思路，着重要抓好以下几个方面的工作：

(1) 继续坚持“对外联合共建，对内深化改革”的工作方针。

学校要继续坚定地走联合共建之路，多渠道筹集办学资金；继续推进多种内容和形式的联合办学，与海内外企业、政府部门、高校等合作；为上海市和石化行业培育新的经济增长点作出应有的贡献。

要进一步理顺并完善校院两级管理体制，切实增强基层组织活力，形成各尽其能、各负其责、自我发展、自我完善和自我约束的良性运行机制。

(2) 实施新一轮教学改革，充分盘活教学资源，提高质量和效益。

根据中央关于重点高校要从为全国服务转向重点为地方经济和社会发展服务的精神，我们要不失时机地实施以调整专业结构、修订教学计划为中心的新一轮教育思想、教学内容、教学方法的改革，坚持“面向企业为主、提高学生综合素质”的办学方针，继续为培养知识基础宽厚、实践能力强劲、创新意识强烈、综合素质优良的人才而努力奋斗。

要盘活学校的各类教学资源，采用多种形式和灵活的机制，根据社会的实际需求，大力发展成人继续教育和高等职业教育，形成学校本科教育为主、研究生教育和成人教育并举、职前和职后教育相结合的协调发展的新格局。

(3) 加强学科建设，提高科研水平，激活科技存量资产，实现高科技产业化。

要继续坚持以基地建设为核心，融学科建设、队伍建设为一体的学科建设方针，强化重点学科、重点科研基地以及博士点、硕士点建设，规划并完成学科总体结构的调整，同时建设一支跨世纪学术带头人和学术骨干队伍。

要充分调动科技工作者和经营者的积极性，激活学校科技存量资产，促使有潜力的高科技成果尽快产业化，坚决走“产学研”结合之路，使校产中已形成产品的高科技成果形成放大规模效应。要继续重视基础及应用基础理论研究，促使基础研究与应用开发协调发展。

(4) 加强师资队伍建设，努力构筑“人才高地”。

要在多渠道筹资加大办学投入强度时，充分重视师资队伍建设，采取有吸引力的激励措施来稳定教师队伍，吸引优秀人才，同时加强现有教师队伍的进修和提高，力求形成学科结构合理、老中青有机结合的学术梯队。

(5) 在建设科研和教育支撑保障体系的同时，逐步实现后勤社会化。

要在学校财力逐步增加的条件下，加大建设科研和教育支撑保障体系的力度，以适应学校教育、科研事业发展的需要。要采取各种改革措施，积极推动后勤服务资源融入社会服务体系的进程，拆除高校与社会之间的“围墙”，充分利用社会资源改善教职工和学生的学习工作条件。

(6) 两个文明一齐抓，加强党建和精神文明建设。

要继续贯彻我校第八次党代会的精神，高举邓小平理论的伟大旗帜，进一步用邓小平理论武装广大党员、干部和师生，进一步加强和改善思想政治工作，使师生员工的思想道德、科学文化水平、民主法制意识明显提高，使学校的校风、学风进一步显著好转，校园的文化卫生环境进一步优化，形成两个文明一齐抓，两个文明双丰收的大好局面。

同志们!

展望未来,我们依然认为,困难与希望并存,挑战与机遇同在,只要我们高举邓小平理论伟大旗帜,坚持贯彻党的十五大精神,坚持“改革、开放、求实、创新”,紧紧依靠全体师生员工,我们就能不断取得新的进展,以崭新的面貌迈向21世纪。

缅怀老院长业绩
创人才培养、知识创新的新局面*

“勤奋求实”是我校创始人老院长张江树提出的校训，也是这位全国著名化学家、教育家几十年身体力行的写照。

张江树教授在我国高等院校辛勤耕耘达70载之久，为祖国培养了大批的专门建设人才。尤其是新中国建立以来的40余年中，他始终如一地忠诚于党和人民的教育事业，团结同仁、勤俭办学、呕心沥血，为建设和办好华东化工学院(华东理工大学的前身)这所全国重点大学作出了重大贡献。

张江树教授一生从事物理化学学科的教学和研究，著述甚丰，是我国早期物理化学学科主要的学术带头人之一，又是中国化学会的创办人之一，为我国化学科学的发展作出了重要贡献。张江树教授桃李遍布天下，他的许多学生在国内外已卓然成为著名的学者教授。

---

* 本文是在张江树教授百年诞辰纪念大会上的讲话，1998年6月12日，同时作为张江树纪念文集序。

古人云："国将兴，必贵师而重傅。"我们今天纪念张江树教授百年诞辰，正值党中央决心实施科教兴国战略，把我们伟大的祖国建设成为富强民主文明的社会主义现代化国家。江泽民总书记在北大百年校庆大会上指出："我们的大学应成为科教兴国的强大生力军。教育应与经济社会发展紧密结合，为现代化建设提供各类人才支持和知识贡献。"由此，我们更感奋于张江树老院长的爱国精神、敬业精神和创业精神，我们要把对老院长的缅怀化为实际行动，为开创华东理工大学人才培养、知识创新的新局面而努力奋斗！

抓住机遇，提高水平，加快发展研究生教育*

各位学院领导，各位研究生导师，同志们：

2000 年，华东理工大学办学中的最重要的大事是申办研究生院成功。这次全校研究生工作会议就是在这个大好时机下召开的，具有重要的意义。这次会议将总结近年来我校研究生教育发展取得的成绩，找出存在的问题，规划未来的发展，特别是未来三年的发展规划，也将奖励在研究生教育工作中做出突出贡献的导师、任课教师和管理工作人员，讨论调整研究生教育的有关政策。以下我着重讲三个问题。

一、高水平研究生教育是一流大学的重要标志

1. 高水平的研究生教育是国内外著名大学的共同特征

世界上名列前茅的大学，无不把研究生教育放在很重要的位置，如美国排名前列的加州大学

---

* 本文是在全校研究生工作会议上的讲话，2000 年 12 月 20 日。

(伯克利)、斯坦福大学、哈佛大学、普林斯顿大学、麻省理工学院、耶鲁大学和康奈尔大学等。在这些大学中,研究生对本科生的比率很高,例如加州大学(伯克利)为1.27∶1,斯坦福大学为1.37∶1,哈佛大学为1.42∶1,麻省理工学院为1.25∶1,康奈尔大学为1.42∶1。研究生的在校总人数均超过5000人,研究生成为学校科学研究的主力军,使学校的科研工作量和科研水平大为提高。这些学校聚集了世界一流的人才,吸引了世界上大批学子前去攻读博士学位,成为高新技术和重要发明的诞生地,培养出了一批出类拔萃的科学家、社会活动家。

我国的一些重点大学,也在朝着这个方向努力,迅速地增加研究生的招生人数,加强研究生院建设,严格培养过程,提高培养质量。目前,清华和北大的研究生对本科生的比率已达到0.9∶1。复旦大学2000年招收研究生近2700人,上海交通大学超过1800人,同济大学超过1600人,华东师范大学也近1000人。

2. 发展高水平研究生教育是国家赋予重点大学的使命

进入21世纪,我们面对的是新的发展要求。从近年来全国高等学校毕业生就业情况来看,研究生一直处于供不应求的状况,而且缺口比较大。据统计,近五年来,平均每年从高等学校退休的教授和副教授达1万多人,这其中的大部分需要毕业博士生来补充。但是我国每年毕业的博士生平均不足1万人。据有关部门的统计,计算机学科毕业的博士生,即使全部留在高校工作,也不能满足需求的十分之一。从这个角度看,研究生教育面临着严峻的挑战和巨大的压力。

目前,全国约1000所高校,只有一半左右的院校有研究生学位授予权,相当多的院校以本科教育为主,兼有研究生教育,且主要是硕士生教育;少量办学条件比较好,科研力量比较强,学科综合优势明显,管理完善,培养质量较高的大学,以教学和科研两个中心、研究生教育和本科教育并重为目标进行建设,作为相对集中的研究生培养基地,特别是博士生的培养基地,这些学校就是有研究生院的学校。国家将发展高水平研究生教育的重任首先赋予重点大学,国家重点大学也理应成为具有研究生院的学校。

最近一批研究生院启动建设后，我国共有 53 所研究生院，其中非军事大学的研究生院 50 所。国家控制研究生院数量，重视研究生院建设，是贯彻分层次办学的原则。很显然，高等学校在分层次办学方面将会形成：第一类是两个中心，研究生教育和本科教育并重的重点学校；第二类是以本科为主，兼有硕士生培养任务的学校；第三类为本专科并重的学校；如果说有第四类，那就是高等专科学校或高等职业学校。我校是教育部的直属重点大学，又是正在建设研究生院的院校，为国家培养高质量的研究生是我们义不容辞的责任。

3. 建立研究生院是我校办学水平再上台阶的标志

“211 工程”建设的实施意味着学校进入了国家前 100 所重点建设高校的行列，而研究生院的成立则是学校办学水平进入更高层次的里程碑，它也是建设研究型大学，实现学校战略发展目标必不可少的条件。在我校的发展史上，始终将“研究生院”的成立，作为一个奋斗的目标。

我校同全国其他重点高校一样，从 1978 年恢复招收、培养研究生，1981 年实施学位制度。20 多年来，研究生教育取得了很大的发展，为国家培养了 3 231 名硕士和 407 名博士，他们为国家的经济建设和社会发展作出了重要的贡献，成为我国各条战线的骨干，也为学校争得了荣誉。当前，我们要抓住机遇，形成共识，把大力发展高水平研究生教育的思想落实到学校工作的各个方面，加快研究生院的建设步伐，以崇高的历史责任感，努力把我校研究生教育提高到一个新水平。

二、加快发展研究生教育是我校的紧迫任务

1. 关于研究生教育发展的总体目标

根据国家的要求和学校的具体情况，学校对研究生教育发展的总体目标是：认真贯彻国家“深化改革，积极发展；分类指导，按需建设；注重创新，提高质量”的基本方针，有计划地扩大研究生教育规模和博士、硕士授权点覆盖领域，提高办学效益，抓好培养质量，培养富于创新精神的人才，把学校建设成为全国培养研究生教育的主要基地之一。

教育部《研究生院设置暂行规定》中，对大学设置研究生院的资格提

出了五点明确的要求。这些要求不仅与研究生教育本身有关,还涉及到了学科建设、本科教育、队伍建设、科学研究、设施条件、对外交流、内部管理等各个方面。因此,研究生院的建设是一项综合工程,必须依靠全校的力量,才有可能办好研究生教育。

为此,在研究生教育中,必须确立全校办研究生院的指导思想,要深化改革,勇于创新,要以本科教育为基础,学科建设为保证,科研课题为载体,导师力量为后盾,设施条件为保障。在研究生教育方面,要进行一系列的改革,其中包括:加快导师的培养与引进工作,重视研究生的思想政治工作,加强质量意识,抓好培养工作,加强招生和管理工作,逐步改善研究生教育的设施和条件等等。

2. 我校研究生教育的基本情况

我校的研究生教育,经过 20 几年的发展,已经初具规模,并且保持了良好的培养质量,主要体现在以下几个方面:

(1) 学位点的覆盖面得到了较大的拓宽。目前,我校有一个一级学科学位授权点(化学工程与技术);一个博士后流动站(化学工程与技术);12 个博士点(其中工科 10 个,理科 2 个),覆盖了 7 个一级学科;42 个硕士点(其中工学 23 个,理学 9 个,经济学 2 个,管理学 2 个,法学 4 个,医学 1 个,农学 1 个),覆盖 24 个一级学科;专业学位两种(工程硕士和工商管理硕士,其中工程硕士覆盖化工、制药、自动化、机械、材料、计算机六个领域)。

(2) 形成了较大的研究生规模。2000 年,我校招收各类研究生 858 名,其中硕士生 456 名,博士生 131 名,工程硕士 220 名,EMBA51 名。招生数与本科生的比例为 0.17∶1,博士生与硕士生比例为 0.29∶1。目前,我校在读的各类研究生 1 867 名,其中博士生 295 名,硕士生 1 086 名,工程硕士 374 名,EMBA94 名。在读生数与本科生的比例为 0.14∶1,博士生与硕士生比例为 0.26∶1。

(3) 拥有了一支较高水平的研究生导师队伍。现有在职博士生导师 74 名,其中 2001 年上岗招生的博士生导师 63 名(其中外单位兼职导师 6 名)。现有上岗招生的硕士生导师 278 名(其中外单位兼职导师 9 名)。

(4) 教育的质量保持良好。1997 年全国硕士点合格评估,我校所有硕士点顺利通过评估。1998 和 1999 年全国百篇优秀博士论文评选,我校各有一篇入选。1999 年上海市优秀博士和硕士论文评选,我校有 3 篇入选。我校在研究生课程建设和研究生教学用书建设中,都取得了可喜的成绩。

(5) 教育管理严格规范。1998 年我校修订印制了华东理工大学学位与研究生教育管理文件汇编,贯彻了学校“依法治校”的思想,逐步理顺研究生教育两级管理体制,提高了管理效率,受到了上级有关领导的肯定。三年来,我校研究生处连续被评为上海市研究生教育管理先进集体,有多人多次被评为上海市研究生教育管理先进个人和获得其他有关荣誉称号。

(6) 学科基地建设初见成放。我校现有国家重点学科 1 个,国家重点实验室 2 个,国家工程(技术)研究中心 2 个,上海市重点学科 3 个(其中 2 个待论证),上海市教委重点学科 4 个。1999 年科研经费到款 8 137 万元。这些科学研究基地和项目为发展研究生教育提供了良好的条件。

3. 全面认识研究生院的性质和职责

教育部《研究生院设置暂行规定》中指出了研究生院的性质和职责,我们必须全面认识,深刻体会,才能办好合格的研究生院。

(1) 根据暂行规定,研究生院的设立由教育部规划、审批。经批准试办的研究生院试办期一般为 3 年。试办期满,应向教育部提交试办研究生院工作总结和正式建院申请。教育部组织对试办研究生院进行考核评估,试办合格的,批准其正式建院。因此,研究生院不是哪个学校想建就可建的,也不是学校下设的二级学院。

(2) 研究生院的性质和职责。研究生院是在校长领导下对本单位研究生教育进行集中和有序管理的机构。暂行规定指出,研究生院应根据职责承担的任务,本着精简高效的原则,设置职能处、室,应有必要的人员编制和单独的经费预算,可以召集主管研究生工作的系主任(院长、所长)、学校职能部门负责人举行会议,协调有关工作。研究生院除了对学校研究生教育进行集中和有序管理之外,还有一个重大职能,就是规划学科建设，参与制定学校学科建设规划，也正因为如此，大部分有研究生院的学校在研究生院内设立了学科建设办公室。研究生院将同学校各职能部处一道，为学校优化学科结构，促进新兴、交叉学科和高新技术学科的发展作出贡献。

4. 当前研究生院建设中的几项重点工作

1）根据我校深入改革和结构调整的需要，重新制定研究生发展规划

最近五年，我校国家计划内的研究生招生人数平均逐年递增26%，今年的招收数和目前在校生数达到我校研究生教育的历史新高，取得了前所未有的成绩。但是，在有研究生院的53所大学中，我校的研究生教育规模相对较小、差距较大。去年底，国家将研究生教育工作的24字方针中的“适度发展”改为“积极发展”，研究生扩招势在必行，估计明年全国招生人数将突破15万。上海市也正在酝酿出台研究生教育改革的新举措，改变原有的招生方法和培养模式，这是我校难得的发展机遇和挑战。3年内，我校在读研究生数要以每年扩大30%的速度发展，在学校研究生院正式挂牌之际，达到3500～4000名，其中三年博士生和硕士生招生总规模达3000名，研究生和本科生在校生数之比达1∶4。

为此，要充分利用试办研究生院的有利条件，继续扩大本校优秀本科生免试直升的规模，同时积极与其他院校互换免试生，三年后免试生争取每年达到150名。要调整招生政策，吸引优秀生源，鼓励本校本科生踊跃报考研究生，使本校生源有大幅度的增长；继续执行双向选择原则确定研究生导师，鼓励研究生导师通过各种渠道开拓生源；特别要执行中央开发西部地区的大政方针，注意招收西部地区定向研究生，支援西部大开发。要扩大专业学位研究生的招收规模，争取国家教育部、国务院学位办和国家重点大中型企业的支持，继续增加工程硕士招收领域、招生数和开拓新的合作培养单位，拓展MBA、EMBA的招生面。

今后几年内，每年要以30%的增幅扩大博士生生源，扩大博士生导师招生自主权，在学校重点、新兴和交叉学科，对科研项目多、经费充足、委培和自筹生源数量大的导师，可以多招收、多培养博士生。同时，要扩大硕博连读，鼓励提前攻博，优秀硕士生由导师主荐、指导小组考核，可以

免考专业课。本校具有高级职称的教师报考我校博士研究生,可以免考专业课。实行博士生弹性学制,允许博士研究生学制延长至 4 年,保留他们的原有待遇。

2) 加强质量意识,抓好培养工作的各个环节

提高质量是研究生教育发展的关键,它涉及到培养工作的各个环节。经过多年的发展和积累,我校的研究生培养质量具有良好的声誉,但是与国内外同类型的高水平大学相比,还有较大的差距。目前,在我校的研究生教育工作中,存在着高水平导师不足,课程建设滞后,研究生德育教育工作不够、后勤保障不力,管理工作亟待提高等多方面的问题。其中既有始终未能解决的老问题,也有发展过程中出现的新问题。为稳定提高我校研究生培养质量,在抓好德育教育的同时,应该切实抓紧研究生课程建设、教材建设、导师队伍建设等方面的工作,把好论文质量关,特别是博士生论文质量,提高管理水平和效率,为研究生成才提供良好的保障。

(1) 把握研究生专业发展方向,建设高水平课程体系。我校研究生各专业的课程普遍存在知识结构不合理、内容陈旧、因人设课等现象。面临日新月异的现代科技发展形势,把握本专业的发展方向,建立新的专业课程体系,明确各专业研究生所需掌握的基础理论和专业技术,对研究生培养质量的提高有举足轻重的作用。

学校设置研究生课程建设基金,配合我校博士点、硕士点建设,并根据上海市研究生教育改革新政策,调整培养方案,分期、分批建设我校研究生课程。从 2001 起,分 3 年逐步更新各专业点课程体系,课程建设以立项形式进行。研究生院要充分发挥研究生教育评估组的作用,在广泛征求意见的基础上,制订切实可行的方案,组织各专业点确立课程建设项目和方案,并由研究生院负责课程建设的检查和管理。对于先期立项的专业点建设课程,优先考虑其教学用书建设。

(2) 更新研究生教学内容、建设一批高质量教学用书。我校研究生教学总体情况是好的,但存在的问题也很突出。在一些专业中还不同程度地存在:教学内容陈旧;研究生课程与本科生课程大量重复;研究生教学用书名不符实,授课内容随心所欲;研究生学位课程无书可用等问题。凡此种种问题,制约了我校研究生培养质量的提高。改革教学内容,建设

一批高水平的教学用书和课件势在必行。教学用书建设是提高我校研究生培养质量的重要条件，对扩大我校在国内外的影响也具有积极意义。

教学用书建设要服务于专业点的课程建设，分为学位课程教材和非学位课程专著两类，以立项形式展开。要积极争取课程建设项目纳入国家和上海市教育发展计划，学校也设立教学用书建设专项基金，为研究生教学用书的编写出版提供一定的资助。

(3) 提高研究生教学水平，建设一支高素质教师队伍。研究生培养质量的提高，关键在于研究生教师队伍总体水平的提高。我校研究生教师队伍的断层现象相当严重，必须采取各种有效措施，稳定教师队伍，提高教师队伍的整体素质(尤其是青年教师的素质)。这方面的问题，我将在后面专门谈到。

(4) 加强研究生教学管理，建设高效管理机制。我校研究生教学管理机制几经改革，正在不断完善中。但就目前情况看，总体上还不够健全，管理手段相对落后。随着研究生招生规模的不断扩大，要改变落后的研究生教学管理模式、健全管理机制、提高管理水平。

为此，要规范校(研究生院)、院(学院)两级管理机制，明确校、院两级管理职责，定期对管理人员进行管理培训，提倡爱岗敬业精神，提高管理人员素质；研究生教学管理实行过程管理与目标管理相结合的方法，校、院两级共同协作实施；充分利用现代信息处理技术和计算机网络技术，完善现有管理信息系统。实现管理网络化，提高管理效率。

3) 针对研究生的特点，加强研究生的德育教育工作

联合国教科文组织对当今教育提出八字方针：做人、做事、求知、合作。去年国家召开的第三次全教会强调素质教育，创新人才的培养，实践教育。研究生虽然仍然是学生身份，但是，在当今计划经济向市场经济转化的形势下，与本科生比较，研究生对人生目标的定位和价值取向的追求，显得更实际、更具体。特别是部分定向、委培的研究生，本身就是高校教师或是科研院所、企业的科技人员，也包括一般的博士生和高年级硕士生，已经是以准工作者身份活跃在我校科研、教学的第一线。

研究生的德育教育和思想政治工作，必须根据研究生的特点开展。在体制上，研究生思政工作以学院为主，分管研究生工作的院长要全面负

责研究生的思政工作。研究生思想政治工作,思想品德的教育,学校的党组织要管,行政领导要管,更重要的是导师要管,研究生导师是最重要的德育教育和思想政治工作者。导师的思想品德、治学态度、思维方式对学生的影响举足轻重,甚至将对学生的一生产生影响。教师不但要从学业上关心学生,还要从思想上、生活上关心学生。

在开展邓小平理论学习、素质教育、实践教育、法制教育、校规教育时,必须选择一些良好的载体,搭出舞台,让学生的学习理论联系实际,提高学习的自觉性和实效。例如,可借助于学校每年举办的研究生秋韵节等载体,开展丰富多彩的活动,培养学生的集体观念、团队合作精神;也可利用寒暑假组织研究生走向社会,加强实践锻炼,开展社会调查,认识社会,认识国情,引导研究生用理论指导实践。学校要有计划地联系一些单位,为研究生挂职锻炼提供机会。

4）为改善研究生生活和学习环境做些实事

学校在研究生的住宿、后勤服务等方面要重新规划,加大投入,争取在较短的时间内有一个明显的改观。要规划和建设研究生公寓,三年内达到博士生每人 7 平方米和硕士生每人 4 平方米的居住面积水平,校园网络线要进入研究生宿舍,提高研究生助教、助研、助管的津贴。

5）重视研究生就业工作

研究生就业工作要与研究生教育改革相适应,与我校研究生教育发展相适应,与市场经济下的用人机制相适应。目前我校研究生的就业率在 98%左右,但 3 年后,随着招生规模的扩大,毕业生就业率就可能下降。我们在扩大招生的同时,要积极疏通、拓宽毕业研究生的就业渠道。学校将设立和加强展示、咨询、信息、服务等窗口,更好地为毕业研究生的就业服务。

尽管研究生教育需要进行相对独立的集中管理,但并不是自我封闭的,搞好研究生教育必须得到全校的支持。教学科研条件和生活设施条件等的保证应由学校各有关职能部门共同协办,有些应由有关部门主办。根据条例的规定,我校研究生院不设后勤机构,后勤工作由学校的后勤部门负责管理。研究生院应当集中力量改善和加强研究生教育本身的管理,抓好学科建设和人才培养。因此我希望全校教职员工,为了提高学校的整体水平和综合实力,共同努力建设好研究生院。

三、抓好学科建设是发展研究生教育的重要保证

学科建设与研究生教育是相辅相成,互相促进的。研究生是一支科学研究的重要力量,他们在导师的指导下完成的创新性工作和发表的学术论文,丰富了学科点的科技成果,给学科建设注入了活力。另一方面,只有高水平的学科点,高水平的导师和团队,才能培养出高水平的研究生,所谓名师出高徒。

研究生与本科生不同,一般具有学生和科研工作者的双重身份。他们与导师的关系,既是师生关系,也是导师的助手关系。实践证明,不少出重大成果的导师,他们的成就都有研究生的一份贡献。国外也是这样,导师利用他们的地位和影响,争取科研和工程项目,有了科研经费,就招研究生,利用科研经费给研究生发奖学金和生活费,研究生参与科学研究项目,出成果,出人才。

研究生教育的发展,不管是规模还是质量,最根本的决定因素是学科建设水平。我校"211"工程的实施,其重点放在学科建设上,目前上海市正在对我校的化学工程、生物工程、应用化学等学科建设进行重点支持,这是我校学科建设上水平的很好机遇。为此,我把学科建设的问题专门提出来,讲几点意见。

1. 目前存在的突出问题

学位授予点偏少,导师队伍力量薄弱,且我校博导后备队伍存在严重不足。可以认为,导师队伍建设已成为约束我校研究生教育发展的第一因素。鉴于上述存在的问题,未来几年我校的重要任务是把学科建设作为深化改革、提高办学水平的重点。

2. 学科建设目标

学科建设的目标是形成以工为主,学科特色鲜明,工、理、经、管、文协调发展的多学科格局。工科类学科要继续保持化工类学科的优势,重点发展高新技术含量高的学科专业和交叉学科,促进全校学科整体水平提高。要加快非化工类学科发展速度,理科重点发展应用数学、化学、生物

学科，注重理科与工科的渗透和联合；文法经管类学科，重点发展国民经济学和社会学学科，加强应用经济类学科和管理类学科的建设，加快特色文科点的发展。

3. 学科建设的具体措施

1) 以一级学科发展作整体规划，在已有自行审批硕士点范围的一级学科内合理布点，扩大一级学科内硕士点阵容，积极申报博士点和博士一级学科授权点。

2) 解放思想，加快导师培养与引进工作。为此，要制定有利于急需学科和学校重点发展学科学术带头人及学术骨干引进的优惠政策，将学科建设规划作为人才引进的重要依据。学校设立专款，用于博士生导师的引进。聘请校外院士和博导作为我校的兼职导师。要更多地选留优秀博士毕业生，充实教师队伍。要鼓励青年教师在职攻读博士学位，作为青年教师培养的重要途径。

3) 加大学科建设投入

(1) 对于学校急需发展的学科授权点，要给予一定的启动经费，新增授权点和力量薄弱的学科点给予政策倾斜或经费支持。

(2) 建设与考核同步。由学位挂靠学院和研究生院讨论指定专门负责人，并向学院提交详细的立项申请报告，审批后分期检查到位经费情况。

(3) 列入 2001 年新点申报准备的一级学科、博士点和硕士点，要及早准备，做好规划，加大投入，加快建设。

(4) 评选和奖励在培养德才兼备人才中做出成绩的优秀研究生指导教师。

(5) 加大优秀学位论文的奖励力度和申报支持，每年开展校优秀博士论文、优秀硕士论文评选。积极鼓励申报上海市及全国优秀博士和硕士论文，申报费用由学校交纳。到 2003 年全校每年力争申报优秀博士论文 10 篇、优秀硕士论文 30 篇。对获得全国优秀博士论文和上海市优秀研究生论文的毕业生给予奖励。

(6) 逐步提高研究生导师的待遇。提高博士生导师津贴额度至每月每生 200 元，其中学校津贴 100 元。设立硕士研究生导师津贴，额度为每月每生 100 元。

(7) 学校在未来 3 年内，每年投入学科建设专款 200 万元，用于新增博士点、硕士点的建设和有关奖励。

4) 加强学科梯队的建设

队伍建设是学科建设的关键所在，这里我要特别强调的是青年教师的培养。青年教师是学校的未来，承担着 21 世纪科学技术发展的重任，面对激烈的竞争，如果他们的水平上不去，学校的水平就上不去。对于青年教师的培养，学校已经采取了一些措施。

在职称评审上，给予政策倾斜。在上报跨世纪人才、启明星、曙光学者、骨干教师等方面都给予支持和帮助。但是，这个影响面还很小，还不足以改变整个青年教师队伍的面貌。对于重点学校，今后教师的组成主要来自有博士学位的人才，21 世纪高等学校师资实力评估必然会考虑到有博士学位人员所占的比例，这是无法回避的现实。我们今后选留教师时，要考虑首先选留优秀的博士毕业生。

学校考虑了一个方案，要求各个学院制定一个计划，让有培养前途的青年教师，陆续在职攻读博士学位。学校还要定期举办教学方法指导讲座，开设示范课程，提高青年教师授课水平和艺术。鼓励各专业点的资深教师与青年教师建立“一对一”、“一对多”联系，扶持青年教师迅速成长，使之成为学科发展的骨干、甚至学术带头人。

要通过津贴、科研启动费等多种方式，提高现有青年教师的待遇。青年教师在学校工作多年，不少人为学校的发展作出重大贡献，乃至于承担学校各级领导岗位工作，对于优秀青年教师要加大支持力度。

如果我们能坚持五年，加强对青年教师的培养，我们的师资队伍将会有很大的改观，将具有更强的竞争力。在这方面研究生院和人事处制定了有关政策，给年轻人创造一些条件，也希望年轻人自己去努力、去争取。对年轻人也不能只讲照顾，只讲创造条件，而不讲要求，那样我们也不会达到目的，没有严格的要求，就不能培养出高水平的接班人。

关于今后五年发展规划的说明*

各位代表，同志们：

在广泛征求各方面意见的基础上，学校制订了《华东理工大学 2001～2005 年发展规划（讨论稿）》，提交教代会讨论。今年教代会的一项特殊任务，就是研讨学校未来五年的发展规划。下面，我就规划制订的背景、目标和思想作一些说明。

1. **认清形势　把握机遇**

20 世纪 90 年代以来，人类社会正经历前所未有的重大变革，影响 21 世纪教育发展的主要因素是：信息技术的飞速发展、知识经济的悄然兴起和全球化趋势的迅速扩展。综观世界高等教育的发展，大致可归纳为 6 个趋势：高等教育大众化，高等教育综合化，教育技术信息化，教育投资市场化，接受教育终身化，高等教育国际化。这对我国教育事业的发展提出了新的课题。

入“世贸”之后，教育事业发展也将受到严峻挑战，专业设置、人才流动、生源竞争、科研和科技

---

* 本文为校五届三次教代会上讲活的部分内容，2000 年 12 月 22 日。

产业发展等诸方面都会出现新情况。从长远来看，加入 WTO 对我国教育事业的影响利弊俱存，利大于弊，我们应作好充分准备工作，迎接挑战，减少负面影响。

我国高等院校自 90 年代中期以来，办学环境和条件发生了重大变化，高等教育的办学体制和管理体制改革等也已取得重大进展，到 2000 年普通高校的管理体制和办学体制的改革和调整已经基本完成。这次大学体制改革数量之多远远超过 1952 年的大学院系调整。高等教育的规模也得到迅猛发展。去年，党中央国务院召开的第三次全国教育工作会议，又对高等院校提出了深化教育改革、全面推进素质教育的任务。

近两年教育部和有关地方政府斥巨资重点建设一批国内重中之重的一流大学，高强度的投资和办学资源的优化组合使得这类学校迅速发展为国内超级大学。

面对这样的背景，我们必须认清形势，解放思想，实事求是，分析自身的实力，制定切实可行的规划。我们只有经过坚持不懈的努力，才能在强手如林的高校中立于不败之地，求得新的发展。

2. 确立目标、正确定位

我们现在提出的学校发展的奋斗目标是“经过 10 年或稍长一段时间的努力，把华东理工大学建设成为一所以工为主，学科特色鲜明，工、理、经、管、文等协调发展的多科性的重点大学，成为国家人才培养、科学研究、科技成果产业化和社会服务的重要基地，成为国内一流、国际上有较大影响的著名大学”。

目标是发展规划中最为核心的要素。它对统一全校教职员工的思想、凝聚全校教职员的力量起到关键作用。在规划的讨论过程中，不少同志很关注学校未来五年的发展目标定位，是研究型还是教学研究型大学，是综合性大学还是多科性大学等。这些问题既涉及到对学校的发展定位的看法，也涉及到对学校目前发展水平的估价。

研究型大学的定义，国内还没有很权威的说法。根据美国卡内基教育促进基金会 1994 年的分类，在美国 3700 多所高等院校中，共有 125 所研究型大学，占高等院校总数和 3%，这些学校可以系统提供从本科主修专业到博士学位的教育,科学研究在这些大学中占优先地位。

近年来,关于我国高等院校类型的研究引起了关注,这有利于各个院校确定自己的办学目标和发展方向。目前的研究成果大致主张把我国的高等院校分成四类:研究型大学、教学研究型大学、教学本科型大学和教学专科型大学,其中,研究型大学数量比较少,它的学科齐全、规模较大、博士生和硕士生数量多,科研水平和教育质量接近或者达到国际先进水平。

不管是国际还是国内的研究和分类,科研水平和高层次人才培养能力是研究型大学的主要标志。根据我校目前的现状,学校大致定位于教学研究型和研究型大学之间比较合适,经过十年或者稍长的一段时间,我们应该有信心、有能力进入更高层次。

综合性大学一般是就学科门类齐全的含义说的。通常下设理、工、农、医、经、管、文、法等学科。国内传统意义上所称的综合性大学,实际上是一批文理大学。近一二年,这些学校通过合并开始向真正意义上的综合性大学发展。从目前我校学校现状来分析,多科性大学的定位应更为确切。

在确定发展目标时,必须把发展规模、结构、质量和效益四个要素统一考虑,辩证地处理好相互关系。以目前我校拥有的资源状况看,办学规模不宜太大,本科和研究生规模稳定在15000人左右较为合适,其中研究生的规模要力争达到3500~4000人左右。

关于大学的功能,根据国内外通行的提法,并结合学校的实际,我们在发展目标中提出了四项基本功能,即人才培养、科学研究、科技成果产业化和社会服务,其中科技成果产业化是近几年来国家对高校的要求,也是各高校特别是以工科为主体的高校的普遍共识。

3. 明晰思路、加快发展

依据学校的发展目标和定位,学校今后五年的工作思路为:以学科水平提高为主题,以队伍建设为主线,以产学研紧密结合为强校之路,努力扩充办学资源,筹措办学资金,加大投入,加快发展,力争在办学质量、办学水平和办学效益方面居于国内先进水平的前列,并在国际上产生影响,

优势学科,特别是化工类学科要接近或达到世界先进水平。

(1) 学科水平提高是今后工作的主题。高校之间的竞争归根到底是水平的竞争,现在大家都很关注高校的排名,排名就是一种大学之间的竞争,而竞争的要素有学科水平,学生培养质量,科学研究水平,科学成果的转化能力等,但是关键是学科水平。

我校目前已有国家重点学科 1 个,上海市重点学科 4 个,博士后流动站 1 个,博士学位授权点 2 个,硕士学位授权点 42 个,学士学位授权点 37 个,第二学士学位专业数 2 个,高等职业教育专业数 8 个,另有 MBA、EMBA、成人教育(脱产、走读、函授等)。我校专业所属的学科门类达到了 8 个(工、理、经济、管理、文、法、农、医),已经完成了从单科性化工院校到多科性大学的演变,即基本完成了多科性大学的学科布局。我校能培养从学士到博士各种层次的人才,人才规格涉及学科型、工程型、职业技能型等。但是我们在重点学科、博士后流动站、博士点数量和学科水平上与兄弟重点院校相比还有较大差距。

今后若干年学科建设的方针主要是实现三个"转变",即逐步从"布局调整到协调发展"的转变,从"新建学科点到提高水平"的转变,从"学科特色到学科优势"的转变。应在基本构建了以工科为主,工、理、经、管、文学科布局的基础上,努力提升特色学科水平,实现和保持国内领先地位,并向世界先进水平发展;着力建设一批新的高峰学科,形成学校新的支柱;加强理科、经济、管理和人文类学科专业的建设,促使我校的学科发展更为协调,为社会发展和科技进步提供新的高水平的智力支撑点。

学科建设必须处理好继承和发展的关系,处理好点与面的关系。特色是一个学校的生命线,是存在的依据。特色可以理解为"人无我有,人有我强"。华东理工大学为什么能在国内著名高校中有一席之地?关键是有一批特色学科,有一批比较过硬的毕业生队伍,在社会上有良好的口碑和声誉。目前学校的学科现状,化工学科特色比较明显,今后若干年学科建设的重要任务是在保持原有特色的基础上创造新的特色,推动生物、材料、信息等学科的发展,形成新的高峰和优势,同时促进其他学科的发展。

同时,学校将根据社会经济发展的需要,加快发展新的学科生长点并尽快提高学科水平。经济、管理、人文类学科要取得学科建设的新突破。学校将创造良好的校园学术氛围，鼓励学科交叉融合。

今后学校每年将筹集专款用于学科建设，争取明后两年内，增加投入3000万元以上(不含基建项目费)。

(2) 队伍建设是工作的主线。今后队伍建设的主要任务是建设两支骨干队伍：教学科研和管理骨干，要在两个方面加强工作：一是实施"高层次创造性人才建设工程"，二是促使形成合理的人才队伍结构。

要培养50名左右国内有重要影响的学术带头人，150名重点课题、重点实验室、重点课程、重点管理岗位的主持人、主讲人或者主要负责人，600名各类办学骨干。要采取有效措施，实行政策倾斜，通过多种方式，加速培养中青年骨干教师和学科带头人。职称评聘、硕导、博导资格认定应向中青年学科带头人和学术骨干倾斜。

队伍建设的关键工作，是如何培养、激励和引进人才。学校提出了《华东理工大学2000年激励津贴方案》(要点)，其基本原则是"效率优先，兼顾公平，量力投入，逐年增加，分类实施，突出重点"，发挥校院级办学积极性，实行二级筹资、二级实施、二级管理。这项工作的重点在于建立激励机制，投入量将逐年增加，明年会有较大幅度的增长。学校将同时设立引进人才基金，加大引进人才的力度。

在队伍建设中，要注重合理结构的形成。在这方面要融入产学研结合的思想，实施固定编制和流动编制相结合等政策，采用兼聘、借聘等方法，聘请科研院所、企业界的专家学者来校兼职，促使形成合理的人才队伍结构，造就一支各具专长的人才队伍(有些以教学见长，有些以科研见长，有些以科技成果转化和科技产业管理见长)，尤其要建设一支复合型人才队伍。

(3) 产学研结合是强校之路。产学研紧密结合的道路，是华东理工大学的强校之路。学校已在开拓与大中型企业合作、与科研院所合作渠道，深化办学模式的改革；在依托行业背景，瞄准企业人才和生产需要，促进企业科技进步，加速联合办学步伐等方面取得了宝贵的经验。

在新的发展时期，产学研结合应向学校办学的各个层面全方位辐射。学校的教育、科研以及两级学院等要牢固确立这一指导思想，积极寻找合作伙伴，不断拓宽办学思路、增强办学能力。同时，在学校内部管理体制改革中，后勤、校产、人事、社会服务等都应该不断对外开拓，开展产学研合作的试点和实践，与企业、研究机构结成联合体，进一步增强学校的办学实力。

应积极探索产学研合作教育的模式，培养创新人才和工程实践能力强的优秀毕业生。对“大学本科教育后期的产学研合作教育”、“第二学士学位培养过程中的产学研合作教育”、“工程硕士培养过程的产学研合作教育”等已有的产学研合作教育模式要及时总结经验，大力推广，形成学校办学的特色。

应通过产学研结合，促进学校科技成果产业化，在这一过程中必须兼顾社会主义市场经济规律和科技发展规律。坚持把学校科技成果的产业化确定为校办企业发展的基本方针，发挥校产既孵化科技成果，又孵化科技企业的“双重孵化”功能，努力形成科技创新与产业良性循环。要在对外合作的过程中，实施资本运作，扩大产业规模，建设基地，争取上市。

(4) 扩充资源、筹措资金是必要条件。资源的扩充和资金的筹措是实现学校发展规划的必要条件。学校要花大力气抓好这项工作。

在今后五年中，要按主校区、分校区和功能校区的思路，把握机遇，扩大资源，合理布局。梅陇主校区，要在五十周年校庆前争取基本完成陆家巷地块主体建设工程。金山分校区，要在学校的统筹规划下，实行资源的优化重组和合理配置，并积极争取社会各界的支持，以获得更大的发展。同时，还要抓住机遇，扩大功能区。功能校区既包括“二园一村”，即科技园、产业园和校外学生村，也包括成教、高职等利用社会资源的校外办学点。

从目前我国大学的发展现状来看，办学经费的捉襟见肘是制约大学发展的主要因素。调动社会资源共同参与办学是当前的一条基本出路。目前，大学办学经费主要来自于二个渠道：一是政府事业拨款和学生收费；二是科研经费，产业利润，共建收入，校友、社会人士捐赠和银行借贷等。

从目前的趋势看，政府对教育的投入将会加大，今后几年我校也将会得到更大的支持。但我们要发挥主动性和积极性，争取上述第二个渠道经费的不断增长。要在国家政策允许的情况下，运用筹资手段，获得资金的较快增长。在对外开源的同时，也要进一步加强内部的财经管理，节约成本，堵塞漏洞，提高经费的使用效率。

2001 年是新世纪的第一年，也是学校十五规划的第一年。俗话说，良好的开端是成功的一半。为实现新世纪学校发展的奋斗目标，学校 2001 年的工作起着开好局、起好步的至关重要的作用。

关于师资队伍建设和人事分配制度改革方案的若干意见*

各位代表，同志们：

去年的教代会讨论通过了《华东理工大学2001～2005年发展规划》。要实现新世纪学校的发展和建设目标，关键在于建设一支结构优化、精干高效、具有创新精神的国内一流的师资队伍和管理队伍，这已成为全校的共识。

近年来，学校各级领导与各部门通力合作，着力加强队伍建设，培养和引进了一批高层次人才，骨干队伍的规模不断壮大。然而，这些年来，我校的师资队伍建设始终面临着严峻的形势，特别是国家对重中之重学校的大力度投入，对我校产生了强大压力和影响。随着我国加入WTO和兄弟高校一流人才待遇的普遍提高，这种人才竞争的形势将愈演愈烈，如果不能有效地抵御和防止干扰与冲击，我校将难以建成一流的师资队伍和管理队伍，实现新世纪学校的发展和建设目标也将成为一句空话。

---

* 本文为校五届四次教代会上讲活的部分内容，2001年12月7日。

加强队伍建设的有效措施之一，是进一步提高我校骨干人才的待遇，让一流人才享受校内的一流待遇。为此，学校从1999年起，先后推出了一系列人事管理和收益分配改革措施。在用人制度上，全面实行全员聘任合同制和岗位聘任制；在管理模式上，实行校院两级管理；在工资管理上，对各类人员分类管理，对学院实行工资总额动态承包；在激励政策上，在“效率优先、兼顾公平、量力投入、逐年增加、分类实施、突出重点”的原则指导下，实行校、院两级筹资，两级激励的方法。学校先后制订了对两院院士、长江学者、校级学术骨干、课程主讲教授、中青年教学科研骨干、思政两课教师、管理干部等的激励措施。投入资金由1999年的200万、2000年的400万，一直到今年的800万，激励面和激励强度逐年增加。

各学院在使用校部提供的基础教育津贴、基础课程津贴、研究生课程津贴、班导师津贴、缺编津贴、扩招补贴以及切块的激励费用基础上，多渠道筹资，并统筹安排本学院范围的激励和津贴。这些改革措施的出台，对于稳定骨干、引进人才起到极其重要的作用，达到了预想的效果。

这次提交教代会讨论的《华东理工大学岗位激励制度实施方案》是学校在总结前期工作的基础上，根据教育部《关于新时期加强高等学校教师队伍建设的意见》、《关于当前深化高等学校人事分配制度改革的基本意见》等有关文件精神，经过认真的调查研究，吸取了兄弟学校的成功经验，结合本校的实际，循序渐进推出的一项新的深化改革的举措。

岗位激励制度实施方案，着眼于有利于稳定骨干（尤其是中青年骨干）、吸引人才，有利于建设一支高水平的师资队伍与高素质的管理队伍，有利于促进和推动学科的建设与发展，有利于提高教学质量、科研水平、管理水平和办学效益，推动学校各项工作上一个新台阶。

为此，制订这个方案的指导思想是：根据学校2001～2005年发展规划，建设一支国内一流的优秀人才队伍，即到2005年学校拥有50名左右的国内有重要影响的学术带头人，150名重点课题、重点实验室、重点课程、重点管理岗位的主持人、主讲人或者主要负责人，600名各类办学骨干，使学校成为国内一流、国际上有一定影响的著名大学的目标有可靠保证。

基于这样的指导思想，我认为全校必须达成以下三个共识：

(1) 必须破除大锅饭才能真正激励骨干。本次收益分配改革方案是一个与岗位职责相对应的激励方案，是为了普遍提高骨干队伍的待遇，不是一次对号入座的校内工资普调。既然不同的岗位所承担的岗位职责、完成工作的量与质不同，那么给予不同岗位以不同的激励就显得尤为必要。唯有如此，才能真正促进工作，促进事业的发展。因此，在方案的实施过程中，必须突出重点，按照“效率优先，兼顾公平”的原则，对承担重要职责、做出重要贡献的人员予以重点激励，充分体现“优劳优酬”。要坚决破除大锅饭，通过拉开差距达到激励骨干的目的。

(2) 必须分类激励才能有效推进工作。方案将教职工分成教师、教辅人员、管理人员、后勤人员、产业人员几类，主要是考虑不同性质的岗位其所担负的职责不同，考核的标准也不同，分类激励、分类考核将更符合各类人员的实际，将更能促进各人员的工作。后勤、校产人员的激励和考核方案，将请后勤、校产人员另行讨论制订，经校部批准后实施。

(3) 必须将激励与考核紧密结合才能真正促进工作上台阶。激励是为了促进工作更上台阶，考核是促进和检验工作上台阶的有效方法。为保障岗位激励制度实施方案真正取得实效，学校将在加大激励力度的同时，进一步强化和完善考核制度，对各激励岗位制定明确的职责、任期目标、上岗条件，并有相应的考核措施。为避免重评审、轻考核的倾向，要加强对日常工作过程的管理和考核，增强教职工的工作责任心和紧迫感。在逐月下发激励津贴时，学校将每月先发放部分津贴，待学年考核合格后全部发放，使激励与考核紧密挂钩，促进各项工作再上台阶。

这次学校实行的岗位激励制度，关系到全校教职工的切身利益，更关系到学校的事业发展，因此，在方案的具体操作过程中，校内各单位要切实处理好三种关系：

(1) 局部与整体的关系。学校的岗位激励制度实施方案是从学校整体出发制订的方案，对于学校方案中的各项要求，各单位必须认真贯彻执行。由于各单位的情况不尽相同，因此，学校的方案也要求校内各单位要从实际出发，因地制宜地提出具体的实施方案，经学校批准后实施。校内各单位因为具体情况不同，制订的具体操作方案可以有所区别，但总体上必须符合学校的指导思想和原则。各单位的局部利益必须服从学校的整体利益。

(2) 教学与科研的关系。教学是立校之本,科技是强校之策。面向新世纪,建设一支高素质的师资队伍,使教学与科研相互融合、相互促进,这是学校事业发展的要求。因此,学校倡导教师教学与科研工作并举,实现教学与科研工作的相互融合、相互促进。为鼓励并促进这种融合,学校决定,从 2002 年 1 月起,学校全额承担专职科研人员的工资。在岗位激励制度实施方案中,学校强调加强本科教学工作的要求,提出“应聘 1～3 级教师激励岗位的教师应率先达到为本科生上课的要求”,也正是为了促进教学工作和科研工作的相互融合。各学院在制订本学院的具体操作方案时,要从师资队伍建设的要求出发,充分体现“倡导和鼓励教学与科研相互融合”的精神,对于中青年教师的教学和科研工作要有严格要求,使岗位激励制度实施方案真正成为促进师资队伍的有效方式和有效途径。

(3) 老中青专家的关系。老专家为学校事业发展作出过历史性的贡献,他们是学校的宝贵财富,应该继续并很好地发挥他们的作用。中青年学术带头人和学术骨干是学校的中坚、学校的未来和希望,学校的事业要靠他们接班。为此,学校要求各学院在制订本学院的具体操作方案时,正确处理好老中青专家的关系,注意保护并调动好他们的积极性。学校希望老专家从学校事业发展的大局出发,不断提携幼辈、再创事业辉煌;希望中青年专家学习老专家甘为人梯的精神,充分利用学校和老专家们创造的良好条件和氛围,团结并组织好学术团队,为学校的事业发展作出应有的贡献。

这次分配制度改革,不是简单地分配现有的资金,而是着眼于未来,通过稳定骨干队伍,调动教职工的工作积极性,不断提高办学质量和效益,使学校事业持续快速的发展。我们不是立足于如何分配现有的这块小蛋糕,而是希望实现良性循环,把蛋糕越做越大。在这一点上,全校教职工必须要有一个统一的思想认识。

求真务实　团结拼搏
继往开来　再创辉煌*

各位领导、各位来宾，各位校友，老师们、同学们：

今天是一个喜庆的日子。我们在这里欢聚一堂，共同庆祝华东理工大学建校 50 周年。首先，请允许我代表华东理工大学党委和行政，向在百忙中来校参加庆典活动的领导、来宾、各界朋友和各位校友表示热烈的欢迎！向长期以来一直关心、支持华东理工大学建设与发展的各级领导、各界朋友、海内外校友表示崇高的敬意和衷心的感谢！向在各个时期为学校的教育事业辛勤耕耘、努力工作、无私奉献的师生员工们表示亲切的问候！

50 年前，为了适应国家经济建设和社会发展的需要，中央人民政府教育部根据“以培养工业建设人才和师资为重点，发展专门学院，整顿和加强整合性大学”的方针，对全国高等院校进行院系调整。由此，在上海江湾镇的平昌街，一所由交通大学、震旦大学、大同大学、东吴大学、江南大学等

---

* 本文是在华东理工大学建校 50 周年庆祝大会上的讲话，2002 年 10 月 25 日。

5所大学的化工系合并组建而成，日后为新中国化学、化工工业的发展作出了奠基性贡献的单科性化工院校应运而生。她就是华东理工大学的前身——华东化工学院。

建校之初，学校仅5个本科专业、268名教职工、721名学生。办学条件相当简陋，校园总面积仅70亩，校舍建筑面积1.2万平方米，中外文图书1200余册，教学仪器设备也不多。在上海市人民政府的关心、支持下，1954年学校迁址梅陇，办学条件大大改善。当时云集学校的国内化学化工界的一大批专家学者，他们以民族振兴和社会进步为己任，始终注重提升学科水平。在他们的苦心运筹、精心执教下，学校教育事业迅速发展，1960年学校就被列为全国重点大学，为学校的进一步发展奠定了坚实的基础。

党的十一届三中全会以后，学校认真贯彻执行党的路线、方针、政策，根据社会主义经济发展和现代化建设要求，大力调整学科结构和布局，积极开展科学研究，着力培养高质量、高层次的高级专门人才，致力于各项工作的改革与创新，向着多科性大学的方向迈进，取得了显著的成绩，使学校进入了一个快速发展的时期。

20世纪90年代以来，学校根据《中国教育改革和发展纲要》和《面向21世纪教育振兴行动计划》的要求，始终坚持社会主义的办学方向，全面贯彻党的教育方针，遵循教育发展规律，以学科建设为龙头，以队伍建设为核心，按照"对外联合共建，对内深化改革"的工作方针，坚定走产学研紧密结合的强校之路，主动适应社会主义市场经济体制需求，着力改革人才培养模式，不断提高教育质量和科技水平，深化校内管理体制改革，走内涵发展的道路，使学校进入了繁荣发展的时期，各项事业都迈上了新的台阶。

经过几代人50年的艰苦奋斗和不懈努力，华东理工大学已发展成为以工科为主体、学科特色鲜明、工理经管文法多学科协调发展的国内著名大学。目前，华东理工大学有专兼职两院院士18人，教职工近4000人，全日制学生近15000人；拥有34个系、40个本科专业，涵盖工、理、经、管、文、法、农、医等8个学科门类，并建有研究生院，形成了学士—硕士—博士—博士后完整的教育培养体系；拥有3个国家重点学科，4个上海市重点学科，2个国家重点实验室，7个省部级重点实验室或研究基地，5个国家工程研究中心或分中心，成为了国家科学研究的重要基地。2001年，华东理工大学顺利通过了教育部组织的“211工程”“九五”期间建设项目验收，成为国家21世纪重点建设的高校之一。

在长期的办学实践中，华东理工大学始终视教育质量和教学水平为学校的生命线。多年来，学校不断深化教育教学改革，取得了积极的成效，20世纪90年代以来，我校共获得国家优秀教学成果奖10项，上海市优秀教学成果奖59项，国家级优秀教材奖10项，省部级优秀教材奖21项。学校注重“厚基础、宽口径、复合型、创新性”人才的培养，通过调整专业设置、完善教育计划、开设第二专业、改革培养模式等措施，使一批优秀学生脱颖而出。在历届全国大学生数模竞赛中，我校学生成绩始终名列前茅；在全国大学生“挑战杯”比赛中，我校学生也有不俗战绩；在全国百篇优秀博士学位论文评选中，我校连续3次入选；并获得或申报了一批以我校在校本科生为第一发明人的专利。

华东理工大学一直把提高科学研究和科技开发水平作为学校的中心任务之一。多年来，我校在诸多自然科学的基础性研究方面取得了优良的成绩，有些达到了国内领先水平，有些达到了国际水平。在自然科学的技术开发领域，我校开发具有自主知识产权的大型工业化项目，取得了良好的经济效益和社会效益。“八五”和“九五”期间，我校共获国家级奖12项，省部级以上奖192项，2001年获省部级以上奖11项(其中一等奖6项)，2002年有3个项目通过国家科技进步二等奖初评和复评。

50年来，在老专家、老干部的培养造就下，华东理工大学始终保持着一支素质较高、治学严谨、灵活高效、甘于奉献的教学、科研队伍和管理队伍。他们忠诚于党的教育事业，为了华东理工大学的建设与发展，勤勤恳恳，任劳任怨，孜孜以求，顽强拼搏。他们是学校事业发展不可或缺的中坚。他们中的许多人已成为“863”、“九五”、“十五”等国家重大项目的担纲者和重要合作者。

50年来，华东理工大学以“勤奋求实”为校训，为国家、为社会培养了6万余名政治合格、业务过硬、求真务实、适应性强的高级专门人才。他们中有的成为国家领导人、政府部长、司局长和各级管理骨干；有的成为了两院院士、长江学者、专家教授和各类业务骨干；有的当上了厂长经理，成为了杰出的企业家。他们在祖国的大江南北，在海内外的不同岗位，为经济繁荣和社会进步作出了积极的贡献。他们为母校赢得了荣誉！

华东理工大学 50 年的发展史，是一部艰苦奋斗的创业史。在华东理工大学半个世纪的征程中，一代代华理人勤奋求实、团结拼搏、勇于开拓、敢于创新的意志和品质，铸就了华东理工大学今天的辉煌。回顾华东理工大学的发展历程，我们可以深深地感受到一股强烈的、积极进取的精神力量。这是一笔无比珍贵的精神财富，它不仅成就了华东理工大学的今天，更将成为 21 世纪华东理工大学建设与发展的强大动力。

在历史的长河中，50 年只是短暂的一瞬。在我们欢庆建校 50 周年的喜庆日子里，我们更应该倍感任重而道远。"路漫漫其修远兮，吾将上下而求索"。我们要以 50 周年校庆为契机，以江泽民总书记的"三个代表"重要思想为指导，深入贯彻党中央"科教兴国"战略，承前启后，继往开来，更积极、更主动地适应国家经济建设和社会发展的需要，大力推进学校的各项改革，全面提高学校的办学质量、办学水平和办学效益，为全面实现学校新世纪的建设目标而不懈奋斗！

我们面临着新的创业，我们一定能开创新的事业！我们相信，在各级领导、各界朋友、海内外校友的关心和支持下，只要全校师生员工共同努力，发扬老一辈华理人求真务实、团结拼搏的精神，华东理工大学必将会有一个更加灿烂、辉煌的明天！

谢谢大家！

关于学校进一步发展与建设的若干意见*

各位代表,同志们:

"十五"期间,学校发展的奋斗目标是:经过十年或稍长一段时间的努力,把华东理工大学建设成为一所以工为主,学科特色鲜明,工、理、经、管、文等协调发展的多科性的重点大学,成为国家人才培养、科学研究、科技成果产业化和社会服务的重要基地,成为国内一流、国际上有较大影响的著名大学。

根据学校"十五规划""两步走"战略,经过全体师生员工的共同努力,我们胜利完成了"十五规划"第一阶段的事业发展目标,积累了成功的经验,有了良好的开端。

必须看到,我校办学空间和办学资金紧张、办学效益需进一步提高的问题尚未解决,制约着学校进一步发展与建设;学校综合实力不强,有显示度的高科技成果不多;师资队伍中高水平的学科带头人比例低,部分学科存在人才断层,构筑我校"人才高地"始终是一项紧迫和长期的任务;教职

* 本文为校五届五次教代会上讲话的部分内容,2002 年 12 月 6 日。

工收入有待进一步提高，住房问题尚未得到很好解决。这些问题是学校前进中的困难。解决这些问题的唯一途径，只能是促进学校事业更快地发展，使学校在前进中解决当前所面临的困难。

从明年起至 2005 年，是学校全面完成“十五规划”各项任务的第二阶段，也是学校全面完成“211 工程”二期建设任务的关键时期。能否顺利实现“十五”期间学校的事业目标，对于学校在新世纪的发展至关重要。

最近召开的党的十六大，将“三个代表”重要思想作为我党的指导思想，并确立了全面建设小康社会的奋斗目标。如何实践“三个代表”重要思想，建设华东理工大学的小康社会，走出一条具有华东理工大学特色的强校富民之路？这是学校当前面临的重大课题。

事关学校长远利益和教职工切身利益的历史性课题，摆在了我们面前，需要我们认真思考、仔细研究并切实加以解决。解决好历史性课题的关键，我认为，是坚持邓小平“发展是硬道理”的理论，为此，我们需要就以下几个问题达成共识：

1. 关于学校发展战略定位

经过一段时间的学科调整和学科建设，学校已基本完成了由单科性化工院校到多科性重点大学的转变，初步建构起多科性重点大学的学科布局。学校已确立了“十五”期间的建设目标和任务，但是，从更长远的发展来看，学校应该发展成为怎样的一所大学？这是学校的发展定位中的一个重要问题，需要我们认真研究。

我认为，从形势的发展和学校的实际来看，学校的发展定位应该集中体现在以下三个关键词上：多科性、研究型、国际化。“多科性”，是因为学校初步形成了多科性大学的学科发展格局，提高学科水平、培育学科优势、塑造学科高峰是学校若干年内必须长期努力才能完成的艰巨任务，如果没有外力干预(如政府行为等)，仅凭学校的自身实力，我校难以发展成为一所综合性大学；“研究型”，是因为学校初步具备了研究型大学的基础和发展潜质，经过不懈努力，我们能够达到这一目标；“国际化”，是因为学校要发展成为国内一流、国际上有较大影响的著名大学，进一步对外开放，开展广泛的国际合作与交流，是我们的必然选择。因此，从现在开始，学校要围绕“多科性、研究型、国际化”大学的事业发展目标，认真、扎实地开展各项工作。学校鼓励、支持各学院（学科）开展广泛的国际合作与交流，希望各学院（学科）积极工作，在不久的将来能做到至少有一所海外高校可以长期合作与交流。

学校发展定位中的第二个问题是学校的发展规模。局促的办学空间制约了学校的进一步发展，教育部、上海市领导对此给予了极大的关注和高度的重视。学校年初已着手调研这一关系学校长远利益之事，并进行可行性论证。在拓展办学空间、扩大办学规模方面，我校有两种选择：①效仿国际上某些著名高校，走“小而精”的发展之路，但必须为此承担丧失拓展发展空间机遇的风险；②拓展办学空间，扩大办学规模，但必须符合教育部、上海市的规划要求，同时解决建设资金问题并付出相应的代价（不仅仅是资金代价）。学校为此已与教育部、上海市反复沟通与磋商。目前的情况是，校本部周边拓展的可能性很小，要拓展规模，只能到其他区县择址，并且必须符合上海市高教布局调整规划。同时要处理好拓展办学空间与保持办学特色之间的关系。

2. 关于学科建设

学科建设水平是学校综合实力的具体体现，是学校发展的龙头。今后若干年，学校学科建设的方针主要是实现“三个转变”，即逐步做到从“布局调整到协调发展”的转变，从“新建学科点到提高水平”的转变，从“学科特色到学科优势”的转变，并在此基础上形成良好的学科“生态环境”。因此，要按照“有所为、有作为”的原则，集中有限资金，重点投入“先进化学工程与技术”、“生物工程与制药工程”、“高性能特殊材料”、“过程控制与智能系统”、“先进过程机械与装备技术”等重点建设学科（群），塑造学科高峰，使上述学科（群）瞄准“前沿、重大”课题，进一步提升学科水平和学术地位，带动校内相关学科共同发展。要按照“既突出重点，又协调发展”的原则，逐步加大对理科、经济、管理、人文学科的投入力度，注重培养学科优势并使之形成特色，塑造新的学科高峰。要按照“兼容并蓄、互融互长”的原则，鼓励学科交叉，以形成新的、有特色的学科生长点，要视情况给予一定的资金或政策支持。学校要进一步创造条件，营造氛围，

以形成良好的学科“生态环境”。

3. 关于师资队伍建设

师资队伍建设是学校当前乃至今后若干年内学校工作的主线，必须取得更大的成效。因此，学校要继续贯彻“以人为本”的思想，按照“效率优先，兼顾公平”的原则，进一步深化人事管理制度和收益分配制度改革，完善配套政策措施，促进骨干队伍水平的提高和骨干队伍的稳定。学校要进一步彰显收益分配制度改革的激励和示范作用，花大力气抓好高层次学术带头人的培养、引进和创新团队建设，并为之配备必要的工作和生活条件。

4. 关于人才培养

人才培养是学校最基本的任务，毕业生质量的高低直接关系到学校的社会声誉。因此，学校要进一步开展以德育教育为核心，以创新能力和实践能力培养为主要内容的本科教育教学改革，完善具有创新精神又有良好人格的优秀人才培养模式、管理模式和选拔机制，完善本科教育质量保障体系，倡导并从机制上保证学术造诣深、讲课水平高的教授为本科生授课。学校要按照“研究型大学”的事业发展目标要求，继续扩大研究生培养规模，深入开展以“提高质量、注重创新”为核心的研究生教育教学改革，注重学科点和特色课程建设，加强研究生导师队伍建设，为我校研究生院通过评估做好充分准备。

5. 关于科学研究和科技成果转化

科学研究和科技成果产业化工作，是学校的重要工作。科学研究和科技成果产业化能力，是学校综合实力的外在体现。因此，学校要倡导并鼓励广大教师开展基础性、前沿性、探索性等创新研究和国家十五科技攻关、国家高技术发展计划(863)、国家重点基础研究发展规划(973)、国家自然科学基金、国家社会科学基金等各类国家重大科技项目的申报，并在政策上给予支持，为这些项目的申报、研究和高质量完成创造条件。学科要充分发挥校科技成果转化中心的“国家技术转移中心”品牌效应和工程集成能力，进一步开拓科技成果转化渠道，促进我校科技成果转化为生产力。学校要贯彻“在调整中发展，在巩固中提高”的校办产业发展指导思想,按照现代企业的改制步伐,促进有条件的校办企业向我校科技园和产业园集结,并适时组建华东理工大学科技园有限公司,使我校科技产业健康、稳步发展。

6. 关于教职工待遇的改善

进一步改善教职工待遇,是实践“三个代表”重要思想的要求,是全面建设小康社会的要求,也是学校自身发展的要求,必须引起高度重视。教职工待遇的改善,主要体现在两个方面:岗位激励津贴;住房货币化改革。在岗位激励津贴方面,学校将通过考核进行适当的调整和提高。在住房货币化改革方面,学校将在调研的基础上于 2003 年启动我校的住房货币化改革,并为此组织专门班子,起草方案。事实上,校领导班子已多次讨论这一关系广大教职工切身利益之事。学校的总体考虑是,2002 年全力以赴解决教职工岗位津贴问题,2003 年启动学校住房货币化改革。学校要从实际出发,通过多种渠道、多种方式推进住房货币化改革。

7. 关于校园文化建设

先进的校园文化是学校进一步发展和建设的重要内容,是学校建设一流大学的有效保证。因此,学校要坚持马克思列宁主义、毛泽东思想和邓小平理论在学校教育、宣传、文化阵地的指导地位,用“三个代表”重要思想统领校园文化建设,将弘扬和培育以爱国主义为核心的团结统一、爱好和平、勤劳勇敢、自强不息的伟大民族精神,作为校园文化建设的重要内容,构建与社会主义市场经济相适应、与社会主义法律规范相协调、与中华民族传统美德相承接的师生员工思想道德体系,进一步加强和改进学生思想政治工作和教师师德建设工作,营造浓厚的校园学术氛围,倡导并创建“勤奋求实、与时俱进、开拓创新”的优良学风、教风和校风,形成“健康、昂扬、文明”的校园文化。

实现学校事业目标、建设学校小康社会是一项长期而艰巨的任务,不可能一蹴而就,更不能盲目冒进、急于求成。我们要确立“可持续发展”观念,在进一步拓宽筹资渠道的同时,量力而行,量入为出,确保重点,促进学校事业“健康、稳步、持续”发展。

基于上述认识,学校进一步建设与发展的指导思想可以归结为:继续

坚持以邓小平理论和江泽民同志“三个代表”重要思想为指导，深入学习贯彻党的十六大精神，按照江泽民同志“发展要有新思路，改革要有新突破，开放要有新局面，各项工作要有新举措”的要求，贯彻“以学科建设为主题，以队伍建设为主线，以产学研紧密结合为强校之路”的工作方针，进一步解放思想，实事求是，与时俱进，开拓创新，不断深化校内改革，多渠道筹措办学资金，努力扩充办学资源，加大学科建设和队伍建设的投入力度，加快学校的建设与发展步伐，使学校朝着多科性、研究型、国际化的国内一流大学目标迈进。

同志们！

实践“三个代表”重要思想，实现学校新世纪的发展目标，需要我们长期不懈的努力。让我们继往开来，与时俱进，共同开创华东理工大学光辉灿烂的美好明天！

在上海化学工业区和华东理工大学战略合作框架协议签字仪式上的讲话*

尊敬的各位领导，各位来宾，同志们，朋友们：

今天，我们在这里隆重举行上海化学工业区与华东理工大学全面战略合作框架协议签字仪式，藉此，我谨代表华东理工大学党政，向协议的签订表示热烈的祝贺！向在百忙中光临我校出席仪式和指导工作的各位领导表示衷心的感谢！

当前，我国进入了全面建设小康社会，加快推进社会主义现代化的新的发展阶段。面对新的形势，党中央审时度势提出了科教兴国和人才强国的发展战略，上海市也作出了科教兴市的战略决策。高校作为人才培养、科技创新和知识创新的重要基地，理应发挥积极的作用。华东理工大学和上海化学工业区经过深入探讨和充分协商，决定建立全面战略合作关系，正是贯彻落实党中央和上海市战略决策的一个实际行动，具有重要的现实意义和长远意义。

上海化学工业区是上海六大产业基地之一，

---

* 本讲话发表于 2004 年 5 月 13 日。

也是我国最大的石油化工专业园区之一，经过几年建设，目前已经集聚了一大批世界著名的跨国公司和国内大型骨干企业，代表了当今国际化工生产先进的技术和管理水平。华东理工大学是一所以化工特色著名的教育部直属全国重点大学，也是国家"211 工程"重点建设的百所高校之一。学校建有 7 个国家和上海市重点学科，10 个国家和省部级重点实验室或研究中心，是全国 6 个建立国家技术转移中心的高校之一，拥有一支包括 18 名专兼职院士在内的实力雄厚的教学和科研队伍。多年来，学校不断深化教育教学改革，积极探索并形成了具有自身特色的产学研合作模式，先后与上海石化、燕山石化、齐鲁石化、扬子石化和吉林化工等 10 多家大型企业和研究机构建立了教育科技合作关系，取得了积极的成果。

这次学校与上海化学工业区建立全面的战略合作关系，将产学研合作提升到一个更高的层次。双方遵循"优势互补、互惠互利、资源共享、共同发展"的原则，通过人才培养、科技开发、成果转化等方面的广泛合作，实现一流学科和一流企业的结合，既实现人才资源和工业资源的有机联系，也构建了企业和学校互动发展的平台。通过这个平台，我们也希望密切与化工区内各国际国内著名企业的交流和合作。刚才双方在战略合作框架协议基础上已就干部挂职锻炼、奖励基金设立和建立国家技术转移中心联合研发基地等三个方面签订了具体的协议，下一步我们将继续加强协商和沟通，使协议的各项内容真正落到实处，在此，对上海化工区给予我校的关心、支持和帮助表示衷心的感谢。相信在双方的共同努力下，上海化学工业区和华东理工大学的全面合作一定会取得双赢。

华东理工大学将不懈努力，坚定走产学研结合之路，在不断探索办学新模式的过程中，努力为全国和上海的经济建设及社会发展再作新贡献！

谢谢大家！

在华东理工大学研究生院成立揭牌仪式上的讲话*

尊敬的各位领导、各位来宾,老师们、同学们:

今天,我们欢聚一堂在这里隆重举行华东理工大学研究生院正式成立揭牌仪式,藉此,我谨代表华东理工大学党委和行政,向在百忙中光临我校出席仪式和指导工作的各位领导和兄弟学校的来宾表示真挚的感谢!

今年五月,经过专家评估,教育部发文批准华东理工大学正式建立研究生院,标志着学校的学科建设和研究生教育无论是规模还是质量都迈上了一个新台阶,在华东理工大学的发展史上具有里程碑式的意义。作为教育部直属全国重点大学,华东理工大学研究生教育起始于 20 世纪 50 年代,由于历史的原因,在文革前的 1956～1965 十年间仅培养了 101 名研究生。文化大革命期间,研究生教育中断了 13 年。文革结束后,特别是 80 年代初国务院颁布的《中华人民共和国学位条例》实施以来,华东理工大学的研究生教育逐步走

* 本讲话发表于 2004 年 6 月 28 日。

上正轨，研究生培养工作进入较快发展阶段，1981 年学校被国务院学位委员会批准为首批具有博士、硕士学位授予权的单位之一，1985 年被批准为首批授予具有研究生毕业同等学历人员博士、硕士学位的试点单位之一，1997 年获得了工商管理硕士和工程硕士学位的授予权，2000 年 6 月教育部批准学校正式试办研究生院。在其后的 3 年多时间里，华东理工大学的研究生教育更是得到了超常规的发展。学校积极推进一批梯队结构合理、学术水平先进的学科点建设，着力提高和加强研究生教育的相对比重和战略地位。培养规模迅速扩大，博士点由 8 个发展到 20 个，硕士点由 42 个发展到 65 个，博士后流动站由 1 个增至 5 个，截止到今年 6 月，在读研究生总数达到了 4 000 余人。培养质量不断提高，有 3 篇博士论文入选“全国百篇优秀博士学位论文”、2 篇博士学位论文获得“全国百篇优秀博士学位论文提名”、9 篇研究生学位论文入选“上海市研究生优秀成果(学位论文)”。科研能力明显增强，2001 年～2003 年科研经费连续 3 年超过 1 亿，自 2000 年以来获得国家科技进步奖 6 项，省部级科技进步奖 60 多项，国内外授权专利 85 项；新增教育部和上海市重点实验室各一个，成为全国 6 所建有国家技术转移中心的高校之一，并有一批高新技术实现产业化，取得重大经济效益和社会效益。

华东理工大学研究生教育取得的这些成绩，是几代师生员工和学校各届领导共同努力的结果。在此向为研究生教育付出辛劳、作出贡献的全体同志的努力表示衷心的感谢和敬意。长期以来教育部、国务院学位办、上海市和广大兄弟院校的领导对我校的研究生教育给予了热情的关怀和大力支持，对此，我代表华东理工大学全体师生员工表示最衷心的感谢！

发展高质量的研究生教育，是把华东理工大学建设成为国内一流、国际上有重大影响的研究型大学的客观需要，是强校之源，发展之本。在经过 3 年多试办并取得一定成效的基础上，学校将充分利用这次研究生院正式建立的契机，进一步加快学科建设和研究生教育发展的步伐，稳步扩大培养规模，根据教育部和上海市对学校规划的要求，力争在今后的 5 年内使在校研究生与本科生的比例达到 1∶3，在校总数达到 7 500 人；要继续深化研究生课程体系改革，加强研究生导师队伍建设，不断提高研究生培养的质量；要积极实施研究生培养体制的改革，加强对外合作，推进研究生教育国际化。相信在教育部、上海市政府的领导和关心下，在市教委的具体指导下，在广大兄弟院校的支持和帮助下，华东理工大学研究生院一定能真正建设成为高层次人才培养和解决国家重大科技问题的重要基地，为全国和上海的经济建设及社会发展作出新的贡献！

谢谢大家！

在华东理工大学老教授协会成立会上的讲话*

各位领导、各位老教授协会会员、各位来宾、同志们：

今天华东理工大学老教授协会正式成立了，这是一件值得庆贺的事情，也是一件很有意义的事情。正如刚才马王录副校长在讲话中所讲到的，从中央到上海市委和政府的领导对于成立老教授协会都很重视，从全国层面上看，成立了中国老教授协会，上海市成立了市老教授协会，各高校也纷纷成立了老教授协会。为什么要成立这样一个协会？为什么各个方面都很重视老教授协会？我想这主要和这个协会的特殊群体有关，这个特殊群体曾经为学校，为教育事业，为社会和国家作出过重要贡献，而且在当前新的形势下教育事业也需要这些老专家继续发挥作用，事实上这些老同志也仍然在作出贡献。另一方面，这个特殊的群体也是一个值得尊重和需要关心的群体，需要关心其身心健康，反映其舆情心声，使他们真正做

* 本讲话发表于2010年6月29日。

到“老有所养、老有所医、老有所为、老有所学、老有所教、老有所乐”。

老教授协会也是一个新事物，我们的成员都已进入老年，这个协会才5岁，我们华东理工大学老教授协会刚刚诞生，怎么做好协会的工作，为大家服务好，发挥好作用，还需要学习、探索和实践。在今天的会上我想简要地谈些思路和想法。

从协会活动的内容看，主要有两个方面：一是关心学校、关心教育、关心社会，发挥作用。从身边的事做起，例如，学校的规划、改革和发展；中国中长期教育发展纲要的贯彻和实施；儿童和青少年的教育；发挥专业特长，进行各种咨询、研究和开发等工作。在我们的章程里写了“老有所为”等六条，我想要真正发挥好作用，另有一条非常重要：老有所悟。这一条可以说是我们老教授协会的优势和特长。老教授，老教育工作者，老同志，经历多，感触多，又有很高的文化修养和专业知识，可以将感触上升感悟。感悟，是人类一切思维活动中的至高境界。人不仅学贵善悟，人生也贵善悟，人到老年尤其需要善悟。我们将感悟到的东西贡献出来，就能发挥很好的作用。

另一方面是关心协会的成员，关心会员身心健康，组织健身益智活动，完善信息沟通渠道，为会员服务好。事实上，如何对待老，如何使老年生活质量更高，是很有一番道理的，学问很深的。过去在年轻时候不会想这些，年龄大了进入老年时期就会想这些问题。从美学的特征看，人生有三个阶段，即真善美三个阶段，少年为真，中年为善，老年为美。少年之真在于最真实的天性，可谓天真之年；中年为善在于中年是行为之年，奋斗之年，上赡老，下养小又要奋斗创业，可谓善；老年是天人合一的时代，到了与人和大自然谐和的时期。在这个时期，我以为有一个协会作为平台，更有利于实现老年的美。因为人是一个社会的人，人老了要有伴，这个伴包括老伴、老朋友、老同事、老同学，需要相互帮助、相互关心、相互交流和相互促进。医学和心理学的研究表明，人际关系的陌生疏离正在成为精神压抑、孤独抑郁的源头，而被亲情和友谊包围着的人是最幸福的，最美的。协会可以通过开展各种活动，促进实现老年的美。

如何开展协会的活动，最重要的是从老教授协会的优势和特点出发，来开展各种活动。有几条原则是要遵循的：量力而行；兴趣和自愿；小型多样。概括起来,要体现“从容”二字。所谓从容就是让生活和工作张弛有度,从而让心灵平静下来。常言道:“事从容有余味,人从容有余年。”有大智者乃从容,有高行者得安详。在组织活动时,要力求使效率提上去,心态平下来,健康升上去,有利于促进协会成员的身心健康。协会各项活动的开展,靠大家出主意,共同参与和支持,我相信在大家的共同努力下,我们老教授协会一定能办好。

华东理工大学老教授协会的成立得到了上海市老教授协会领导,学校党政领导,学校各部处办和兄弟院校老教授协会的关心、支持和帮助,在此一并表示感谢!并希望继续得到大力的支持。

今天大家手中都拿了两本书,这是上海市老教授协会编的一套丛书,丛书名为《人生百岁不是梦》,让我们共同努力,使这个百岁的梦想成真!

最后,祝大家健康长寿,工作愉快,家庭幸福,万事如意!

附　　录

摆正位置，拓展办学新模式
形成特色，扬长避短谋发展*

——华东理工大学校长王行愚谈改革思路与实践

面对社会主义市场经济的确立和高教战线激烈的竞争形势，作为国家教委直属的全国重点大学——华东理工大学，如何在阡陌纵横的发展领域中，抓住机遇，找到自己的成功途径，显然已迫在眉睫。该校校长王行愚教授一语中的："摆正学校位置，探索和拓展符合实际的办学新模式；形成自身特色，扬长避短，寻找适应市场需求和遵循教育规律的发展道路。"

1. 办学模式——走联合共建的道路

1994 年，王行愚接任华东理工大学校长后，他一直在深深思考：学校的发展之路在何方？

社会的变革，使高教战线出现了你追我赶的逼人形势。王校长认为："随着社会主义市场经济运行机制的逐步建立，高等学校的办学必须'走出小天地，面向大市场'，建立与国家经济机制转轨相适应的办学新体制。"由此，该校制订了"对外联

* 本文原载《中国科学报》，张传晓，1997 年 6 月 11 日。

合共建，对内深化改革”的工作方针。既在对外开放中寻求社会支持，也在对外开放中明确社会需求，并以此作为深化学校内部管理体制改革的出发点。

两年多来，该校全方位、多渠道主动出击，建立了多种对象、多种形式、多种内容的共建与联合办学体系。1995 年 12 月，国家教委与中国石化总公司签订了共同建设华东理工大学的协议，使该校豪迈地跨出了联合共建的第一步。

2. 办学类型——构建产学研结合型的大学

准确定位是办学发展的关键。王行愚校长认为，华东理工大学既不是研究型的，也不是教学型的，而应该成为产学研结合型的大学。

对于这一定位，王校长是经过深思熟虑的。他认为，华东理工大学原来是化工类单科性的高校，论综合实力无法与清华、北大、复旦、交大比，但是学校有自身的优势，即与企业联合紧密，直接面对经济建设的主战场。把教育、科研转化为生产力应该成为学校的特色，通过扬长避短，为区域经济服务、为企业服务来体现学校的优势。

在教育上，该校以社会需求为导向，坚持“面向企业为主，提高学生综合素质”的办学思想，努力造就合格加特色的人才。在学科建设上，华东理工大学坚持以基地建设为核心，融学科建设、基地建设与队伍建设为一体，注意多学科的交叉和渗透，根据各类学科的不同特点，确立适当的发展目标。在计算机应用和自动控制等方面有相当大的进展，学校已研制出许多大规模应用系统。

华东理工大学非常注重具有应用前景的科技成果转化工作，学校目前共有各类企业 30 多家，研制、开发和生产的产品达 150 余种。

学科建设推动了科研的长足发展，该校目前已拥有 5 个国家级的工程研究中心或分中心。1996 年，该校科研经费总额及承担国家重大项目经费总额均创历史最高水平。

3. 办学风格——形成“健美型”的特色

对于“健美型”的特色，王行愚校长有独到的见解。他认为华东理工大学的形象应该是“线条清楚，肌肉发达”。

这一观点完全是根据学校的实际情况而确立的。王校长认为,目前国家对学校教育经费的投入十分有限,要哺育教育的肌体全方位茁壮成长是不现实的,必须把有限的资金用在刀刃上,使肌体的某些部位发达,而且是力争一流,这样也能体现学校的优势和特色。

谈起学校今后发展总目标时,王行愚校长更是意气风发:坚持社会主义办学方向,全面贯彻党的教育方针,坚持"三个面向",把华东理工大学建设成以工科为主,化工特色鲜明,工、理、商、文、法多科结合,协调发展的全国重点大学。在教育质量、科研水平和办学效益方面居于国内前列并在国际上有较大影响,优势学科,特别是化工类学科达到世界先进水平。在为国家、行业与区域经济建设和社会发展方面,特别是为中国石化总公司和上海市服务等方面具有明显特色和优势,成为我国高层次人才培养、高水平科学研究和高科技成果转化的重要基地。

开发西部　科技先行*

——访华东理工大学校长王行愚教授

上海国际会议中心内，为内蒙古自治区跨世纪的农业产业化工程——“金河工程”举行的一个具体项目“内蒙古金河工程上海技术研究中心”揭牌暨“呼和浩特市与华东理工大学全面科技合作”的签约仪式正在进行。沪蒙双方党政领导十分关心这一重大举措，分别派中共上海市委常委、宣传部部长金炳华，副市长左焕琛，中共内蒙古自治区党委副书记乌云其木格，自治区党委常委、宣传部部长张国民和内蒙古自治区党委常委、呼和浩特市市委书记杨晶等参加了这次标志着发达地区支援民族地区加大高科技投入登上一个新台阶的会议。华东理工大学校长王行愚和呼和浩特市副市长王振义、内蒙古金河集团董事长王东晓和国家生化工程技术研究中心(上海)主任张嗣良分别在有关协议上签字。

记者为民族地区出现这种罕见的喜事专程访

---

* 本文原载《经济参考报》，皮德义，2000 年 1 月 11 日。后转载于《内蒙古日报》，2000 年 2 月 25 日。

问了华东理工大学校长王行愚教授。他介绍说，众所周知，生物工程技术的发展，将大大改善人类21世纪的生存环境。国家生化工程技术研究中心，就是由国家科技部根据国内生物技术发展及其产业化需要所批准成立的国家级工程技术研究中心，上海中心以华东理工大学为依托，任命华东理工大学生物工程学院副院长张嗣良教授为国家生化工程技术研究中心（上海）主任。其宗旨和任务是：着重解决生物技术实验室成果向产业化转化的瓶颈问题，打通"上游"技术和"下游"技术相结合的产业化通道。这是一家生物技术的工艺、工程、装备一体化研究与生产单位，也是国内最先研制生物反应器的单位，产品质量可与部分进口产品媲美；在细胞大规模培养技术上处于国际先进水平。

王行愚校长兴致勃勃地分析合作伙伴时说，华东理工大学是教育部直属全国重点大学、在化学工程、生物工程、材料工程、控制工程等多个学科具有雄厚的科研力量。其中生物工程学科在国内最早建立生化工程博士点和生物反应器工程国家实验室。近年来，国家科技部以华东理工大学为依托，建立国家生物工程技术研究中心（上海）后，在生物技术实验室成果的产业化方面做了大量的工作，路子越走越宽。"金河工程"是内蒙古农业产业化跨世纪的重大工程，总投入30多亿元，以兽药和饲料添加剂生产为主体，在国家级星火开发区——内蒙古呼和浩特市托克托县境内，用15年时间最终建成总产值和利税相当于再造一个呼和浩特的兽药工业园暨农业产业化基地。这项宏伟的工程于1999年正式启动，可以看做是国家实施我国西部地区大开发战略，加快中西部地区工业化、城市化进程的重要体现。

王行愚认为，为了解决"金河工程"建设中兽药和饲料添加剂生物技术创新研究问题，同时也作为上海支援中西部地区工业化发展战略的重要项目之一，内蒙古自治区金河集团和华东理工大学国家生物工程技术研究中心（上海）合作，可以充分利用上海的综合科技优势和人才优势。他说，建立"金河工程上海生物技术研究中心"有以下四个方面的重大意义：

首先，依托学校建立"内蒙古金河工程上海技术研究中心"是华东理工大学落实中央民族工作会议精神，落实上海市支持内蒙古自治区经济发展的具体举措。

中国改革开放20年来,国民经济发展迅速,人民生活水平不断提高。但是,应该清楚地看到,我国各地的经济发展很不平衡,尤其是地处边疆的少数民族地区还相对落后,如果这种现象不能在一个有限的时间内妥善地加以解决,势必影响国家的长治久安,反过来会拖经济发达地区前进的后腿。所以无论从何种角度出发,加速提高少数民族地区的科技教育水平、繁荣少数民族地区经济是摆在我们面前的一项战略性的重要任务。

地处经济发达地区、肩负科教兴国重任的国家重点大学如何发挥自身的优势,为党分忧,为国解难,帮助少数民族地区振兴经济,是华东理工大学义不容辞的责任。为此,我校极为重视与内蒙古自治区内的企业进行合作。

其次,“内蒙古金河工程上海技术研究中心”的建立是产学研合作的典型产物,是学校探索“智力扶贫、科技支边”的一种新尝试。

近几年来,学校坚定地走产学研结合的道路,外拆围墙,内拆篱笆,通过组织创新、激活存量资产,为产学研结合开辟了多形式、多渠道的有效途径,已经形成了合股经营(强化“工程中心”的孵化和产业化功能)、引凤筑巢(扶助企业建立校内科研基地)、借鸡生蛋(鼓励科技人才创办校外科研基地)等几种做法,得到了社会的广泛认同。但是,对于少数民族地区,由于地域遥远、交通不便,加上经济基础薄弱,不能将这些经验简单地加以移植,必须寻找一条适合高等院校参与少数民族地区经济建设的新路子。学校积极支持金河集团在校建立“内蒙古金河工程上海技术研究中心”,为其提供实验研究用房,支持最有科研能力的专家教授承担金河集团的科技任务,并将为其今后良好运转提供宽松的环境和条件。

第三,金河集团在学校建立“内蒙古金河工程上海技术研究中心”,是企业和高校实施两地政府战略计划的具体行动,利国利民,希望运作中能得到政府的政策优惠。

由于国家对教育长期投入不足,高等院校发展本身也面临着资金匮乏、物质基础薄弱的严重问题,而高新技术转化工程带有极大的风险性,希望有关部门在科技项目立项、税收等政策环境方面以最大限度支持这项工作。

第四，华东理工大学有充分的信心和能力，在发挥各自优势的基础上，把“内蒙古金河工程上海技术研究中心”办大办好，为振兴民族地区的经济贡献我们的力量。

华东理工大学地处上海，人才优势明显，现有高级技术职称的各类人员900余人，科技资源丰富，已有多年在生物科技领域的经验积累，在青霉素发酵、红霉素发酵、基因工程、生物反应器等方面已取得了许多突破性的进展，创造了良好的经济和社会效益，生物反应器国家重点实验室也建立在学校。除了技术基础之外，几十年的办学经历形成了完整的资料储备、强大的技术后勤支撑；学校国际学术交往频繁，具有先进的情报查询系统。我们坚信，只要建立合理的激励机制，就可以利用有限的人力、物力，加大支持边疆经济建设的力度。

事实上，在内蒙古“金河工程”得到国家计委批准后，学校“国家生物技术工程中心”的有关专家就开始为企业进行“大规模发酵过程和后处理过程优化”方面的研究开发工作，在对金霉素发酵做了初步研究后，就得到了几十年来从未得到的发酵特性曲线，发现了几个对提高发酵产率有重要影响的控制因素。合作刚开局，就有重大发现，必将有效地提高“金河工程”这样一个国家级高新技术的跨世纪农业产业化工程的效益。

有了这样一个高科技研究机构，不仅可以动员学校更多的科技人员参与内蒙古地区的科研工作，而且可以依靠上海其他单位的科技力量，共同实现“智力扶贫、科技支边”。通过这样一种方式，既可以利用大学的技术人才、仪器设备、实验用房，在大学内部创办少数民族地区企业的研究机构，通过双方的共同努力，在最短的时间内，实现企业的最快技术进步，又可以在全国起一个示范作用，以唤起更多的高校、院所以一种全新的方式、全新的理念积极参加与中西部地区的经济建设，增强少数民族与汉族人民之间的团结合作，促进国家稳定，完成中央的战略部署。

走产学研结合的特色发展之路*

——访华东理工大学校长王行愚教授

王行愚，教授，博士生导师，1967 年复旦大学数学系本科毕业，1984 年获华东化工学院工业自动化专业博士学位。1994 年 2 月任华东理工大学(原华东化工学院)校长至今。国家有突出贡献的中青年专家，国务院学位委员会控制学科评议组成员，曾获“作出突出贡献的中国博士学位获得者”称号，出版多篇学术论文和论著。

华东理工大学校长王行愚教授认为，一所学校要生存、要发展、要有知名度，首先要根据学校的实际正确定位，这是学校战略决策的需要，也是学校发展的关键。他将华东理工大学的治校思路概括为展现特色、对外开放，坚定走产学研结合的道路。

王校长阐述说，华东理工大学原来是化工类单科性的高校，经过几十年的建设和发展，目前已经形成工、理、商、文多科结合、协调发展的全国重点大学，被列为国家“211 工程”重点建设的百强

---

* 本文原载《光明日报》，曹继军，2000 年 12 月 14 日。

高校之一和全国建有研究生院的50所高校之一，但综合实力和国家投资力度等仍然无法匹敌于被列为重中之重的几所高校。然而，华东理工大学有自身的优势，即与企业紧密联系，直接面对经济建设的主战场。因此，从学校的实际情况出发，华东理工大学选择了“健美型”的办学思路，不主张追求规模的外延式扩张发展，而要依靠重视质量的内涵式发展，提高人才培养质量，依靠产学研紧密结合的办学特色，凸现为区域经济建设服务的功能，提高办学效益。

明确的办学思路，指导着华东理工大学一步一个脚印，循着“特色发展”之路前进。王校长将其归纳为三个方面的具体实践：

开拓思路，把产学研结合融入办学体制和机制改革。1995年之后，华东理工大学与中国石化总公司和上海市实现共建，从办学模式上为学校产学研结合的办学特色提供了保证。实现共建共管后，学校成立了由23家大中型企业和科研机构为成员的董事会，与上海石化公司等10多家大型企业签订了教育科技全面合作协议，不仅吸纳了大量办学资金，而且在学科建设、师资配备和人才培养等方面构建起产学研结合的模式。

不断探索，使产学研结合成为科技成果产业化的孵化器。以资产为纽带，学校与企业、社会共同组成“工程中心”，孵化科研成果，有些高新技术项目从中试开始就成立由学校、生产企业和用户共同组成的有限责任公司，加速产业化进程，取得了很好的效果。另外，学校引凤筑巢，扶助企业建立校内科研基地，使企业开发资金与学校的开发力量、研究设施有机地结合起来。目前，已有上海汽车工业总公司、山东阿胶集团等多家国内大中型企业出资在校内建立了研究基地或联合研究所；在内部管理上，学校成立“高新技术成果转化中心”，实行以科技成果为核心的立项、中试转化、产业一条龙管理。在科技成果产业化过程中，将个人、学校、企业利益以股权形式结合起来，保障科技成果发明人的利益。

营造氛围，把产学研结合作为培养创新人才的有效途径。学校将人才培养目标定位在以通才教育为主，并具有一定的专业特长，重点是培养学生的创新能力和实践能力。以市场需求为引导，由过去比较狭窄的专业教育向适应现代化建设的“宽口径”培养转变;由单纯重视知识传授向同时加强能力的素质教育转变。

王校长介绍说:产学研结合为学校的迅速发展提供了动力,仅科研经费一项,华东理工就以每年2000多万元的速度递增。

更新发展理念　力争一流水平*

——访华东理工大学校长王行愚教授

建立开放式的办学理念是当今世界经济、社会和科技发展趋势的客观需要。走产学研结合的道路，是华东理工大学强校的根本方针；激发个性，培养“特长型”的精品人才，更是其立校之本。

21世纪，华东理工大学作为一所全国重点大学，面临如何迎接新世纪高等教育迅猛发展的挑战，如何经受全球化科技、人才竞争日趋激烈的考验，如何适应社会主义市场经济的需求等许多新的艰巨课题。作为一个校长，应具有一种社会责任感去更新观念、开拓创新，去思索一套学校发展的思路和高效率的科学化治校机制，让学校按照符合实际的准确定位走出一条成功的具有鲜明特色的发展之路。

1. 准确定位，走特色发展之路

王行愚校长认为，要办好大学，必须要有准确的战略定位；学校的发展之路，必须紧跟时代发展的要求，因地制宜、因校制宜地去开拓发展，不能

* 本文原载香港《大公报》，姚燕燕，李少东，2002年1月22日。

脱离学校的背景亦步亦趋按照常规的思路去建设。

华东理工大学，1952 年由交通大学、震旦大学、大同大学、东吴大学、江南大学等校的化工系合并而成。它的前身是新中国成立后创立最早、规模最大的化工类高校——华东化工学院，经过几十年的建设与发展，现已成为工、理、商、文、法多科结合协调发展的全国重点大学。但从综合实力来看，无法与清华、北大等校比，尤其是他们被列为国家的重中之重，使他们在扩大规模效益以及整体的高水平建设上注入了源源不断的支撑力。如果我们学校也效仿这样做，则很难有所作为，因为无论从基础、实力和国家的投资力度等方面看，我们都无法与之匹敌。我们必须从学校实际出发，解放思想，扬长避短，坚持走特色发展之路。像我们这样一所学校，应该形成一种“健美型”的办学思路。

“健美型”的办学思路受启迪于体育运动中的健美比赛。每一位“健美型”选手都是“线条清晰，肌肉发达”，既不瘦细高长，又不肥胖臃肿，而且在区域局部呈现“亮点”。正如健美选手的级别和肌肉发达程度不一，高校有大有小，校内各学科发展也不平衡，要想在强手如林的高校竞争中立于不败之地，求得新的发展，学校必须定位准确，学科特色鲜明，校内各学科协调发展，形成自己独特的办学风格。也就是学校在办学思路上不应该片面追求综合的规模效应，不应靠外延式扩张来发展，而要靠重视质量的内涵式发展来强校，使学校的整个躯体虽然不是强壮粗大，却是非常协调，特征非常明显，充分体现和谐、统一的协调美和特征美。

学校的发展，不是专业越多越好，而是要有特色。古语说：山不在高，有仙则名；水不在深，有龙则灵。学校在学科建设上不搞“黄土高原”，要凸现有高峰，有丘陵，有重中之重，有重点学科的强校指导思想，不盲目求大求全，而要求精求尖，不比综合实力，但比特色实力。根据我校各学科在工程方面较强的特点，在学科建设上学校已形成几个“高峰”。如国内外颇具知名度的化学工程学科，既是全国的重点学科，也是上海市重点建设的“重中之重”学科（编者注：华东理工大学的化学工程学科、生物化工学科、应用化学学科已成为全国重点学科）；生物工程学科是上海市的重点学科，建有生物反应器国家重点实验室、国家生化工程技术研究中心；应用化学学科是上海市重点学科，也是国家工科化学课程的教学基地，许多项目多次获国家教学成果一二等奖；材料工程学科的特色是纳米材料，已以华东理工大学为主建立了“上海市纳米材料产业化基地”，该学科还有造福人类的“人工骨”（俗称骨水泥），是人体骨骼修复材料，被编入国家“863”500项重要成果之一，得到香港行政长官董建华的亲自颁奖；除以上这些“高峰”外，加上其他工、理、商、文等几座“丘陵”，学校已形成一个凸现特色，全面协调的学科发展格局。

2. 转换视角，建开放型办学模式

王行愚校长认为，建立开放式的办学理念是当今世界经济、社会和科技发展趋势的客观需要。随着社会主义市场经济运行体制的逐步建立，高等院校的办学视角要进一步转换。学校的发展需要投入，但是我们不能被动地等待国家给多少钱就办多少事，而要主动地将计划模式小天地的视角转换到面向社会的大市场，打破“封闭”状态，实行对外开放，在开放中加强与社会的联系，寻求合作伙伴，把高校雄厚的教育、科技优势与经济建设紧密结合起来，充分利用社会闲置资产、丰富的智力资源以及企业的强势财力来推动和促进学校的发展。

基于这种思路，学校提出了“对外联合共建，对内深化改革”的工作方针，面向社会，既在对外开放中寻求社会支持，又在对外开放中明确社会需求，并以此来增强学校的综合实力。这些年来，学校全方位、多渠道主动出击，先后与几十家大型企业建立了多种形式、多种内容的共建与联合办学体系。学校实现了由中央（国家教育部）、地方（上海市）、行业（中国石化集团）共建共管的办学新模式。这种办学新模式的建立得益于“开放”，给学校注入了新的生机和活力。

学校生物工程学院多方出击，与企业共建生工高科技联合研究机构，目前已建成阿华生物工程研究所、鲁华生物技术研究所等。企业出资进校建楼，引凤筑巢，借鸡生蛋，把学科搞活。因此，学校的生物工程能成为一个“高峰”，成为上海市重点建设的学科，得益于开放型的双赢机制，这也是一种造血机制。

开放型的办学模式还体现在教师队伍的结构上。过去教师长期“窝”在学校里，缺乏实践经验，容易近亲繁殖。如果学生毕业后到企业干几年,再回来当教师,上的课将会更生动,这样的教师对工程背景很强的华东理工大学来说是必不可少的。为此,华东理工大学既鼓励企业家、实业家回到学校当教师,又倡导教师与生产实践相结合,使教师队伍层次更丰富,结构更优良。

王行愚校长说,中国"入世"拉近了我们与世界的距离,同时,这对中国高等教育也是一个冲击。过去我们是在国内舞台上唱戏,现在要到世界舞台上去唱戏。如果我们不把学校办出特色,我们将面临更大的压力,学校将来的生源、学科发展都会受冲击。对此我们宜早作准备,按照国际教育的规律来建设学校,否则面临开放的形势,就会不知所措。

3. 机制创新,形成产学研相结合

王行愚校长指出,坚定走产学研结合的道路,是华东理工大学强校的根本方针。学校在对外开拓中不断加强与大中型企业合作、与科研院所合作,深化办学模式的改革,依托行业背景,瞄准企业的人才和生产需要,促进企业的科技进步,加速联合办学的步伐。而且他认为,产学研结合应该是全方位辐射的,学校的教学、科研以及二级学院要逐步确立这一指导思想,积极寻求合作伙伴,不断拓宽办学思路。

他介绍说,这些年来华东理工大学坚定走产学研结合的道路,外拆围墙,内拆篱笆,通过组织创新、机制创新、激活存量资产,为产学研结合促进科技成果产业化开辟了多形式、多渠道的有效途径。学校目前有五个国家工程研究中心或分中心。工程中心的组建和成果产业化均以资产为纽带,组成学校、企业、社会共同投入的有限责任公司,形成合股经营,强化"工程中心"的孵化和产业化功能。如超细碳酸钙项目由学校转让给企业并共同组建股份公司,取得了良好的经济效益。

学校为解决高新技术项目中试、放大的资金缺口问题,加速产业化进程,从中试开始阶段学校便成立由学校、生产企业、用户共同组成的有限责任公司,把各方的责权利有机地结合在一起,形成风险共担、利益共享机制,取得很好效果。该校瑞邦生物材料有限公司通过由学校、公司、企业投资方、个人投资方共同合股经营,形成风险、利益共享的机制,使生产的"人工骨"产品成功走向市场,给病友带来福音,填补了国内国际领域的空白,并在国内国际上享有盛誉。

打破围墙把科技人才送到企业去,鼓励科技人才创办校外科研基地,是学校产学研结合的另一种尝试。学校同苏州第四制药厂签订了“华东理工大学—苏州第四制药厂基因工程联合研究室(所)”协议,该研究所建立在苏州第四制药厂内,总计投资400多万元,除了专门研究与该企业有关的技术外,还积极支持学校国家自然科学基金项目研究。

产学研结合的多元化,为学校提供了迅猛发展的源泉,仅科研经费一项,学校就以每年2000多万元的速度递增。这几年,学校致力于开拓创新,从不断完善产学研结合的各种机制去探新路。如建立“高新技术成果转化中心”,实行以科技成果为核心的“立项、中介、产业”三段式一条龙管理;以市场为导向,充分发挥技术开发、工程放大、工程设计和市场营销四大功能;开拓学校与学校、学校与科学院、学校与企业的多元交流合作渠道;构建学校与金融界、企业界的融资渠道;实施将个人、学校、企业利益以股权形式结合起来的“以人为本”的科技创新工程等等。这些措施的实施,使学校的产学研道路越走越宽广,越来越显示出强大的生命力。

4. 变换模式,形成“双赢”实体

王行愚校长说,中国的高校既出人才、出成果,又出企业,这在国际上是少有的。这既有利,也会带来一些问题。该校也有40多家企业,绝大多数是高科技的企业,它与学校的科技、人才结合得很紧密。

但高校的企业往往是小打小闹,缺资本,缺场地,缺经营人才。他认为,学校的企业应当按企业的规律来办。应该将企业从学校剥离出来,让企业放大,搬出校门,通过面向社会、面向市场、转换机制,变成一种学校与校企、投资方与校企、社会企业与校企共同“双赢”的实体。

该校“孵化型”双赢实体的建立,极大地推进了学校的科技创新工作,为科技工作引进资金,转换机制,建立以追求科技成果转化成功率为动力的科技成果转化新模式提供了切实的保障。该校的华昌聚合物有限公司,三年来,通过机制改革,给企业带来了生机与活力,年产值从改制前的1500万元,增长到5000万元,负债率已从70%降至“无债一身轻”;科研上取得了MFE-5、D315A、亚光洁净地坪涂料等一批新产品;生产装置

“更新换代”，生产规模成倍扩大，新科研楼、新仓库拔地而起；企业知名度不断提高。使用华昌公司产品的生产厂家也获得了很丰厚的利润。实践证明，这种改革措施实现了传统体制下不可能完成的成果，不仅使科研面貌发生了根本性的变化，也使科研选题更加贴近市场需求，科研作风更加务实，科研队伍得到稳定，科技成果转化速度大大加快。

5. 激发个性，培养“特长型”人才

王行愚校长强调，人才培养是学校的根本任务，是立校之本，教育创新和培养创新人才是面向 21 世纪高等教育的重大课题。大学要营造良好的育人氛围，使学生一走进学校，就感受到浓浓的学习气氛。一个学校的校园形象，周围的影响，环境的熏陶等等是形成良好学风的依托，体现了一个学校的文化内涵，它对学生综合素质的提高具有潜移默化的激发力、导向力和感染力。

王行愚校长说，学校首先要解决人才培养目标的定位问题。他认为，学校应该以通才教育为主，培养人才必须以市场需求为引导，由过去比较狭窄的专业教育向适应现代化建设的“宽口径”培养转变，由单纯重视知识传授向加强能力、提高素质方面转变。

随着社会主义市场经济体制的逐步完善，社会对人才的需求是多样化的，高等教育既要满足学生的共性要求，还应该允许学生在大框架范围内发展个性特长。学校办学要有特色，培养的学生也要有特色，不能只有一个“模子”，培养出来的人如果都是一个类型，那教育就失败了。每个人都有所长，发挥其长处，学生的潜能就能爆发出来。该校二年级学生由导师或教授推荐，可进行第二次专业选择，为有特长的学生提供一座桥，一座立交桥，让他通行去达到顶点。这就是让学生个性合理健康发展以使之形成特长，如果我们在教育中忽视或抑制学生个性特长的发展，人才培养的多规格、多层次要求将难以实施。只有通过学校的教育创新，激发学生的个性特长，才能使学生的能力达到更高的水准，步入更高的境界。

大学要为学生发挥特长提供各种舞台，让学生有条件和有机会选择扬其所长的途径。在办学和教育理念上，要积极营造一种浓厚而又宽松的文化、学术和育人的氛围，增强办学活力，促使教育从传统的以传授知识为主转向以培养学生学会学习和创造为主，从以教师为中心转向以学生主动发展为中心，注重创造精神和创新人才的培养。

综上所述，只有不断更新教育发展的理念，探索学校发展的特色，学校才能按照自己的特色发展，逐步构筑起综合型、研究型、开放型的一流大学的人才培养新格局。